BIBLIOTEQUE
DES
THEATRES.

BIBLIOTEQUE DES THEATRES,

CONTENANT

LE CATALOGUE ALPHABETIQUE des Piéces Dramatiques, Opera, Parodies, & Opera Comiques ; & le tems de leurs Repré-sentations.

AVEC DES ANECDOTES SUR la plûpart des Piéces contenuës en ce Recueil, & sur la vie des Auteurs, Musiciens & Acteurs.

A PARIS,

Chez PIERRE PRAULT, Quay de Gêvres, du côté du Pont au Change, au Paradis.

M. DCC. XXXIII.

Avec Approbation & Privilege du Roy.

PRIVILEGE DU ROI.

plaires dans notre Bibliotheque publique, un dans celle de notre Château
du Louvre, & un dans celle de notredit très-cher & féal Chevalier Garde
des Sceaux de France, le Sieur Chauvelin, le tout à peine de nullité des
Presentes; Du contenu desquelles vous mandons & enjoignons de faire
joüir l'Exposant ou ses ayans cause pleinement & paisiblement, sans
souffrir qu'il leur soit fait aucun trouble ou empêchement. Voulons que la
Copie desdites Presentes, qui sera imprimée tout au long au commencement ou à la fin dudit Livre, soit tenuë pour dûëment signifiée; &
qu'aux copies collationnées par l'un de nos amés & féaux Conseillers & Se-
cretaires, foi soit ajoûtée comme à l'Original: Commandons au premier
notre Huissier ou Sergent, de faire pour l'execution d'icelles, tous
Actes requis & necessaires, sans demander autre permission, & nonobs-
tant clameur de Haro, Charte Normande, & Lettres à ce contraires:
CAR tel est notre plaisir DONNE' à Versailles, le douziéme jour du mois
d'Avril, l'an de grace mil sept cens trente-deux, & de notre Regne
le dix-septiéme. Par le Roy en son Conseil.

Signé, SAINSON.

*Regiſtré ſur le Regiſtre VIII. de la Chambre Royale des Libraires &
Imprimeurs de Paris, N. 354. Fol. 337. conformément aux anciens Reglemens,
confirmés par celui du 28. Fevrier 1732. A Paris le 2. May 1732.*

Signé, P. A. LE MERCIER, Syndic.

*Je ſouſſigné, reconnois avoir cedé & tranſporté mon droit au preſent Privi-
lége & continuations d'icelui, au Sieur PRAULT, Imprimeur, pour en
joüir à toujours en mon lieu & place, comme de choſe à lui appartenante.
A Paris, ce 18. Mars 1733. Signé, J. CHARDON.*

*Regiſtré ſur le Regiſtre VIII. de la Communauté des Libraires Imprimeurs de
Paris, Page 490. conformément aux anciens Reglemens, & notamment à
l'Arreſt du Conſeil du 13. Août 1703. A Paris le 18. Mars 1733.*

Signé, G. MARTIN, Syndic.

A PARIS,

De l'Imprimerie de JACQUES CHARDON.

1733.

BIBLIOTEQUE
DES THEATRES.

A

*BJURATION DU MARQUIS AT*, Comedie de M. Boulanger de Chalufay. „ cet Auteur étoit contemporain de Mo„ liére , contre lequel il a fait la Comé„ die d'Elomire hpocondre.

Abfalon, Tragédie Sainte de M. Duché. Elle fut joüée à Verfailles en l'Hôtel de Conty pendant le Carnaval de l'année 1702. Madame la Duchefle de Bourgogne y excella dans le rolle de Thamar fille d'Abfalon , M. le Duc d'Orleans repréfenta celui de David : des Seigneurs & des Dames de la Cour y reprefenterent les autres rolles. Cette Piéce mérita à l'Auteur une penfion du Roy de mille livres.

L'Abfent de chez foy , C. de M. Douville en 1643.

Les Abufés, C. de Charles Eftienne en 1556.

A

Les Academiſtes , ou la Comédie de l'Academie ; par Charles Marquerel de S. Denis , Seigneur de S. Evremond ; Piéce Comique pour la réformation de la langue françoiſe , en cinq Actes de Vers ; avec le Rolle des préſentations faites aux grands jours de ladite Academie , l'an de la réforme de 1643. Les perſonnages de cette Comedie ſont Meſſieurs Triſtan , S. Amand , Godeau , Colletet , Chapelain , Gombaut , Habert , l'Etoile , le Marquis de Breval , le Préſident de Serizy , Bois-Robert , Sillon , Mademoiſelle de Gournay , Baudouin , M. le Chancelier Seguier , un Sergent & un Geolier ; cette Piéce Satirique ne fut point joüée.

Academie des Femmes , C. en 3. Actes de vers , de Samuel Chapuzeau 1661. *il a auſſi donné la Comédie du Colin Maillard.*

Achab , T. de M. Roland de Mareüil , le ſujet eſt tiré de l'Ecriture Sainte , qui rapporte la méchanceté de ce Roy d'Iſraël Epoux de Jeſabel auſſi méchante que lui.

Achilles , Tragédie. Ce ſujet a été traité par cinq de nos Auteurs françois , Filleul , Hardy , Borée , Benſerade & Thomas Corneille ; celle de Benſerade eſt intitulée *la mort d'Achilles & la diſpute de ſes Armes* imprimée à Paris en 1637. in-4°.

Achilles & Polixene , xxij Opera , c'eſt le premier repréſenté depuis la mort de M. de Lully arrivé l'année précédente 1687. le Poeme eſt de M. de Campiſtron , la muſique de l'ouverture & du premier Acte étoit encore de M. de Lully , le reſte fut achevé ,, par M. Paſcal Colaſſe ſon Elé- ,, ve qui a été Maître de la muſique de la Cha- ,, pelle & de la Chambre du Roy , les autres O- ,, pera de M. Colaſſe ſont *Thetis & Pélée. Aſtrée.*

,, *Enée & Lavinie, le Ballet de Villeneuve Saint*
,, *Georges. Jason. la naiſſance de Venus. Ca-*
,, *nente. Et Polixene.* Cet Opera d'Achilles
ʒeſt imprimé in - folio. Après la mort de Lully , le privilege de l'Opera paſſa à M. de Francine ſon gendre Maître d'Hôtel du Roy.

Acis & Galathée, xxi Opera , Paſtorale heroïque
en trois Actes , imprimé in-folio , repréſenté la
premiere fois en 1686. au Château d'Anet dans
une Fête galante que M. le Duc de Vendôme
y donnoit à Monſeigneur le Dauphin , c'eſt le
dernier Opera de M. Lully, dont les vers ſont
de M. Campiſtron , le ſujet eſt tiré du 13e livre
des Métamorphoſes : le prologue étoit formé par
Apollon , Comus & Diane , & le Théatre repréſentoit le Château d'Anet baſti par Diane de
Poitiers.

M. de la Fontaine avoit commencé un Opera
ſous le titre des Amours d'*Acis & de Galathée*
dont il n'y a que deux Actes d'achevés.

Les Adelphes , Comédie en cinq Actes de vers répréſentée le 4. Janvier 1705. C'eſt une traduction des Adelphes de Terence ; cette Piéce parut
dans les affiches & à l'impreſſion ſous le nom du
ſieur Baron Comédien , cependant on l'attribuoit
à un ſçavant dont l'habit & le caractere ſembloient
incompatibles avec ces ſortes d'ouvrages , celui-
ci néanmoins ne pouvoit faire honte ni à ſon eſprit
ni à ſa vertu.

*Adherbal Roi de Numidie,*T. de M. de Lagrange. Il
n'avoit que ſeize ans lorſqu'il donna cette Tragédie
en 1694. ,, M. de Lagrange-Chancel Auteur vi-
,, vant a fait imprimer ſes Oeuvres mêlées , à la
,, Haye , in-8°. chez Charles Levier en 1724 ce
,, recueil contient des cantates dont les ſujets ſont

,, tirés d'Anacreon , de Byon & de Théocrite
,, & autres cantates de son invention , diverses
,, Poësies parmi lesquelles est une lettre à une
,, Duchesse qui nous apprend les dernieres avan-
,, tures de M. de Lagrange : ses Tragédies sont
,, *Adherbal. Oreste & Pilade. Meleagre. Athe-*
,, *naïs. Amasis. Alceste. Ino & Melicerte. Sopho-*
,, *nisbe. Erigone. Voyez* les Jeux Olimpiques ; ses
,, Poëmes pour l'Opera sont , *Medus. Cassandre.*
,, *Ariane & Thésée.* Il a fait ce dernier Opera
,, conjointement avec M. Roy.

Les Adieux des Officiers ou Venus justifiée C. en un
Acte de M. Riviére Dufreny representée sur l'ancien Théatre des Italiens le 25. Avril 1693.

Admete , ou la mort d'Alceste. Voyez Alceste.

Adolphe , ou le Bigame genereux , C. par un Anonime.

Adonis , T. de M. le Breton Seigneur de la Fond ,
cette Tragedie fut imprimée chez Abel Langelier en 1579. ,, Cet Auteur qui étoit de Nevers
,, a fait deux autres Tragédies *Didon. Dorothée.*
,, & une Comedie intitulée le *Ramoneur.* , ces
,, dernieres pieces n'ont point été imprimées.

Adraste , T. de M. Ferrier , joüée à l'Hôtel de Bourgogne en 1681.

Adrien : T. de M. Campistron , ce sujet est tiré de
l'histoire Ecclésiastique.

Agamemnon Nous avons deux Tragédies sous ce
titre , la premiere de M. Brisset , la deuxiéme de
Claude Boyer qui la donna sous le nom de Pader
d'Assezan jeune gascon nouveau débarqué , le
stratagême réussit & elle fut generalement applaudie en 1680.

Agarite , Tragi-Comédie de M. Durval en 1635.
il a encore donné la Tragédie des travaux d'Ulisse.

Les Ages. Voyez le Ballet des Ages.

Agesilan de Colchos, Tragi-Comédie de M. de Rotrou 1637.

Agesilas, T. de M. Pierre Corneille ; cette Piece commença à se sentir de la vieillesse du Grand Corneille , ce qui fit dire à M. Despreaux.

J'ai vu Agesilas ; helas

Les premieres representations de cette Tragedie furent données en l'année 1666.

Agimée , ou l'Amour extravagant , C. par un anonime.

Les Agioteurs , C. en trois Actes de prose , du sieur Dancourt joüée en Sept. 1710. l'Auteur y ajouta de nouvelles Scenes au mois d'Oct. suivant au sujet de certains tours joüés à des Agioteurs.

Agnés de Chaillot. Voyez Inés de Castro.

Agrippa ou le faux Tiberinus. T. de M. Quinaut. En 1660. Cette Tragedie fut reprise en Fevrier 1732. & fit beaucoup de plaisir par l'art admirable dont elle est conduite.

Agrippa , T. du R. P. F . . . . . . *Il est aussi Auteur des Tragédies d'Oedipe & de Themistocles.* Le sujet de celle-ci est l'Agrippa que Tacite appelle Posthume , & que Tibere sacrifia à sa sureté & à son ambition , cette piece n'enrichit pas la scene françoise , l'Auteur ayant pris la précaution de faire deffendre dans le Privilege à tous Comédiens de la représenter. Voyez Tibere.

Agrippine , T. de M. Cirano de Bergerac.

Ajax , T. de M. de la Chapelle , joüée à Guenegaud en 1685. cet Auteur faisoit dans toutes ses piéces des scenes brillantes pour le sieur Baron , celcy n'a point été imprimée. ,, Ses autres pieces ,, imprimées sont les Tragédies de *Zaïde.* de

,, *Cleopatre.* de *Thélephonte.* & la petite Comé-
,, die des *Caroſſes d'Orleans.* Il ſe nommoit Jean
,, de la Chapelle, fut d'abord Secrétaire des com-
,, mandemens de M. le Prince de Conti, puis
,, Receveur General des Finances de la Rochelle,
,, il fut reçu à l'Academie Françoiſe en 1688. en
,, entrant dans le monde il fit connoître ſon génie
,, par ſes Pieces de Théatre qui lui acquirent beau-
,, coup de réputation : depuis il donna en 1713.
,, les amours de Tibule en trois volumes in-douze
,, & peu de temps après les amours de Catule
,, dans un pareil nombre de volumes ; il mourut
,, à Paris le 29. May 1722. âgé d'environ 70. ans.

Ajax, L. xxxix. Opera, le Poëme de M. Meneſſon
& la Muſique de M. Bertin repréſenté le 20.
Avril 1716. le prologue eſt entre Diane & Pa-
les Déeſſe des Bergers : les amours d'Ajax pour
Caſſandre, fille du Roy Priam, traverſées par
Corebe Prince de Thrace, font le ſujet de la Tragédie qui eut d'abord peu de ſuccès, cependant
la réüſſite qu'elle eut dans les Provinces engagea
M. de Francine à la remettre au Théatre au mois
de Juin 1726. à laquelle repriſe elle fut reçuë
très-favorablement.

Aimer ſans ſçavoir qui, C. de M. Douville, cet
,, Auteur étoit frere de M. l'Abbé Boisrobert :
,, tous deux fils d'un Procureur de la Cour des
,, Aydes de Roüen. Outre ſon recueil de Contes, il
,, donna pluſieurs pieces de Théatre ſous le miniſ-
,, tere du Cardinal de Richelieu, celles rapportées
,, en ce catalogue ſont les *Trahiſons d'Arbiran.*
,, *L'Abſent de chez ſoi. Les fauſſes Veritez. Aimer*
,, *ſans ſçavoir qui. La Dame inviſible ou l'Eſprit*
,, *follet. La Dame ſuivante. Les Morts vivans.*

Alboin, ou la vengeance, T. de Nicolas Chrétien Sr

des Croix ,, nous avons de plus de cet Auteur les
,, *Amantes. Jephté.* Et le *Ravissement de Cephale.*

Alceste ou la Fidelité, T. de Hardi. Euripide a traité ce sujet d'Alceste qui voulut se sacrifier pour
sauver la vie à son Mari Admete, nous avons
deux Tragédies Modernes sur le même sujet; la
premiere de M. de Lagrange représentée au mois
de Décem. 1703. la seconde de M. de Boissi représentée le 25. Janvier 1727. après la seconde
représentation de cette derniere il vint ordre de
cesser de la joüer, l'Auteur y fit des changemens
considérables, surtout dans les rolles d'Admete
& d'Alceste, y substitua plus de 600. vers nouveaux & avec ces corrections il changea l'ancien
titre d'Admete pour lui donner celui de la mort
d'Alceste, elle fut ainsi remise au Théatre en Novembre 1727. & il la retira encore après deux représentations.

Alceste ou le Triomphe d'Alcide, v. Opera: les vers
de M. Quinaut, la musique de M. de Lully représenté en Janvier 1674. & gravé. C'est le premier Opera de M. de Lully & le premier qui ait
été joüé sur le Théatre du Palais Royal, que le
Roy après la mort de Moliere accorda à l'Académie de Musique : la Nimphe de la Seine qui avec
le retour du Roy attend celui des plaisirs, forme
le prologue : ,, les Opera de M. de Lully font
,, au nombre de xvij qui suivant l'ordre qu'il les
,, a donné au public font, *Alceste. Cadmus. Le*
,, *Carnaval-Mascarade. Thésée. Atis. Isis. Psi-*
,, *chée. Bellerophon. Proserpine. le Triomphe de*
,, *l'amour. Persée. Phaëton. Roland. le Temple de*
,, *la Paix. Acis. Armide.* & *Achilles* non achevé,
,, il a aussi donné le Ballet d'*Alcidiane*, plusieurs
,, autres Ballets, *le Carisélly. l'Eglogue de Ver-*

,, failles. *l'Idille de la Paix.* & plusieurs autres
,, musiques.

Alcibiade, ce sujet tiré de l'histoire Athenienne,
a fourni deux Tragédies, la premiere de M. Quinaut,
intitulée le feint Alcibiade en 1658. la seconde de
M. Campiſtron, repréſentée en 1685. cette derniere eſt une copie bien reſſemblante de la Tragédie de Themiſtocles de M du Ryer, non ſeulement pour la conduite totale, mais même pour
quantité de vers copiés tout de ſuite.

Alcibiade, C. en trois Actes du ſieur Poiſſon cy-devant Comédien, repréſentée le 23. Fevrier 1731
cette Piéce qui eut du ſuccès eſt tirée des amours
des Grands Hommes de Madame de Villedieu.

Alcidale, ,, T. de Madame de Villedieu aupara-
,, vant connue ſous le nom de Mademoiſelle des
,, Jardins, parce qu'elle ſe nommoit Marie - Ca-
,, therine-Hortenſe des Jardins, elle nâquit à A-
,, lençon dont ſon Pere étoit Prévôt, dès qu'elle
,, eut 19. à 20. ans, ſe voyant avec peu de biens
,, elle vint à Paris, où, à la faveur de ſon eſprit,
,, plutôt que de ſa beauté, elle ſe fit connoître:
,, M. de Villedieu Gentilhomme aſſez riche
,, un des premiers qui la connut, l'épouſa,
,, mais par malheur pour elle il mourut quelque
,, tems après; elle épouſa en ſecondes nôces M.
,, de la Chatte qu'elle enterra auſſi: touchée de
,, ce nouveau malheur elle renonça au mariage,
,, mais non à la galanterie qu'elle entretint par des
,, vers & des Lettres remplies d'un caractere fin &
,, délicat, c'eſt elle qui par ſes petites hiſtoriettes a
,, fait perdre le gout des longs Romans, elle écri-
,, voit d'un ſtile vif, mais trop libre, ſa proſe paroît
,, meilleure que ſes vers. Elle mourut en l'année
,, 1683. tous ſes ouvrages ont été recueillis en dix

„ volumes & réimprimés à Paris en 1719. Ses
„ Piéces de Théatre qui se trouvent dans le se-
„ cond tome de ses Oeuvres, sont *Manlius. Ni-*
„ *thetis.* & le *Favori :* on lui attribue encore deux
„ autres Pieces qui sont *Alcidalie.* & *Carmante.*
„ ses autres meilleurs Ouvrages sont les désor-
„ dres de l'amour, le portrait des foiblesses hu-
„ maines, les Exilés, les Mémoires d'Henriette-
„ Silvie de Moliere, les Annales Galantes qui
„ passent pour son chef d'œuvre au libertinage
„ près, le journal amoureux &c.

Alcide, xxix Opera, le Poëme de M. Campistron
la musique de Mrs Lully fils & de M. Marais
représenté en 1693. non imprimé en musique, la
Victoire accompagnée de plusieurs peuples forment le Prologue, on sçait qu'Alcide est un surnom qu'on donna à Hercule pour exprimer sa force, *Les fils de M. Lully avoient déja donné l'Ope-*
ra de Zephire & Flore.

Alcidiane ou les quatre rivaux, T. C. tirée du Man-
ziny.

Alcidiane, Ballet divisé en trois parties, les vers
étoient de M. Benserade & la musique de M.
Lully, il fut dansé par le Roy le 14. Janvier
1658.

Alcimedon, T. de M. du Ryer en 1635. in-8°.

Alcine, Lxiij Opera T. représenté le 15. Janvier
1705. les vers de M. Danchet & la musique de
M. Campra partition in-folio, le Prologue est
formé par la Gloire & le temps, le sujet de la piéce est qu'Alcine fameuse Enchantresse est amoureuse d'Astolphe Paladin fils d'Othon Roy d'Angleterre &c.

Alcione, Lxvj Opera T. représenté en Fev. 1706.
les vers sont de M. de Lamotte & la musique de

M. Marais gravé in-4°. le Prologue eſt formé par Apollon, Pan, les muſes & le Dieu du Mont Tmolle ; le ſujet de la Piéce eſt tiré de la fable x du livre xj des Metamorphoſes : la Tempeſte de cet Opera eſt un excellent morceau de muſique qui a fait beaucoup d'honneur à ſon Auteur.

Pendant une repriſe de cet Opera, le Roy par Arrêt du Conſeil du premier Juin 1730. accorda au ſieur Gruer le privilege de l'Academie Royale de muſique pour en joüir pendant le cours de 32. années & M. Deſtouches Sur-Intendant de la muſique du Roy, qui avoit la direction de cette Academie depuis le mois de Fevrier 1728. ſe retira avec une penſion de 4000. livres, le ſieur Gruer n'a joüi de ce privilege que juſqu'au mois de Septembre 1731. que le Roy l'accorda à Mr le Comte.

Alcinoé, ou Combat de l'Honneur & de l'Amour, T. de M. du Ryer en 1640. quoique le ſujet en fut fort mince, cette Piece néanmoins eut un grand ſuccés par la force des ſentimens & du Dialogue, elle ſe trouve imprimée dans le Recuëil des meilleures Pieces de Théatre des anciens Auteurs françois.

Alcmene, ou la vengeance feminine, T. de Hardy.

Alcmeon, c'eſt le titre de deux Tragédies, l'une d'Etienne Bellonne & l'autre de Hardy.

Alçoé, ou la Fidélité Paſtorale, de Hardy 1625.
„ Alexandre Hardy Pariſien tira la Tragédie du
„ milieu des rues & de l'Echaffaut, il étoit a-
„ vant Corneille, l'Auteur fameux du Théatre,
„ & aſſocié pour une part avec les Comédiens
„ auſquels il devoit fournir ſix Tragédies par an,
„ au moins eſt-il célebre par le nombre de ſes pie-
„ ces, il en faiſoit ſouvent deux en moins d'un

,, mois , ſes vers ſont rudes & ſes compoſitions
,, lourdes & ſerieuſes , & parmi le grand nom-
,, bre d'autres deffauts que l'ignorance du ſiecle
,, & l'enfance du Théatre rendoient ſupportables
,, il n'aimoit rien tant que de varier la Scene , il ne
,, pouvoit la tenir en méme lieu & l'on devoit ê-
,, tre ſurpris de voir un perſonnage qui venoit de
,, parler dans Naples , ſe tranſporter à Cracovie ,
,, pendant que les Acteurs avoient récité quel-
,, ques vers , ou que les Violons avoient joüé
,, quelques airs ; il nous reſte cinq gros in-octavo
,, de ſes pieces mais il en reſteroit bien une vingtai-
,, ne de volumes ſi elles avoient été toutes impri-
,, mées. Theophile contemporain de cet Auteur
,, l'a loüé ou peut-être raillé de cette fécondité ,
,, lorſqu'il a dit

Hardy dont le plus grand volume
N'a jamais ſçu tarir la plume
Pouſſe un torrent de tant de vers ;
Que l'on diroit que l'eau d'Hypocrene
Ne tient tous ſes vaiſſeaux ouverts
Que lorſqu'il y remplit ſa veine.

,, Ses principales Pieces raportées en ce catalo-
,, gue ſont *Achilles. Alcoé. Alcmene. Alcmeon.*
,, *Alexandre. Alphée. l'Amour victorieux. Ariad-*
,, *ne. Ariſtoclée. Arſacome. la Belle Egiptienne.*
,, *Corine. Coriolan. Cornelie. Didon. Doriſe.*
,, *Elmire. Feliſmene. la force du Sang. Fredegon-*
,, *de. Geſippe. la Gigantomachie. le Jugement*
,, *d'Amour. Lidere. Lucrece. Mariamne. Me-*
,, *leagre. la mort de Daire. Panthée. Phraate.*
,, *Procris. Proſerpine. Scedaze. Theagene & Cha-*
,, *riclée. Thimoclée. le Triomphe d'amour.*

Alexandre, ce grand ſujet a été diverſement traité en cinq Tragédies, la premiere par Jacques de la Taille de Bondaroy imprimé à Paris chez Morel en 1573. la deuxieme par Hardy, la troiſiéme par du Ryer, la quatrieme par un anonime, laquelle n'a pas été repréſentée, mais imprimée à Paris en 1730. chez la Veuve Guillaume, avec une longue Preface, la cinquieme par M. Racine, on a prétendu que dans cette derniere, le Génie & l'humeur d'Alexandre étoient fort défigurés & que Porus Roy des Indes y ſoutenoit un plus noble caractere que ce Heros. Il eſt à remarquer qu'il n'y a point de confidens dans cette Piece non plus que dans Athalie : les premieres repreſentations de l'Alexandre de Racine furent données en 1666.

Alinde, T. de M. de la Meſnardiere en 1643. je ne connois que cette piece · de cet auteur qui ſe nom-
,, moit Jules-Hypol. Pilet de la Meſnardiere, il é-
,, toit de l'Academie Françoiſe & Lecteur du Roi.
,, Il mourut vers l'an 1660. il a publié un traité
,, de la Poëtique où il traite particulierement des
,, regles du Poëme Dramatique. '' Cette Tragé-
die n'eut point de ſuccès, quoique ſelon l'Abbé d'Aubignac elle ſoit compoſée ſuivant toute la rigueur des Regles.

Alizon, C. dédiée aux jeunes Veuves & aux vieilles Filles.

Alizon fleurie, C. de M. Diſcret en 1663.

Alphée, ou la Juſtice d'Amour Paſtorale, de Hardy 1626.

Alphonſe, ou le Trihomphe de la Foy, T. de la Poujade de la Roche 1687.

Alphrede, C. de M. de Rotrou en 1639.

Amadis de Gaule, xvj Opera, les vers de M. Quinault à qui le Roy en avoit donné le sujet, & la musique de M. Lully ; cet Opera devoit être representé à Versailles pendant le Carnaval 1684. mais la Reine étant morte en ce tems, le Roy qui ne voulut assister à aucun spectacle pendant l'année de son deüil, consentit que cet Opera fut donné au public ; les décorations & les vols furent inventez par le sieur Berrin & executez sur ses desseins aussi bien que les habits : le Prologue est entre Alquif enchanteur & Urgande son Epouse de la profession de son mari; Amadis fils de Perion Roy des Gaules, aime Oriane fille d'un Roy de la Grande Bretagne, Florestan frere naturel d'Amadis, aime Corisande Souveraine de Gravesande, ces Amours principales & Episodiques traversées par des jalousies & des enchantemens font le sujet du Poëme.

La Parodie de cet Opera sous le titre de la *naissance d'Amadis* en un Acte par M. Regnard, fut joüée sur l'ancien Theatre des Italiens en Fevrier 1694. Une autre Parodie sous le titre *d'Arlequin Amadis* en un Acte de Vaudevilles des sieurs Dominique & Romagnesi, fut joüée en Novembre 1731. pendant une reprise de cet Opera.

Amadis de Grece, XLVij Opera représenté en 1699. le Poëme de M. de Lamotte, la musique de M. Destouches, gravée in-quarto ; un Enchanteur & une Enchanteresse font le Prologue : le Poëme roule sur les Amours d'Amadis de Grece & de Niquée fille du Soudan de Thebes qui sont traversées par le Prince de Thrace Amant de Niquée & les enchantemens de Melisse Amante d'Amadis, le tout mis à fin heureuse par une autre Enchanteresse tante de Niquée.

La Parodie de cet Opera sous le titre d'*Amadis le*

Cadet: en un Acte de Vaudevilles par M. Fuſellier
fut jouée en Mars 1714. au Theatre Italien.

Amadonte, T. C. de M. Dauvrai en 1631.

Amalazonte, T. de M. Quinaut 1658.

Aman Favory du Roy Aſſuerus & ennemi de Mar-
dochée, ce Sujet tiré du livre d'Eſther a été
traité en trois Tragédies, la premiere de Pierre
Mathieu, la ſeconde d'André Durivaudeau, la
troiſieme de Monchreſtien. *Voyez* Eſther, & Vaſthy.

L'Amant de ſa femme, C. du ſieur Dorimond en
1661. ,, Cet Auteur étoit Comedien de la Trou-
,, pe du Marais : outre cette Piece il a encore
,, fait *les Amours de Trapolin. l'Ecole des cocus.*
,, *la femme induſtrieuſe. le Feſtin de Pierre. &*
,, *l'inconſtance punie.*

L'Amant diſcret, C. de M. Quinaut 1661.

L'Amant Doüillet, C. de .... 1666.

L'Amant Liberal, ce ſujet tiré de Miguel-Cervan-
tes, a fourni deux Comedies : la premiere de
M. Guerin, la deuxieme de M. Scudery en
1638. qui n'eut point de ſuccez.

L'Amant Prothée. C. en trois Actes avec des divertiſſemens par M. de la Croix, joüée au Theatre
Italien en 1728. non imprimée.

L'Amant qui ne flatte pas, C. de M. Hauteroche en 1669. ,, Le ſieur Hauteroche étoit Co-
,, medien de la ſeule Troupe Royale, ſon Thea-
,, tre contient les Comedies ſuivantes. *Criſpin*
,, *Muſicien. le Deüil. le Cocher ſuppoſé. le*
,, *Bourgeois de qualité. Criſpin Medecin. & la*
,, *Dame inviſible ou l'Eſprit follet* ; outre ces
,, Pieces on lui attribue encore *l'Amant qui ne*
,, *flatte pas. les Apparences trompeuſes. la Baſ-*
,, *ſette. les Nobles de Province. les Nouvelliſtes.*

,, *le Soupé mal - appreſté.*

L'Amant Ridicule, C. de M. Boisrobert 1655.
,, François le Metel de Boisrobert, natif de la Ville
,, de Caën étoit Abbé de Chatillon ſur Seine,
,, Conſeillier d'Etat & l'un des quarante de l'A-
,, cademie Françoiſe, il ſe pouſſa par ſon eſprit
,, & la faveur du Cardinal de Richelieu, ſon
,, Génie étoit naturellement tourné à la plaiſan-
,, terie; il mourut en 1662. il a donné diverſes
,, Poëſies, des Lettres & les Pieces de Theatre
,, ſuivantes rangées par ordre chronologique.
,, 1. *Liſimene.* 2. *Les Rivaux amis.* 3. *Les deux*
,, *Nicandres.* 4. *le Couronnement de Daire.* 5.
,, *Palene.* 6. *Didon.* 7. *La Jalouſe d'elle même.* 8.
,, *Les trois Orontes.* 9. *La folle Gageure.* 10. *Caſ-*
,, *ſandre.* 11. *L'Inconnue.* 12. *L'Amant ridicule.*
,, 13. *Les genereux Ennemis.* 14. *La belle Plai-*
,, *deuſe.* 15. *Les Apparences trompeuſes.* 16. *La*
,, *Belle inviſible.* 17. *Les coups d'Amour & de*
,, *fortune.* 18. *Theodore.*

Les Amans brouillez, C. de M. Donneau de Viſé
1665.

Les Amans brouillez, ou la Mere coquette, C. de
M. Quinaut, jouée à l'Hôtel de Bourgogne en
1664. Au dire de pluſieurs connoiſſeurs il n'y a
pas quatre piéces de Moliere qu'on puiſſe préfé-
rer à celle-ci; Poiſſon l'ancien y joüoit le rolle
de Marquis qui eſt le premier Marquis ridicule
qui ait été mis ſur le Theâtre.

Les Amans déguiſés, C. en trois Actes par une
Dame; cette piéce fut jouée avec applaudiſſemens au Théatre François en Fevrier 1728.

Les Amans Diſcrets, T. C. de M. Magnon en
1645. *M. Magnon eſt encore Auteur de la Tra-*
gedie de Séjan & de celle du Grand Tamerlan.

Les Amans ignorans, C. en trois Actes avec des divertiſſemens par M. Autreau, joüée au Théatre Italien en Avril 1720. le mérite de cette piéce tirée du Roman de Daphnis & de Cloé, ſoutenu par la naïveté du jeu du petit Arlequin, & la délicateſſe de la Demoiſelle Silvia, lui attira des applaudiſſemens bien mérités on la revoit toujours avec plaiſir.

Les Amans Magnifiques, C. en cinq Actes de Proſe de M. Moliere, elle fut repréſentée pour la premiere fois à S. Germain en Laye en 1670. avec des intermédes en vers & des Entrées de Ballets, elle fit beaucoup de plaiſir au Courtiſan. Le ſieur Dancourt a fait en 1704. un prologue & de nouveaux intermédes à cette Comédie.

Les Amans réunis, C. en trois Actes de proſe de M. de Beauchamps, elle fut repréſentée en Novembre 1727. au Theatre Italien où elle attira de grandes aſſemblées.

L'amante Amant, C. en cinq Actes de proſe par M. de Campiſtron, elle eſt imprimée dans le recueil de ſes Pieces.

L'Amante Capricieuſe. Deux piéces ſous ce titre ont été joüées au Théatre Italien, la premiere en trois Actes avec des divertiſſements par M. Autreau & la Muſique de M. Mouret, quoique cette Piece n'ait pas eu grand ſuccès lors de ſes repréſentations en Décembre 1728. l'Auteur n'a pas laiſſé de la faire imprimer ; comme le fond en eſt bon & les divertiſſemens agréables & bien amenés, il l'a refaite d'un bout à l'autre & il la doit remettre au Theatre ; la ſeconde Comedie de l'*Amante Capricieuſe* en trois Actes de vers par M. Joly, fut joüée en May 1726. elle n'eſt point imprimée.

L'Amante

L'Amante difficile. C. en cinq Actes de profe de
M. de la Motte, repréfentée au Théatre Italien
en Aouft 1731. cette Piece avoit été repréfentée
en Italien au mois d'Octobre 1716. fous le même
titre, ce n'étoit alors qu'un Canevas que M. de
la Motte avoit donné aux Comédiens Italiens &
qu'ils exécuterent avec beaucoup de fuccès fans en
avoir fait de répétition, mais feulement après en
avoir écouté le fujet bien détaillé par le fieur Lelio. Les trois nouveaux divertiffements ont été
mis en mufique par M. Mouret.

L'Amante ennemie. T. C. de M. de Sallebray. „ Les
„ autres pieces de cet Auteur font, *la Belle E-*
„ *giptienne. le Jugement de Paris. le Mariage mal*
„ *afforti. la Troade.* &c.

L'Amante vindicative. T. C. de M. de Baro en
1652. in 4o. Cette piéce eft la derniere des neuf
» de cet Auteur qui fe nommoit Balthazar Baro de
» l'Academie Françoife. Il étoit de Valence en
» Dauphiné, il fut d'abord Secretaire de M. Durfé
» lequel étant mort comme il achevoit la quatriéme
» partie d'Aftrée, Baro continua la cinquiéme fur
» fes mémoires ce qui eft fon plus grand & fon prin-
» cipal ouvrage; il fut depuis Gentilhomme de Ma-
» demoifelle de Montpenfier: fur la fin de fa vie il
» obtint deux Offices de nouvelle création, l'un de
» Procureur du Roy au Préfidial de Valence & l'au-
» tre de Tréforier de France à Montpellier; il mou-
» rut en 1650. âgé d'environ 50 ans laiffant des en-
» fans de fa femme fœur de fon hoteffe. Ses pieces
» de Théatre font, *Celinde. Clorife. Parthenie. Cla-*
rimonde. le Prince fugitif. S. Euftache. Carifte, ou
les Charmes de la Beauté. Rofemonde. & l'Amante
vindicative.

Les Amantes ou la Grande Paftorale, par Nicolas Chrétien sieur des Croix.

Amarante Pastorale. de M. de Gombauld en 1631.
in-8°. ,, Jean-Ogier de Gombauld Poëte étoit de
,, la religion prétenduë réformée. Il naquît à S.
,, Just de Lussac près de Broüage en Saintonge sur
,, la fin du XIV. siecle, il étoit Gentilhomme & Ca-
,, det d'un quatriéme mariage, il avoit l'esprit dé-
,, licat ; outre ces Drames il a composé trois livres
,, d'Epigrammes, grand nombre de sonnets, plu-
,, sieurs autres poësies ; des lettres & des discours
,, en Prose, il fut de l'Academie Françoise dès son
,, établissement & fut un des trois qui furent char-
,, gés d'en examiner les Statuts : la Reine Marie de
,, Medicis lui avoit donné une pension de 1200
,, écus qui fut depuis réduite. Il mourut en l'an
,, 1666. âgé près de cent ans : ses pieces de Théa-
,, tre sont, *les Danaides. Amaranthe. & Cidippe:*
,, on lui attribue encore la Tragédie de *Theodre.*

Amarillis. Deux pastoralles portent ce titre, la premiere de la composition de M. du Ryer en 1658.
la seconde de M. Passerat. *Voyez* Celimene.

Amasis. de M. de Lagrange en Décembre 1701.
Cette Tragedie est touchante & conduite avec un
art infini & quoique joüée dans sa nouveauté par
les sieurs Sallé, Ponteüil, Guerin & Baron fils &
par les Damoiselles Beauval & des Mares : cependant elle n'eut pas le succès qu'elle meritoit
n'ayant été joüée que onze fois ; mais le merite
de cette Piéce a été mieux reconnu à la reprise
qui en fut faite à la fin de Janvier 1730. elle
attira alors de nombreuses assemblées & reçut de
grands applaudissemens.

Les Amazonnes modernes. C. en trois Actes de **Mrs**
Fuzellier & le grand, joüée au Théatre François en Octobre 1727. sans grand succez, **la**

mufique étoit du fieur Quinaut Comedien.
L'Ambaffadeur d'Affrique. Comedie de Duperche.
L'Ambigu Comique. C. de M. Montfleury en trois
Actes mêlés d'intermedes Comiques dont chacun
renferme un fujet féparé ; ces fujets font , le nouveau marié, Dom Pafquin Davalos & le Semblable à foi-même ; comme ce mélange eft d'ufage
chez les Efpagnols , les repréfentations que Montfleury en vit lorfqu'il fut en Efpagne lui perfua-
derent que cette pratique pourroit avoir quelques
agremens fur notre Scene , il n'y fut point trompé & trente repréfentations confecutives de fa
nouveauté durent l'en convaincre parfaitement en
1671. Cependant M. Quinaut avoit déja expofé
cette varieté au Theatre. *Voyez fa Comedie fans
Comedie.*
,, Antoine - Jean de Montfleury étoit Avocat &
,, fils du Comedien Montfleury qui s'eft long-tems
,, fait admirer fur le Théatre de l'Hôtel de Bour-
,, gogne & qui mourut des violens efforts qu'il
,, fit en jouant le rolle d'Orefte dans l'Androma-
,, que de M. Racine : l'Editeur du recüeil des
,, pieces de Montfleury imprimées à Paris en 1705
,, en deux volumes in-12. a mal-à-propos pris le
,, change en attribuant ces pieces au pere (Co-
,, medien) au lieu qu'elles font de fon fils Poëte
,, & Avocat contemporain de Moliere & qui a en-
,, core travaillé long-tems après Moliere : fes pie-
,, ces quoique un peu libres , ont prefque toutes
,, été reçües favorablement : leurs titres font ,
,, *la femme Juge & Partie. l'Ambigu Comique. la*
,, *mort d'Afdrubal* T. *Trigaudin ou Martin*
,, *Braillard. l'Ecole des filles. le Mariage de rien.*
,, *le Procez de la Femme Juge. la Fille Capitaine.*
,, *le Comedien Poëte ou le Garçon fans conduite.*

B ij

,, le *Mari fans femme. l'Ecole des Jaloux*, ou le
,, *cocu Volontaire. le Gentilhomme de Beauce. Tra-*
,, *fibule. l'Impromptu de l'Hôtel de Condé. la Da-*
,, *me Medecin. Didon*, *le Bon Soldat & les*
,, *Sœurs ridicules.*

Amelie. T. C. de M. Rotrou en 1 6 3 7.

L'Aminte du Taffe. Paftorale accomodée au Théatre François par M. Raiffignier Avocat *auffi Auteur des Amours d'Aftrée.* L'Aminte du Taffe a
toujours été regardé comme un Chef d'Oeuvre ;
c'eft le premier ouvrage où l'on ait introduit des
Bergers fur le Theatre , le goût pour cette Paftorale a été fi univerfel qu'on l'a traduit de l'Italien
en prefque toutes les Langues de l'Europe.

L'Amour à la mode. C. de M. Thomas Corneille
qui devoit le fujet de cette Comedie à Dom Antoine Defolis qui la traité en fa langue fous le même titre M. de Corneille ne refufant pas de rendre à fon original toute· la gloire du bon de fa
piece , dit qu'il ne feroit pas jufte auffi de lui en
attribuer le deffeétueux , ayant fuivi fon original
également en tout.

L'amour Berger. Paftorale de J . . . . in-12.

L'Amour caché par l'Amour , piece en trois Aétes
précédée de la Comedie des Comediens piece en
deux Aétes par M. Scudery in-8º. 1 6 3 5.

L'Amour Charlatan. Voyez *la Comedie des Comédiens.*

L'Amour Diable. C. de M. le Grand en un Aéte de
vers avec un divertiffement joüé au Theatre François en 1 7 o 8. Un Lutin amoureux qui fit en ce
tems du bruit à Paris , fournit l'idée de cette petite piece.

L'Amour & la Verité. C. en trois Aétes de Mrs de
S. Jorry & de * * * Joüée au Theatre Italien en

Mars 1720. „ Loüis Ruftaing de S. Jorry Che-
„ valier de l'Ordre de S. Lazarre, a encore donné
„ au même Theatre *Arlequin Camarade du Diable.*
„ *Arlequin en deüil. & le Philofophe trompé par la*
„ *Nature.* Ces pieces n'ont point été imprimées.

L'Amour guerri par le tems. T. Ballet de Jean Renaud
de Segrais. Elle n'a pas été mife en mufique.

L'Amour Maître de Langue. C. en trois Actes & un
Pologue intitulé la Mode par M. Fuzellier, elle
fut joüée au Theatre Italien en Septembre 1718
le fond du fujet eft tiré des Amours de Gonzaluë
du Roman de Zaïde.

L'Amour Malade. Ballet de M. de Benferade, danfé
par le Roy en 1657. Lully en compofa la mufique, Jean Doucet & fon frere y formerent une
entrée avec quatre Bohemiennes.

L'Amour Medecin ou les quatre Medecins. C. de
Moliere en trois Actes de profe, elle fut repréfentée pour la premiere fois à Verfailles le 15. Septembre 1665. & donnée depuis au Public fur le
Theatre du Palais Royal par la Troupe de Moliere qui commença à cette Piece à prendre la qualité de la Troupe du Roy, ne prenant auparavant
que celle de la Troupe de MONSIEUR frere unique du Roy, cet impromptu fut le plus précipité
de tous ceux que le Roi eut commandé à Moliere,
puifqu'il fut propofé, fait, appris & repréfenté en
cinq jours · le Prologue eft compofé de la Comédie, de la Mufique & du Ballet. Les ornemens qui
accompagnerent la repréfentation devant le Roy,
ne contribuerent pas peu à donner de l'éclat à
cette Piece & les airs de Lully lui donnerent fans
doute des graces dont elle a toutes les peines du
monde à fe paffer; on dit que Moliere fit cette
Piece pour fe vanger de la femme d'un Medecin

qui lui avoit donné congé d'une maison qu'il tenoit d'elle.

L'Amour Peintre. Voyez *le Sicilien.*

L'Amour Précepteur. C. de M. Geulette en trois Actes de Prose avec un divertissement joüé au Theatre
Italien en Juillet 1726.

L'Amour Sentinelle ou le Cadenas forcé. C. du sieur
Nanteuil Comedien de la Reine : *ce Comedien a
encore donné au Theatre les broüilleries noflurnes,
& le Docteur extravagant.*

L'Amour Tyrranique. T C. de M. Scudery en
1638. in-4o. L'Auteur fit des remarques pour
faire observer les beaux endroits de sa piéce qu'il
trouve si parfaite & si achevée , qu'il croit que
Aristote auroit reglé sa poëtique sur cet excellent Poëme , & qu'il en auroit tiré d'aussi beaux
exemples que de l'Oedipe de Sophocles. M. Sarasin
sous le nom de Silliac d'Arbois , adressa à l'Academie Françoise en 1638. un discours sur cette
piece de l'Amour Tirrananique.

L'Amour Vangé du sieur Lelio. Voyez *Diane &
Endimion.* M. de la Fond a fait aussi une petite
Comedie sous ce titre de l'Amour vangé en un
Acte de Vers qui fut représentée au Theatre Fran-
çois en 1711.

L'Amour Victorieux. C. de Hardy.

Les Amours d'Alcmeon & de Flore. Tragedie par
Etienne Bellone 1621. à Rouen.

Les Amours d'Angelique & de Medor. T. de M.
Gabriel Gilbert en 1664. „ Cet Auteur étoit Se-
„ cretaire de la Reine Christine de Suede & son
„ résident à la Cour de France , il donna de son
„ vivant un volume de Poësies mêlées : ses pieces
„ de Theatre sont , *les amours d'Angelique & de
„ Medor. les Amours d'Ovide. Arie & Petus*

„ ou les Amours de Neron T. Cresphonte. les A-
„ mours de Diane & d'Endimion T. les Intri-
„ gues Amoureuses. Hypolite ou le Garçon insensi-
ble. Semiramis T. Rodogune. Thelephonte. & les
peines & les plaisirs de l'Amour Opera.

Les Amours aquatiques. C. en un Acte du sieur le
Grand Comedien joüée au Theatre Italien en
Septembre 1721.

Les Amours d'Astrée & de Celadon T C. du sieur
de Rayssiguier 1630.

Les Amours de Calotin. C. de M. Chevalier.

Les Amours à la Chasse. C. en un Acte de M. C. . . .
joüée au Theatre Italien en 1718. M. de V. . . . .
ayant à son service deux Allemans d'une habileté
extraordinaire à sonner du Cors , voulut bien
en donner le plaisir au public , & pour amener cette nouveauté , cette petite piece fut composée
avec des Scenes Françoises & un divertissement.

Les Amours de Diane & d'Endimion. Tragedie de
M. Gilbert en 1657. Voyez Diane & Endimion.

Les Amours de Jupiter & de Semele. Tragedie de M.
Claude Boyer en 1668.

Les Amours de Lysis & d'Hesperie. Pastorale allegorique de M. Quinaut représentée au Louvre le 9.
Decembre 1660. au sujet du mariage du feu Roi,
cette piece n'a pas été rendue publique & l'original apostillé de la main de M. de Lyonne est en
la Bibliotegue de M. de Seignelay.

Les Amours déguisés. Ballet de Benserade , dansé
par le feu Roy en l'an 1664.

Il y a un Opera sous ce titre des Amours déguisés
qui est le xxxij des Opera , les vers sont de M.
Fuzellier & la Musique de M. Bourgeois ; le
Prologue est entre Venus , Minerve & Bacchus;
& le Ballet est composé de trois entrées des dé-

guifemens de l'Amour : la premiere de l'Amour
déguifé fous l'apparence de la haine , la feconde
fous le titre d'amitié , la troifiéme fous celui de
l'eftime : cet Opera fut repréfenté en 1 7 1 3. & eft
le premier de la compofition de M. Loüis Fuzellier
,, Auteur vivant qui en a depuis donné quatre au-
,, tres , fçavoir *Arion. le Ballet des âges. les Fê-
,, tes Greques & Romaines & la Reine des Peris.*
,, Les Comedies qu'il a donné au Theatre Fran-
,, çois font , *Momus Fabulifte & les Amufemens
,, de l'Automne.* Ses pieces joüées au Theatre Ita-
,, lien font au nombre de Seize , Sçavoir : *l'A-
,, mour maître de Langue. la Mode. Melufine. la
,, Meridienne. la Rupture du Carnaval. le Faucon.
,, Omphale. & Perfée. Parodies. le Vieux Monde.
,, les Nopces de Gamache. le Cerdeau des Theatres.
,, la Parodie Tragedie. les Saturnales. Amadis le
,, Cadet. Momus exilé. & la Bague Magique :* il
,, a de plus donné feul ou en Societé plufieurs
,, piéces à l'Opera Comique.

Les Amours de Mars & de Venus. LXXjX Opera
Ballet compofé de trois Entrées avec un Prologue qui feul a été imprimé en mufique , il eft formé par Hebé Déeffe de la jeuneffe qui eft raffurée
par la Victoire qui lui annonce le retour de la Paix
& des plaifirs ; les vers font de M. Danchet &
la mufique de M. Campra : il fut repréfenté en
1712.

Les Amours de Momus. XXXV. Opera Ballet de trois
entrées répréfenté en 1695. & imprimé en partition in-4º. Les vers font de M. Duché & la mufique de M. Defmarets.

Les Amours de Prothée. XCViij Opera en trois Actes
& un Prologue entre l'Amour conftant & l'Amour
volage , les vers font de M. de la Fond & la mu-

fique de M. Gervais Maître de la mufique de M.
le Regent , cet Opera repréfenté au mois de May
1720. fut goûté & a été repris au mois de Septembre 1728.

Les Amours de Venus & d'Adonis. T. de M. de Vizé
elle eut un grand fuccès fur le Theatre du Marais
en 1670. quoiqu'alors les machines ne fuſſent accompagnées ni de danſe ni de voix ; à la repriſe qui en fut faite en 1685. on y mit des intermedes dont la mufique étoit de M. Charpentier.

Les Amours d'Ovide. Paftorale hiftorique de M.
Gilbert en 1663.

Les Amours des Dieux. CVIII. Opera Ballet repréfenté au mois de Septembre 1727. les vers font
de M. Fuzellier & la mufique de M. Mouret. Le
Prologue repreſente les jeux funébres celebrés par
les Sarmates de Tomes en l'honneur d'Ovide en
reconnoiſſance de l'art d'aimer que ce fameux
Poëte avoit apporté fur les bords glacés du Danu-
be : la premiere entrée repréſente les amours de
Neptune & de la Nimphe Amimone , la feconde
celles de Jupiter & de Califte , la troifiéme celles
d'Apollon & de Coronis , la quatriéme celles de
Bachus & d'Ariane ; Mademoiſelle Sallé parut
avec éclat dans cet Opera.

Les Amours des Déeſſes. cxij Opera dont les paroles font de M. Fuzellier & la mufique du fieur Quinaut Comédien de la Troupe du Roy ; il fut repréſenté le 9. Aouſt 1729. & ceſſa de l'être le 29
fuivant ; le Prologue eft entre l'Amour & l'indif-
férence , la premiére entrée repréſente les Amours
de Venus & d'Adonis , la deuxiéme celles de
Diane & d'Endimion , la troifiéme celles de Melpomene & de Linus Inventeur de l'Elegie.

M. de Boiſſy fit une Parodie de cet Opera pour le Théatre Italien ſous le titre de *Melpomene van-géé* qui n'eut qu'une repreſentation.

Les Amours du Soleil. T. en machines joüée en 1671.

Les Amours de Trapolin. C. du ſieur Dorimond en 1662.

Les Amours de Vincennes. Voyés *Iſſé* Opera.

Amphitrion ou l'Hercule furieux. T. de M. l'Heritier Nouvelon · cette piéce eut un grand ſuccès.

Amphitrion. T C. de Moliere en trois Actes de vers libres & un Prologue de Mercure & de la nuit; cette piece fut repréſentée pour la premiere fois ſur le Theatre du Palais Royal le 13 Janvier 1668. On ſçait que l'Amphitrion eſt une des plus belles Comedies de Plaute ; M. de Rotrou a auſſi traité ce ſujet dans ſa Comedie des Soſies. M. Moliere a pris beaucoup de choſes de Plaute, mais il leur a donné un autre tour & d'autres fi-neſſes qui ſurpaſſent de beaucoup les railleries de l'Amphitrion latin ; Lucien a fourni le ſujet ſur lequel le Prologue de Moliere roule, mais il ne lui a pas fourni les penſées brillantes dont il l'a en-richi, cette piéce eut un applaudiſſement general.

Les Amuſemens de l'autonn. C. en trois Actes avec un Prologue & des intermedes par M Fuſellier, joüée au Theatre François en Octobre 1725. elle ne fut pas goutée.

L'Amy de tout le monde. Voyés *Philantrope.*

Anaxandre. T C. de M. du Ryer ; c'eſt ſa derniere Piéce ,, Pierre du Ryer pariſien étoit Hiſtoriogra- ,, phe du Roy & un des quarante de l'Academie ,, Françoiſe, c'eſt un des Poëtes Dramatiques du ,, ſiécle paſſé qui a le plus travaillé & ſur les ter- ,, res duquel nos Auteurs ont le plus fouragé, ,, mais il lui auroit été avantageux d'être venu au

,, Theatre dans un autre tems que Corneille pour
,, n'en être pas effacé : outre le nom que lui firent
,, ses piéces de Théatre , il acquit auffi quelque ré-
,, putation par un grand nombre de traductions
,, dont les plus confidérables font celles des œu-
,, vres de Ciceron , de Seneque, de Tite-Live ,
,, d'Herodote , de Polibe , de Strada , des Méta-
,, morphofes d'Ovide & d'une partie de l'Hiftoire
,, du Préfident de Thou , mais comme il étoit
,, aux gages des Libraires auxquels il s'étoit ob-
,, bligé de fournir de quoi faire aller leurs preffes
,, fans interruption , il n'avoit pas tout le loifir qui
,, lui auroit été néceffaire pour donner à fes ou-
,, vrages la derniere perfection; il mourut le 6 Nov.
,, 1656. âgé de 53. ans & fut inhumé dans le tom-
,, beau de fes ancêtres en l'Eglife de S. Gervais à
,, Paris : fes Pieces de Théatre font , 1. *le Ma-*
,, *riage d'Amour.* 2 *Argenis & Poliarque* en deux
,, parties. 3. *Lifandre.* 4. *Alcimedon* 5. *Cleome-*
,, *don.* 6. *les vendanges du Surefne.* 7. *Lucrece.* 8.
,, *Clarigene.* 9. *Alcionée.* 10. *Saul.* 11. *Efter.*
,, 12. *Berenice.* 13. *Scevole.* 14. *Themiftocles.*
,, 15. *Nitocris.* 16. *Amarillis.* 17. *Dinamis.*
,, 18. *Anaxandre.* On lui attribue encore les Tra-
,, gédies d'*Aretaphile. Alexandre. Tarquin. Cleo-*
,, *phon. & Clitophon* non imprimées. On lui
,, donne auffi une Comedie des *Captifs.*

L'Andrienne. C. en cinq actes de vers qui a paru
fous le nom du fieur Baron pere en 1704. elle eut
un grand fuccès , c'eft la premiere traduction des
pieces de Terence qui ait paru fur le Théatre françois , car l'Eunuque que Baïf traduifit fous le regne de Charles IX. , ne fut point repréfenté
parce qu'il n'y avoit pas encore de Comediens é-
tablis à Paris , le fieur Baron fe plaint dans la pré-

face de l'injustice qu'on lui faisoit , d'attribuer sa piece à un autre & se console par l'exemple de Terence même qu'on accusa de prêter son nom aux ouvrages des autres : une remarque à faire sur cette Piéce est que la Demoiselle d'Ancourt la mere qui représentoit l'Andrienne , imagina une sorte de Robe abbattue qui convenoit à ce rolle dont la mode s'établit & continue encore aujourd'hui , ces robbes retiennent le nom d'Andriennes.

Andromaque T. de M. Racine en 1668. le Comédien Montfleuri fit de si grands efforts pour representer les fureurs d'Oreste dans cette piéce , qu'il tomba malade & en mourut : la Mariamne de Tristan avoit pareillement causé la mort à Mondory , ce qui fait dire à Montfleury dans le Parnasse reformé , que desormais il n'y aura plus de Poëte qui ne veüille avoir l'honneur de crever un Comédien en sa vie ; il parut une critique d'Andromaque intitulée *la folle Querelle* , Comédie que M. Racine attribuoit à Moliere , ce qui mit la mésintelligence entre eux. Cependant le veritable auteur de cette critique étoit M. de Subligny ; les autres Censeurs que la jalousie & le mérite de cette excellente Piéce attirerent à son Auteur , l'obligerent à se perfectionner de plus en plus , ce qui fait dire à M. Despreaux

Et peut-être ta plume aux Censeurs de Pyrrhus ,
Doit les plus nobles traits dont tu peignis Burrhus.

Cette Tragédie d'Andromaque à été mise en vers Italiens non rimés par plusieurs Academiciens d'Italie & fut joüée sur le Théatre des Italiens à Paris en 1725.

Andromede T. de Pierre Corneille en 1649. cette piéce fit du bruit par les machines & décorations magnifiques dont elle fut accompagnée, ces changemens de Théatres donnerent lieu à M. Corneilles d'uſer d'un peu plus de liberté que les regles ordinaires n'en permettent, elle fut repréſentée par la Troupe Royale au petit Bourbon en 1650 les Machines étoient de l'invention du ſieur Torelly Italien.

Andromire Reine de Sicile. T. C. de M. Scudery en 1641. in-4°.

Andronic. T. de M. Campiſtron en 1685. C'eſt l'hiſtoire funeſte du Prince Don-Carlos fils de Philippe II. Roi d'Eſpagne que l'auteur a traité ſous le nom d'Andronic fils de l'Empereur Paleologue I. dont l'hiſtoire a quelque raport à celle du Prince Don Carlos ; cette Tragedie qui fut le charme de la Cour & de la Ville tira des larmes des plus inſenſibles & l'on n'avoit rien vû depuis longtems qui eut eû un plus grand ſuccès.

Angelique C. en proſe de Fabrice de Fournaris dit le Capitaine Cocodrille Comique Confident, traduite de l'Italien & de l'Eſpagnol par L...C... à Paris en 1599. in-12.

Anne de Bretagne Reine de France. T. de M. Ferrier jouée, à l'Hotel de Bourgogne en 1678. dans la peinture qui y eſt faite de Charles VIII. il y a des endroits très-finement tournés à la gloire du feu Roi

Annibal. L'hiſtoire de ce General des Cartaginois a été traitée en quatre Tragédies, la premiere non-achevée de M. Deſmareſts, la ſeconde de M. de Prades, la troiſiéme de Thomas Corneille, la quatriéme & derniere de M. Mariveau en 1717 non imprimée.

Antigone. Sophocle & Seneque en ont chacun fait le sujet d'une de leurs Comedies intitulées la Thebaïde, Robert Garnier fit une Tragédie d'Antigone qui est une imitation de la Thébaïde du Stace. M Rotrou en fit une en 1639. qui est une de ses bonnes Tragédies, cependant il y fait mourir les deux freres d'Antigone, Eteocle & Polinice enfans de Jocaste dès le troisiéme Acte, le reste est en quelque sorte le commencement d'une autre Tragédie, ayant réuni deux actions dont l'une sert de matiere aux Pheniciennes d'Euripide & l'autre à l'Antigone de Sophocle, cette piece est d'ailleurs remplie de beaux endroits, enfin M. Pader d'Assezan fit représenter une Tragédie d'Antigone en 1687.

Antiochus. T. de Thomas Corneille, cet Antiochus est le fils de Seleucus si connu par son amour pour Stratonice. Ce sujet a été traité dans d'autres Tragédies, les unes intitulées Seleucus, les autres Stratonice ou le Malade d'Amour ; M. Corneille n'a pas jugé à propos de suivre l'histoire en faisant Stratonice épouse de Séleucus, afin dit-il, que ceux qui n'ont qu'une médiocre ferveur pour le sacrement n'eussent point à lui opposer que la résolution de se défaire de sa femme, n'est pas la matiere du grand sacrifice.

Antiochus & Cleopatre. T. de M. Deschamps représentée en 1719.

Antiochus. Voyés *Machabées.*

L'Apoticaire dévalisé. Comédie burlesque du sieur de Villiers représentée à l'Hotel de Bourgogne en 1660. ,, La réussite de son Festin de Pierre ,, l'engagea à donner cette seconde Piéce, il a ,, encore donné *la Veuve à la mode & les Ramo-* ,, *neurs.* Ses autres Poësies sont *des Fragmens bur-*

„ ques & le *Portrait d'une inconnuë.*

Les Apparences trompeuses, ou Cefar Urfin. C. de M. l'Abbé Boisrobert 1656.

Il y a une autre Comédie fous le titre des Apparences Trompeufes de M. Hauteroche joüée en 1673.

L'Après-Soupé des Auberges. C. du fieur Poiffon l'ancien en un Acte de vers repréfentée en 1679. ce n'eft qu'une Converfation dénuée de toute action.

L'Arbitre des differens. Comedie en trois Actes & un Prologue, intitulé Arlequin Prologue, cette Piece qui eft de M. le Sage fut repréfentée au Théatre François en Fevrier 1702. fous le titre du point d'honneur, l'Auteur après quelques corrections la fit joüer fur le Théatre des Italiens en Avril 1725. fous le titre cy-deffus, elle n'eut que deux repréfentations à chacun de ces changemens.

„ Les autres Piéces données par M. le Sage au
„ Théatre François font *Cefar Urfin. Crifpin rival*
„ *de fon Maître. Turcaret. la Critique de Turca-*
„ *ret & la Tontine:* celles qu'il a données au Théa-
„ tre Italien font, *le Jeune Vieillard. la force de*
„ *l'Amour & cet Arbitre des differents.* A l'égard
„ de grand nombre de petites Piéces pour le Théa-
„ tre des Foires compofées par lui feul ou en fo-
„ ciété, on peut les voir dans le catalogue des O-
„ pera Comiques ; M. le Sage eft encore connu
„ par fes Romans de Caractere, le *Diable Boiteux.*
„ *Gilblas. Dom Gufman d'Alfarache* & par plu-
„ fieurs autres ouvrages qui le font regarder com-
„ me un de nos bons Ecrivains. Le fieur Mont-
„ menil fon fils qui quelques années auparavant
„ avoit déja parû au Théatre François y début-
„ ta le 100 May 1728. & fut reçû dans la

,, Troupe , où il commence d'être goûté.

L'Arbre Verd. C. en Profe par un anonime en
1705.

Arcagambis. Voyez *les Comediens Efclaves.*

Aretaphile. T. de M. du Ryer , cette Tragédie n'a
pas été imprimée , elle eſt manufcrite dans la Biblioteque de M. le Marêchal d'Eſtrées.

Arethufe Lij Opera Ballet , les paroles de M. Danchet & la mufique de M. Campra répréſentée en
1701. imprimée in-4°. le Printems & la Nimphe
de la Seine dans les Jardins de Marly forment
le Prologue ; la Fable eſt tirée des Métamorphoſes d'Ovide.

Argenis, & Poliarque, ou Theocrine, Tragédie en deux
parties par M. du Ryer en 1630. & 1631. Ce
fujet eſt tiré de l'Argenis de Jean Barclay.

Argelie Reine de Theffalie. T. de M. l'Abbé Abeille repréſentée en 1674. ,, Gaſpard Abeille étoit
,, Prieur de Notre Dame de la Mercy , Sécré-
,, taire de la Province de Normandie & attaché à
,, la maiſon de Montmorency-Luxembourg : ſes
,, autres Piéces de Theatre ſont *Lincée. Soliman.*
,, *Hercule & Coriolan.* , il fut reçu à l'Academie
,, Françoiſe en l'année 1704. & mourut en 1718.
,, il n'y a guerre de genre de litterature où il ne ſe
,, ſoit exercé : ſes ouvrages les plus connus ſont
,, ſes Tragédies & ſa traduction de Juſtin.

Arianne & Bachus. xxxviij Opera dont les paroles
ſont de M. de S. Jean & la mufique de M. Marais
ordinaire de l'Académie, il fut répréſenté en 1696
& imprimé partition in-4°. la décoration du Prologue repréſentoit la Ville de Paris dans un de ſes
plus beaux points de vûe.

Ariane & Théſée. xcj Opera dont les paroles ſont
de Meſſieurs la Grange & Roy & la mufique de

M.

M. Mouret , il fut représenté au mois de Mars
1717. & imprimée in-4º.

Ariane ravie. T. de Hardy en 1626.

Ariane. T. de Thomas Corneille représentée sur le
Theatre du Marais en 1672. cette Tragédie qui
est très-touchante , passe pour son chef d'œuvre ;
& ce qui doit surprendre ; c'est qu'il la fit en quarante jours de séjour à la campagne ; elle fut fort
suivie quoique joüée en concurrence de la Tra é-
die de Bajazet de M. Racine , le sujet de cette
Tragédie est Ariane & Théfée.

Ariane. Cet Opera qui passoit pour un chef-d'œuvre,
ne fut cependant pas représenté à caufe de la mort
du Cardinal Mazarin;mais il en fut fait plusieurs ré-
pétitions ; les vers affez mauvais étoient de M.
l'Abbé Perrin & la musique de la composi ion
„ de Cambert Intendant de la musique de la Rei-
„ ne mere & Organiste de l'Eglife Collegiale de
„ Saint Honoré : la musique *de la Pastor le. & de*
„ *Pomone* est de la composition du même Cam-
„ bert.

Aricie , ou le Mariage de Tite. T. C. de M. le
Vert.

Aricie. xLij Opera Ballet dont les vers font de M.
Pic & la musique de M. la Coste ord naire de
l'Academie , il fut représenté en 1697. & imprimé partition in-4º. Apollon , Marsias & les
Mufes font le sujet du Prologue , cette Aricie est
une Princesse de l'Ifle inconnue qui aime Fernand
Prince d'Espagne „ c'est le premier Opera de la
„ composition de M de la Coste qui de is a
„ donné ceux de *Philomele. Bradamante. Créüfe.*
„ *Telegone. & Orion.*

Arie & Petus. On fçait l'hiftoire d'Arie qui s'enfon-
ça un poignard dans le fein pour donner l'exem-

ple à ſon mari Petus homme Conſulaire qui s'étoit engagé dans le parti de Camille ſous l'Empire de Claude. Nous avons deux Tragédies ſur ce ſujet, la premiere auſſi intitulée *les amours de Neron*, compoſée par M. Gilbert en 1660. la ſeconde de Mademoiſelle Barbier repreſentée en 1702. c'eſt ſon premier Ouvrage de Theatre, que quelques-uns attribuóient à M. Pellegrin ; ce qui fait crier cette Demoiſelle à l'injuſtice dans ſa Préface, où elle témoigne ſon dépit, de voir qu'on voulut lui ravir le Fruit le plus précieux de ſon travail : quoi qu'il en ſoit, c'étoit loüer ſa Piéce que de la trouver au deſſus de la portée d'une femme, cette ″ Dame native d'Orleans a depuis donné trois au- ″ tres Tragédies, qui ſont *Cornelie mere des* ″ *Gracques. Thomiris. la mort de Jules-Ceſar.* ″ une petite Piece intitulée *le Faucon*, & trois ″ Opera ; ſçavoir, *les Fêtes de l'Eté*, *le Jugement* ″ *de Paris*, & *les Fêtes de la Campagne.*

Arion LXXXiij. Opera dont le Poëme eſt de M. Fuſelier, & la Muſique de M. Mathau, il fut repreſenté en Avril 1714. le Prologue eſt entre Venus, la Victoire & un Guerrier ; le ſujet de la Piece qui eſt en cinq Actes, eſt l'Amour d'Arion pour la fille de Periandre Roi de Corinthe ; M. le Brun avoit auſſi compoſé une Tragédie *d'Arion* pour être miſe en Muſique, ce qui n'a pas été executé, cette Piece eſt imprimée dans le Recüeil de ſes Oeuvres.

Ariſtene. Paſtorale de Pierre Troterel ſieur d'Aves.

Ariſtoclée. Ou le mariage infortuné. T C. de Hardy.

Ariſtodeme. Tragédie de Claude Boyer en 1649.

Ariſtotime. T. de M. le Vert en 1642., *il a encore donné la Tragédie d'Aricie, & la Comedie du Docteur Amoureux.*

Arlequin. C'eſt un Perſonnage maſqué de la Come-
» die Italienne , les derniers Acteurs qui ont rem-
» plis ce Rolle ſur l'ancien Theatre Italien , ſont
» le célébre Dominique Biancollely mort en
» 1688. après lui le ſieur Evariſte Guerardy mort
» au mois d'Aouſt 1700. & ſur le nouveau Thea-
» tre Italien , le ſieur Thomaſſin Venitien ſoutient
» apreſent ce Rolle avec des graces merveilleu-
» ſes ; ſa femme auſſi Comedienne ſe nommoit
» Marguerite Ruſca ; comme ſous le nom de
» Violette , elle joüoit les Rolles de ſuivantes
» avec beaucoup de feu, elle mourut le dernier
» Fevrier 1731. la Demoiſelle Catberine Tho-
» maſſin leur fille joüé les Rolles d'Amantes :
Comme le Catalogue imprimé chez Briaſſon contient les Comedies Italiennes , nous nous contenterons de rapporter les Piéces Françoiſes qui
ont pour titre Arlequin , & qui ont été joüées
ſur l'ancien & le nouveau Theatre.

Arlequin amoureux par enchantement , Comedie en
trois Actes de Proſe avec des divertiſſemens par
M. de *Beauchamp*, joüée en Decembre 1722. non
imprimée.

— Aſtrologue Comedie en trois Actes de Proſe par
M. Deliſle repreſentée au mois de May 1727.

— Aux Champs , Elizée repreſentée ſur l'ancien
Theatre Italien

— Camarade du Diable en trois Actes , avec des
divertiſſemens par M. de S. Gorry , repreſentée
en Mars 1721.

Arlequin Chevalier du Soleil. C. de M. de Fatouville , joüée en Fevrier 1685. les Pieces de cet
Auteur toutes joüées ſur l'ancien Theatre Italien ,
ſont les Arlequins avec les Epitetes ſuivantes ,
Lingere du Palais, Mercure Galant, Grapignan,

ou la Matrone d'Ephese. Prothée. Empereur dans la Lune. Jason Chevalier du Soleil, & les Comedies sous le titre de *Colombine;* sçavoir, *Colombine Avocat pour & contre,* & *Colombine femme vangée,* il a encore donné la Comedie de *Isabelle Medecin.*

— *Deffenseur du beau sexe,* du sieur B. joüée en May 1694.

— *Dragon de Moscovie,* Piece de l'ancien Theatre Italien joüée sur le nouveau, sous le titre *d'Arlequin persecuté par le Basilic.*

— *Empereur dans la Lune.* C. de M. Fatouville en Mars 1684. cette Piéce fit un grand fracas, tout Paris y courut, & à chaque représentation, la Salle de l'Hôtel de Bourgogne se trouva trop petite ; Isabelle & Colombine actives nouvellement reçuës, y joüerent des Scenes toutes Françoises.

— *En deüil de lui-même.* Comedie en un Acte de M. de S. Jorry, joüée en 1721.

— *Esope.* Voyez *Esope.*

— *Gentilhomme par hazard.* C. en trois Actes du sieur Dominique en 1712. imprimée.

— *Grapignan.* Comedie presentée sur le Theatre Italien de M. Fatouville.

— *Homme à bonne fortune.* C. de M. Renard en Janvier 1690. cette piece fut faite pour l'opposer à celle de l'Homme à bonne fortune du sieur Baron, M. Renard fit la Critique de sa Piece en un Acte, qui fut joüée au mois de Mars 1690.

— *Hulla.* Comedie en un Acte des sieurs Dominique & Romagnesy en 1728. il y a un Opera Comique sous le même titre.

— *Jason ou la Toison d'or.* C. de M. Fatouville, joüée au mois de Septembre 1684.

— *Lingere du Palais.* Comedie de M. de Fatou-

ville en trois Actes, joüée au mois d'Octobre
1682.

— *Misantrope.* C. du sieur B. joüée en Decembre
1696. composée d'un Prologue & de trois
Actes avec des agrémens de chants & de danse ;
quoique cette Piece soit assez bonne, elle n'eût
pas grand succès.

— *Poli par l'amour.* C. en un Acte par M. Marivaux, joüée en Octobre 1700. cette Piece est
» souvent donnée au Public ; M. Marivaux Au-
» teur vivant, a donné huit pieces en Prose au
» Theatre Italien, qui sont cet *Arlequin poli par*
» *l'amour. La surprise de l'amour. la double in-*
» *constance. le Prince travesty. la fausse suivante.*
» *l'Isle des Esclaves. l'Heritier de Village.* & le
» *Triomphe de l'Amour* ; il a aussi donné au Theatre
» François la Tragédie *d'Annibal* & les Comedies
» du *Dénoüement imprévû.* des *Petits Hom-*
» *mes, ou l'Isle de la Raison.* & la surprise *d'A-*
» *mour* ; differente de celle qu'il a fait representer
» au Theatre Italien, il a encore composé une au-
» tre Comedie sous le titre *du Pere prudent & équi-*
» *table*, qui n'a été representée sur aucun Thea-
» tre ; outre ces Pieces de Theatre, il a donné au
» Public *l'Homere Travesty* en vers Burlesques en
» deux volumes, & plusieurs autres Ouvrages.

— *Pluton.* Comedie en trois Actes de M. Geulette,
joüée en Janvier 1719. le fils du sieur Thomassin
âgé de cinq ans, y parut sous l'habit d'Arlequin.

— *Prothée.* Comedie en trois Actes de M. Fatouville, joüée en Octobre 1683.

— *Sauvage.* Comedie en trois Actes de Prose par
M. Delisle, joüée eu Juin 1721. c'est le Contraste
de nos mœurs opposez à celles des Sauvages,
cette Piece est souvent donnée au Public ; c'est la

» premiere Piece de Theatre de cet Auteur qui eſt
» vivant. ſes autres Pieces ſont *Timon Miſantro-*
» *pe. le Banquet des ſept Sages. le Banquet ridicu-*
» *le. le Faucon ou les Oyes de Bocace. le Berger*
» *d'Amphriſe. Arlequin Aſtrologue*, & la Tragé-
» die de *Danaüs.*

—— *Toujours Arlequin.* C. en un Acte par les ſieurs
Dominique Romagneſy, & Lelio fils en 1726.

Armide & Renaud. Chevalier du camp de Godefroy de Boüillon xx. Opera, les Vers de M.
Quinaut & la Muſique de M. Lully, repreſenté
en 1686. imprimé, puis gravé, in-folio ; la Gloire & la Sageſſe font le Prologue, les machines &
décorations étoient ordonnés par M. Berain ; cet
Opera eſt un des plus eſtimez de ceux de M. de
Lully, ce fut le triomphe de Mademoiſelle Rochois.

M. Bailly a fait une Parodie de cet Opera
en un Acte de Vaudevilles, avec un divertiſſement qui fut joüée au Theatre Italien au mois de
» Janvier 1725. cet Opera d'Armide eſt le der-
» nier ſorti de la plume de M. Quinaut, il ſe nom-
» moit Philippes Quinaut, on dit qu'il étoit fils
» d'un Boulanger de Paris ; Bayle dans ſon Dic-
» tionnaire à l'article de Triſtan, dit qu'il avoit été
» domeſtique du Comedien Mondory, & que c'é-
» toit ſous ce Maître qu'il avoit appris à faire des
» Vers ; ſi cela eſt il n'en eſt que plus louable,
» d'avoir ſçu après des commencemens ſi bas faire
» fortune, & acquerir l'uſage du monde,
» & la politeſſe qu'on lui a toujours connuë ; il ſe
» mit Clerc chez un Avocat au Conſeil, où il fit
» ſes premieres Pieces de Theatre qui furent fort
» applaudies, & un Marchand qui aimoit la Co-
» medie, conçut tant d'eſtime pour lui qu'il l'o-
» bligea de prendre un appartement dans ſa mai-

» fon ; ce Marchand étant venu à mourir , M.
» Quinaut regla les affaires de fa fucceffion &
» époufa enfuite fa veuve, dont il eut plus quaran-
» te mille écus de bien , il acheta une Charge
» d'Auditeur des Comptes en 1671. & ceffa de
» travailler pour le Theatre de la Comedie, il
» avoit été reçu à l'Academie Françoife l'année
» précedente ; fur la fin de fa vie il eut regret d'a-
» voir donné fon tems à faire des Opera , & prit
» la réfolution de ne plus compofer de Vers, qu'à
» la gloire de Dieu & du Roi ; il commença par
» un Poëme fur l'Extinction de la Religion refor-
» mée en France , il mourut le 26. Novembre
» 1688. âgé de 53. ans & riche de plus de cent
» mille écus. Les Opera dans lefquels il a furtout
» excellé , & qu'il a donné au Public depuis l'an
» 1672. jufqu'en 1686. au nombre de XIV. font
» *les Fêtes de l'Amour & de Bachus, Cadmus ,*
» *Alcefte, Thefée , Atys, Ifis , Proferpine , le*
» *Triomphe de l'Amour, Perfée , Phaeton , Ama-*
» *dis , Roland, le Temple de la Paix , & Armi-*
» *de ;* fes Tragédies & Comedies au nombre de
» xv. font *les Sœurs rivales , l'Amant indifcret, la*
» *Comedie fans Comedie, la Genereufe Ingrati-*
» *tude, la mort de Cyrus , le mariage de Camby-*
» *fe , la Stratonice, les coups de l'Amour & de la*
» *Fortune , Amalazonte , le feint Alcibiade , le*
» *Fantôme amoureux , Agrippa , la mere Coquet-*
» *te , Bellerophon ;* on lui attribue encore une
» Tragi-Comedie intitulée *Iris.*

Arminius , ou les Freres ennemis. Tragédie en 1644.
in-4.°. c'eft la derniere Piece de M. Scudery ; la
Préface de cette Tragédie d'Arminius eft un chef-
d'œuvre des fanfaronades Poëtiques ; l'Auteur y
fait la récapitulation de fes feize Poëmes Dramati-

ques, & nous assure que tous eurent un succès
extraordinaire à l'exception de sa Didon & de son
Amant liberal, *ou les acclamations*, dit-il, *furent
un peu plus froides toutes fois*, ajoute-il, *l'impression
fit après ce que j'avois esperé du Theatre*. au reste
cette Tragédie d'Arminius parmi des traits réjouis-
sans, en a quelques autres d'une beauté remarquable.

'*Arm*... T de M. Campistron, representée avec
succès au Theatre François en 1684. Cet Arminius étoit chef des Herusques peuples de la basse
Allemagne.

'*Arsace Roi des Parthes*. T. de M. de Prades en
» 1666. c'est la derniere & la meilleure Piece de
» cet Auteur qui en a fait trois autres ; sçavoir,
» *Sillains, la victime d'Etat & Annibal*, qui ne
» sont pas à beaucoup près si bonnes que cette
» Tragédie d'Arsace.

'*Arsacome. ou l'amitié des Scithes*. T. de Hardy.

L'art de regner, ou le sage Gouverneur. T. de M.
» Gillet en 1648. ce M. Gillet avoit le surnom de
» la Tessonnerie, ses Pieces de Theatre sont cet-
» te Tragedie de *l'art de regner. le Campagnard.*
» *le Deniaisé. Francion. la mort de Valentinien.*
» *la Quixaire. Sigismond duc de Varsau. & le*
» *triomphe des cinq Passions.*

'*Artaxerces ce Roi des Perses*. a fourni le sujet de
trois Tragédies, la premiere de M. l'Abbé Boyer
representée en 1681. cette Piece & sa Préface
meritent d'être lûës avec attention pour les raisons
qui ne sont pas inconnuës, elle est imprimée chez
Blageart avec sa Critique, la seconde Tragedie
d'Artaxerces est de M. de la Serre qui fut joüée
en May 1718. & fut interrompuë à la sixiéme ré-
presentation, la troisiéme est de M. Deschamps
qui fut répresentée en 1721.

Artemire. Tragedie de M. Voltaire reprefentée en Fevrier 1720. comme elle n'eût pas de fuccès, l'Auteur n'a pas jugé à propos de la faire imprimer ; cependant le fieur Dominique en fit une Parodie, joüée au Theatre Italien en Mars. 1720.

Afba. Tragedie de M. l'Abbé de Bruys, non encore joüée quoique prefentée aux Comediens dès „ le mois de Juillet 1722. M. l'Abbé de Bruys „ Penfionnaire du Roi & du Clergé mourut le 25. „ Novembre 1723. à Montpellier fa patrie âgé de „ quatre-vingt quatre ans, fes Ouvrages compo- „ fent douze volumes in-12. eftimés des fçavans, „ furtout fon Hiftoire des Fanatiques ; on a im- „ primé depuis fa mort fon traité du legitime ufage „ de la Raifon fur les objets de la Foi, il joignoit „ à fes études ferieufes la compofition de plufieurs „ Pieces de Theatre, qui parurent fous le nom „ de M. Palaprat : Cet Abbé dans une de fes let- „ tres, convient bien avoir été en focieté avec M. „ Palaprat pour quelques Pieces de Theatre ; mais „ il prétend que cette focieté étoit finie depuis plus „ de quarante ans, & que depuis cette diffolu- „ tion de focieté, ils avoient chacun donné des „ Pieces pour leur compte particulier & fans par- „ tage; lefquelles cependant ils fe communiquoient „ comme amis, qui fe confultent & non plus „ comme affociez, & il affirme être feul Auteur des „ Tragedies a' *Afba* & de *Gabinie*, & des Co- „ medies de *l'Opiniâtre*, des *Empiriques*, de *l'A-* „ *vocat Pathelin*, de *l'Important de Cour*, du „ *muet & de la force du Sang*, il fe prétendoit auffi „ le vrai pere du *Grondeur*, quoiqu'il convint „ que M. Palaprat l'eût enrichi & adopté, voyez „ l'article de M. Palaprat à la Comedie du *Ballet* „ *extravagant.*

Afpar. Tragédie non imprimée de M. Fontenelle
,, en 1680. Bernard de Fontenelle neveu de Mrs
,, Corneille, eft des trois Academies. & eft Secre-
,, taire perpetuel de celle des Sciences. Ses Oeu-
,, vres furent imprimées en trois volumes in-12.
,, en 1726. on lui attribuë deux Comedies, la
,, *Comete & le Comte de Gabalis*, & cette Tragé-
,, die *d'Afpar*, fes Opera au nombre de trois,
,, font *Thetis & Pelée*, *Enée & Lavinie*, *Dia-*
,, *ne & Endimion.*

Afpafie. T. de M. Defmarets, il compofa cette Tragédie à la follicitation du Cardinal de Richelieu,
elle fut reprefentée avec magnificence en prefence
du Duc Parme en 1636.

Aftrate Roi de Tyr. T. de M. Quinaut, elle fut reprefentée au commencement de l'année 1663. &
eut un très grand fuccès ; M. Salo dans fon Journal des Sçavans du 23. Mars 1665. fait un grand
éloge de cette Tragédie ; au contraire, M. Defpreaux lui donna une terrible atteinte, par cette
Ironie.

> *Avez vous vû l'Aftrate.*
> *C'eft là ce qu'on appelle un Ouvrage achevé,*
> *Surtout l'anneau royal me femble bien trouvé,*
> *Son fujet eft conduit d'une belle maniere,*
> *Et chaque Acte en fa Piece eft une Piece entiere.*

Malgré cette derniere atteinte cette Piece fait encore aujourd'hui un très bel effet au Theatre, &
on feroit tenté de prendre les Vers de Boileau
dans un fens naturel, en ôtant l'Ironie.

Aftrée. XXVIIIe Opera en cinq Actes dont les Vers
font de M. de la Fontaine, & la Mufique de M.

Colaſſe repreſentée en 1691. non imprimé en muſique ; ce Poëme Lirique a fait dire que M. la Fontaine faiſoit mieux des Fables que des Opera, & qu'on ne réüſſiſſoit jamais quand on forçoit ſon génie : Apollon, la Nimphe de la Seine, Zephire, & Flore, ſont les perſonnages du Prologue, la Piece expoſe les amours d'Aſtrée & de Celadon, traverſées par des rivalitez, la ſcene eſt ſur le bord du Lignon.

Athalie. T. de M. Racine, ce ſujet eſt tiré du quatriéme Livre des Rois, cette Piece fut faite pour les Demoiſelles de S. Cyr, leſquelles en donnerent diverſes répreſentations dans l'interieur de leur Maiſon en 1691. en preſence du feu Roi, avec tous les ornemens & les chœurs qui furent mis en muſique par M. Moreau, qui avoit pareillement fait ceux d'Eſther, elle fut depuis joüée à Verſailles en 1702. Madame de Bourgogne y répreſenta les Rolles de Jezabel, &c. Cette Tragédie que quelques-uns prétendent être le chef-d'œuvre de M. Racine, n'a paru ſur le Theatre François qu'au mois de Mars 1717. les Comediens en ont retranché tout le chant & la plus grande partie dès chœurs.

Athenaïs. T. de M. Mairet en 1642. cette Athenaïs étoit fille du Philoſophe Leontius, laquelle étant devenuë épouſe de l'Empereur Theodoze le jeune, prit le nom d'Eudoxe. M. de la Grange a auſſi donné au Public une Tragédie *d'Athenaïs* qui fut repreſentée en 1700.

Atrée & Thieſte. Tragedie de M. Crebillon, repreſentée au mois de Mars 1707. ce cruel ſujet traité par Seneque, n'a pas été adouci par M. Crebillon.

Attendez-moi ſous l'Orme. Nos deux Theatres ont

chacun une petite piece en Profe , fous ce titre qui y furent reprefentées au commencement de l'année 1695. le Theatre François joue celle de M. Renard , & l'Italien celle de M. Dufrefny.

Attila. Tragedie de Pierre Corneille en 1667. Si cette Tragédie du Roi des Huns appellé le fleau de Dieu , fe reffent du déclin de fon Auteur ; on peut cependant dire qu'elle a encore des marques d'une belle vieilleffe , & M. Defpreaux femble reprocher au Public fon ingratitude lorfqu'il lui dit ,

> *Et fi le Roi des Huns ne lui charme l'oreille,*
> *Traite de Vifigots tous les Vers de Corneille.*

Ce même Defpreaux cependant dans un autre endroit dit ,

> *J'ai vû Agefilas , helas ,*
> *Mais après Attila , holà.*

Atys. VIII. Opera, dont le Poëme eft de M. Quinaut , & la Mufique de M. Lully reprefenté en 1676. imprimé puis gravé in-folio , le tems & les heures forment le Prologue : le beau berger Atys eft celebre dans la Fable par l'amour de Cibele ; Pour la compofition du Ballet, le fieur Dolivet grand Pantomine fe joignit au fieur Beauchamps , avec lequel il avoit déja compofé le Ballet de Thezée ; & dans l'execution , le fieur l'Etang le cadet parut pour la premiere fois. on a dit qu'Atys étoit l'Opera du Roi, Armide l'Opera des Dames , Phaëton l'Opera du Peuple , & Ifis l'Opera des Muficiens.

Cet Opera d'Atys a été parodié par M. Ponteau en une petite piece , joüée au Theatre Italien en

Janvier 1726. l'Opera Comique s'eſt auſſi mêlé de la Parodie.

Alys. Poëme Paſtoral en quatre chants par Segrais imprimé 1653.

L'Avare. Comedie de Moliere, repreſentée ſur le Theatre du Palaîs Royal le 9. Septembre 1668. cinq Actes de Proſe à quoi le Public n'étoit pas encore accoutumé, le revolterent d'abord ; mais les répreſentations & la réflexion l'ayant ramené, il fut voir avec empreſſement une piece qu'il avoit mepriſé dans les comencemens

Les avantures des champs Elizés. Comedie en trois Actes de M. le D**** repreſentée ſur l'ancien Theatre Italien en Novembre 1693.

Les avantures de Nuit. Comedie de M. Chevalier en 1666. cette Piece n'eſt pas dans le Recüeil de celles de cet Auteur imprimé in-12. il a travaillé pour le Theatre vers le milieu du ſiécle dernier, ſes pieces ſont, 1. *l'Intrigue des carroſſes à cinq ſols,* 2. *la Diſgrace des domeſtiques,* 3. *les Avantures de la nuit,* 4. *les Barbons amoureux,* 5. *les amours de Calotin,* 6. *le Pedagogue amoureux,* 7. *les Galants ridicules.*

Les avantures de Poliandre. T. C. par un Anonime.

Les avantures de Poliandre & de Bazolie. M. Vicaget.

Les avantures de la ruë Quinquempoix. C. en un Acte avec des divertiſſemens par M. C*** repreſentée au Theatre Italien en Novembre 1719.

L'Avanturier. C. en cinq Actes par un Anonime, elle eſt fort chargée d'intrigues, & fut repreſentée au Theatre François en Octobre 1691.

L'aveugle Clair-voyant. deux Comedies portent ce titre, la premiere de M. de Broſſe, & la ſeconde en un Acte de Vers du ſieur le Grand, Comedien, laquelle fut joüée au Theatre François en 1716.

L'Aveugle de Smirne. Comedie de l'invention de M. le Cardinal de Richelieu, executée par les cinq Auteurs, & representée avec une magnificence extraordinaire.

Ces cinq Auteurs étoient, Mrs Boisrobert, Pierre Corneille, Colletet, l'Etoile & Rotrou, lesquels M. le Cardinal avoit choisi pour les pieces de Theatre, dont chacun composoit un Acte, mais il éprouva que ces sortes de matieres ne peuvent être partagées ni maniées par pieces separées, & qu'il n'est pas aisé de réüssir de cette sorte dans les pieces de Theatre, qui roulent sur une fiction mêlée de diverses Episodes ; & composée d'une intrigue, où l'on fait joüer divers ressorts, & qué dans ces ouvrages il faut que le même esprit & le même stile regnent par tout, pour conduire le nœud & le dénoüement ; Voyez *les Thuilleries.*

Auguste (la Mort D.) Tragédie de M. de Riouperoux, representée au Theatre François. en 169.

L'Avocat dupé. Il y a deux Comedies sous ce titre, la premiere de M. Chevreau, representée en 1638. la seconde qui a aussi pour titre *l'Homme de paille* en 1662. par un Anonime.

L'Avocat Patelin. Comedie en un Acte de M. l'Abbé de Bruys : Pasquier en ses recherches dit avoir lû & relû avec grand contentement l'ancienne Farce de Patelin, il oppose qu'à toutes les Comedies Grecques & Latines, quoique cela ne paroisse pas par l'extrait qu'il en fait. Les personnages de cette ancienne Farce, étoient Patelin Avocat maître passé en tromperies, une Guillemette sa femme qui le seconde, un Guillaume Drapier Me Badaut qui est dupé par Patelin de six aulnes de drap valant neuf francs, qui compofoient alors six écus. l'écu ne valant alors que trente fols, on y introduifoit auffi un Berger ; cette Farce qui fut joüée à Paris fur l'échafaut, a fourni toute la conduite & les perfonnages de cette Comedie moderne de Patelin.

L'Avocat fans Etude. Comedie du fieur Rofimond Comedien, repréfentée en 1665.

Axiane. T C. en Profe de M. Scudery en 1644. in-4o.

B.

Le Babillard. Comedie d'abord en cinq Actes reduits à un par M. de Boiffy, repréfentée au Theatre François en 1725.

La Bague de l'oubly. Comedie de M. de Rotrou en 1635. Voyez *le Fleuve de l'oubly.*

La Baguette de Vulcain. Comedie en un Acte de M. du Freny, repréfentée fur l'ancien Theatre Italien en 1693. le nommé Jacques Aymar qui faifoit alors du bruit à Paris par fa Baguette, avec laquelle il prétendoit découvrir bien des chofes, donna lieu à plufieurs Differtations Phifiques, & fournit l'idée de cette petite Comedie.

Bajazet. Tragédie de M. Racine, repréfentée fur le Theatre de l'Hôtel de Bourgogne en 1672. cette Tragédie eut le fuccès merité, & ordinaire aux pieces de Racine ; c'étoit cependant une nouveauté au Theatre d'y voir repréfenter une Hiftoire fi reffente, car Bajazet étoit oncle de l'Empereur des Turcs regnant alors, & il l'étoit auffi d'Achmet fon fucceffeur, qui n'eft mort qu'en 1695.

Le Bailly Marquis. Comedie en un Acte de M. du

Fresny , joüée sans suceès le même jour que le faux honnête homme.

Les Bains de la Porte S. Bernard. Comedie en trois Actes de M. de Boisfranc representée au Theatre Italien en Juillet 1696. il fut ajoûté à cette Piece la Scene d'un Procureur , qui traitant d'une Charge de Greffier en Chef , fit faire d'avance son portrait en robe rouge , mais cette acquisition ayant manqué il refusa de payer le Peintre , sous le prétexte qu'il l'avoit peint en robe rouge , lorsqu'il n'étoit que Procureur.

Le Bal, ou le Bourgeois de Falaise. Comedie en un Acte de Vers par M. Renard, representé au Theatre François en 1694.

Le Bal d'Anteüil. Comedie en trois Actes avec un Prologue , en 1702. par M. B**** Le Roi fit faire par M. le Marquis de Gêvres une reprimande aux Comediens , de ce qu'ils avoient joüé cette piece trop libre.

Balde Reine des Sarmates. Tragédie de Jobert.

Le Ballet des âges. xcv. Opera , les paroles de M. Fuselier , & la Musique de M. Campra , representé en Octobre 1718. l'Auteur du Poëme dit dans un avertissement qu'il a voulu prouver par cet Opera , que le génie Comique n'est pas incompatible avec les beautez de l'harmonie , & montrer aux tristes voluptueux , que les Muses de l'Opera peuvent se permettre les graces du deshabillé , le Prologue represente les Jardins d'Hebée ; cette Déesse invite l'aimable jeunesse à profiter des douceurs d'un azile agréable , les trois entrées du Ballet sont autant de petites Comedies , dont la premiere est intitulée la Jeunesse ou l'Amour ingenu, la seconde l'âge viril ou l'amour Coquet, la troisiéme la vieillesse ou l'amour joüé , dans cette derniere

niere Mademoiselle Antier paroiſſoit en Seigneur Polonnois ; la derniere Scene étoit le triomphe de la folie ſur tous les âges, où le ſieur Muraire chantoit un air Italien , dans lequel il dévelopoit toute la legereté de ſon goſier.

M. de la Motte a laiſſé à ſa mort un Ballet des âges , qu'on doit joüer ſur le Theatre de l'Opera.

Le Ballet extravagant. Comedie en un Aĉte de M. Palaprat , joüée au Theatre François en Juin 1690.

„ Jean de Palaprat mort depuis quelques an-
„ nées étoit de Languedoc , & avoit été Secre-
„ taire de M. de Vendôme grand Prieur de Fran-
„ ce , comme il a travaillé conjointement avec
„ M. l'Abbé de Bruys, il eſt difficile de diſtinguer
„ les pieces qui lui appartiennent en propre , d'a-
„ vec celles qu'ils ont fait en ſocieté, ces deux
„ Auteurs ſe trouvant diviſez à ce ſujet, l'un ré-
„ vendiquant des pieces que l'autre prétend lui
„ appartenir ; voyez l'article de M. l'Abbé de
„ Bruys à la Tragédie d'Asba , il eſt cependant
„ certain que leur ſocieté ſubſiſtoit , lors du Gron-
„ deur & de l'Important de Cœur , les autres
„ pieces appartenant en toute proprieté à M. Pa-
„ laprat , ſont *le Ballet extravagant. le Concert*
„ *ridicule. la Fille de bon ſens , & le ſecret révelé.*

Le Ballet des ſens. cxvj Opera , dont les paroles ſont de M. Roy, & la muſique de M. Mouret , repreſenté le 5. Juin 1732.

Le Ballet des Thuilleries. repreſenté dans une des Salles de ce Palais au mois de Fevrier 1718. au ſujet de la naiſſance de Sa Majeſté ; les paroles ſont de M. de Beauchamps, la Muſique vocale de M. Mathau, qui a eu l'honneur de montrer la Muſique du Roi, & qui a compoſé la Muſique de l'Opera d'Arion , la muſique inſtrumentale de M. Alarius Joüeur de Viole ; & la danſe de M. Balon.

Le Ballet du Parnaſſe executé ſur un Theatre dreſſé dans la cour de marbre du Château de Verſailles le 5. Octobre 1729. pour la naiſſance de Mr le Dauphin , ce Ballet compoſé de fragmens tant des anciens que des modernes , eſt diviſé en cinq Entrées qui ſont le Parnaſſe , la Muſique lyrique , la Muſe paſtorale , la Muſe heroïque & le génie de la France.

Le Ballet de Ville-Neuve S. George ainſi nommé parce qu'il fut repréſenté à Ville-Neuve S. George le premier Septembre 1692. en préſence de Monſeigneur le Dauphin par les Acteurs de l'Academie de Muſique , ce Ballet fut enſuite joüé ſur le Theatre de l'Opera & n'eſt point imprimé; les paroles ſont de M. Banzy & la muſique de M. Colaſſe.

Le Ballet des Vingt-quatre heures. Comédie en trois Actes , un Prologue & des divertiſſemens par le ſieur le Grand Comédien , la muſique eſt de M. Aubert Maître de la muſique de S. A. S. Monſeigneur le Duc. Cette Piéce fut repréſentée au Château de Chantilly devant le Roy , le cinq Novembre 1722. par les Comédiens François , Italiens & les Acteurs de l'Opera.

Ballets. Les anciens Ballets qui avant l'établiſſement des Opera , étoient preſque le ſeul divertiſſement de la Cour de nos Rois , ſont en ſi grand nombre qu'on ſe diſpenſera de les rapporter dans ce recüeil , d'autant plus que le R. P. Menetrier Jeſuite en a fait un traité où il fait mention de ces anciens Ballets , & que d'ailleurs un homme de Lettres travaille actuellement à ce recüeil des

Ballets dont il promet favoriser inceſſament le
Public. Ainſi on ſe contentera de raporter en ce
catalogue les Ballets danſés par le feu Roy qui
dans les premieres années de ſon regne en faiſoit
repréſenter un tous les hivers ; ceux de ces Ballets qui ſont déterminés par un nom appellatif ,
comme *l'Amour malade. Hercule amoureux* , &c.
ſe trouveront ſous la premiere lettre de leur titre ,
& on ne rangera ici que ceux qui ont pour titre
le mot generique des Ballets , comme ;

*Le Ballet de Chambord, celui de Crequy , celui des
Gardes ;* de Benſerade.

Le Ballet de Flore auſſi de Benſerade : danſé par le
Roy en 1669.

Le Ballet de la jeuneſſe , danſé en Fevrier 1686. les
airs étoient de M. de la Lande Maître de la Muſique de la Chapelle du Roy ; c'eſt le premier Ballet auquel il ait travaillé ; les Entrées étoient de
M. de Beauchamps.

Le Ballet des Muſes , danſé en Décembre 1666.
au Château de S. Germain-en-Laye.

Le Ballet de Trianon , danſé en Décembre 1688.
pour le retour de Monſeigneur le Dauphin de
l'armée d'Allemagne , la muſique étoit de M. de
la Lande à qui le Roy donna en ce tems la Sur-
Intendance de ſa muſique qu'avoit le jeune M.
Lully qui mourut ſur la fin de Décembre de cette
année 1688.

Baltazard Roi de Babylonne. Tragédie de M. Charenton en 1662.

Le Banqueroutier. Comédie de M. D.... joüée au
Théatre Italien en Avril 1687.

Le Banquet des ſept âges. Comédie en trois Actes
de M. Deliſle , joüée ou Théatre Italien en Janvier 1723. quoique cette Piéce fut relevée par un

D ij

Prologue & des divertissemens , elle n'en eut pas plus de succès & n'est pas imprimée non plus que la critique que l'Auteur fit de sa Piéce sous le titre du Banquet ridicule en un Acte.

Les Barbons amoureux & rivaux de leurs fils. Comédie de M. Chevalier en 1663.

Le Baron d'Albikrac. Comédie de Thomas Corneille : le comique de cette Piéce roule sur une vieille folle d'Amour & un Valet qui soutient le rolle du Baron d'Albikrac, &c.

Le Baron de la Crasse. Comédie en laquelle la petite Piéce du Zigzac est enchassée par le sieur Poisson l'ancien en 1679.

Le Baron d'Asnon. Comédie en prose de M. de Varennes en 1680.

Bazile & Quiterie. Tragi-Comédie en trois Actes avec un prologue & un divertissement , le tout en vers : sujet tiré du Roman de Dom Guichotte; c'est le premier ouvrage de M. Gauthier , joüé au Théatre François en Janvier 1723.

La Bassette. Il y a deux Comédies de la Bassette , l'une d'un Gentilhomme de Bourges joüée à Guénegaud , & l'autre de M. Hauteroche , joüée à l'Hôtel de Bourgogne.

Le Bel Esprit. Comédie de M. L. A. P. joüée avec peu de succès sur le Théatre Italien en Mars 1694.

Belinde. Tragi-Comédie *de M. Rampale qui a aussi donné la Tragédie de Dorothée.*

Belissaire. Ce General d'armée de l'Empereur Justinien célébre par ses infortunes , a fourni le sujet de quatre Tragédies , la premiere de M. Rotrou en 1644. la deuxiéme dè M. des Fontaines ; les troisiéme & quatriéme par des Auteurs anonimes : ces deux dernieres furent représentées à l'Hôtel de Bourgogne en 1678.

La Belle Cabaretiere , ou le Procureur à la mode C. de M....

La Belle Egyptienne. Il y a deux Comédies fous ce titre, la premiere de Hardy , la deuxiéme de M. Sallebray en 1642.

La Belle Efclave. Comedie de M. l'Etoille in-4° 1643. » Claude l'Etoile Seigneur du Sauſſay étoit » d'une ancienne famille de Paris ; on confond » fouvent fes ouvrages avec ceux de fon ayeul & » de fon bifayeul tous deux Préſidens au Parle- » ment de Paris , c'eſt de leurs écrits qu'a été » tiré le Journal du regne d'Henri III. il fut des » premiers reçus en l'Academie Françoiſe ; on n'a » de Monſieur de l'Etoille que deux piéces de » Theatre, *la belle Efclave & l'Intrigue des Fi-* » *loux* ; il en achevoit une troiſiéme quand il mou- » rut, qui avoit pour titre *le Secretaire des Inno-* » *cens.* il étoit un des cinq Acteurs que le Cardi- » nal employoit pour travailler à fes Comédies, » il avoit plus de génie que d'étude & s'étoit par- » ticulierement attaché à bien tourner un vers, il » poſſedoit auſſi les regles du Théatre & quand il » vouloit travailler le jour il faifoit fermer fes fe- » nêtres & fe faifoit apporter de la chandelle , on » a dit de lui de même que de Malherbe , que » lorfqu'il avoit compofé un ouvrage il le lifoit » à fa fervante , croyant que les ouvrages n'a- » voient pas leur perfection ſi elle ne fe faifoit » fentir aux perfonnes les plus groſſieres, il mou- » rut le premier Juin 1652. âgé d'environ 50 » ans.

La Belle invifible ou la conſtance éprouvée. Comédie de M. l'Abbé Boisrobert en 1656.

La Belle mere. Comédie en cinq Actes de vers par le

fieur d'Ancourt, repréfentée le 21 Avril 1725.
le même jour on joüa au Théatre Italien une Comédie fous le titre de *la force du fang ou du fot
toujours fot* dont le fond du fujet étoit le même,
ces deux piéces pour lefquelles il y eut de la con-
teftation n'eurent pas de fuccès, cependant on
peut dire que celle de d'Ancourt eft une de celles qui lui doit faire le plus d'honneur par la maniere vive & legere dont elle eft dialoguée &
verfifiée, elle n'eft pas imprimée dans fon Theatre.

La Belle plaideufe. C. de M. l'Abbé de Boisrobert
1655.

Bellerophon. Ce heros eft connu dans l'hiftoire poëtique par fon infenfibilité pour les avances amoureufes de Stenobée Reine d'Argos & par la défaite de la chimere dont il triompha monté fur le
cheval Pegaze ; cette fable a fourni le fujet d'une
Tragédie compofée par M. Quinaut en 1665. qui
n'eut pas de réuffite, & d'un Opera qui eft le xi
dont les paroles font de M. Thomas Corneille &
la mufique de M. Lully repréfentée en 1679. M.
Corneille rebutté par le peu de fuccès de Pfichée
avoit renoncé au Théatre Lyrique pour s'attacher
uniquement au dramatique, mais le Roy lui aïant
témoigné qu'il eut fouhaité qu'il travaillât pour
l'Opera, il fe rembarqua fur cette mer orageufe,
par cette piéce dont le prologue eft entre Apollon & les Mufes : le rolle d'Amifodar fut rempli
par le fieur Nouveau l'aîné ; cet Opera fut repréfenté pendant neuf mois de fuite, a été imprimé, puis gravé.

La Parodie de cet Opera eft des fieurs Dominique & Romagnefi en un acte de Vaudevilles, repréfentée au Theatre Italien au mois de May 1728.

Belphegor. Comédie en trois Actes avec des divertissemens par le sieur le Grand Comédien François joüée au Theatre Italien en Aoust 1721.

Berenice. Ce trait d'Histoire est tiré de ces paroles de Suetone *Titus ab urbe dimisit Berenicen invitus invitam* : outre la Tragédie de Tite & Berenice de Pierre Corneille , ce sujet a fourni deux autres Tragédies sous le titre de Berenice : l'une en Prose de M. du Ryer en 1645 & l'autre de l'illustre M. Racine ; cette derniere fut joüée sur le Théatre de l'Hôtel de Bourgogne en 1671. Le Grand Prince de Condé s'étant trouvé à une représentation de cette Piéce , un Seigneur lui en demanda son sentiment , à quoi il ne répondit que par ce refrain de Chanson Marion pleure , Marion rit , Marion veut qu'on la marie.

Berenice. Tragédie de Thomas Corneille , le sujet de cette Tragédie est different de celui de Berenice amante de Titus , & est tiré des avantures de Sesostris & de Timarette du Roman de Cyrus.

Le Berger d'Amphrise. Comédie en trois Actes & des divertissemens par M. Delisle , elle fut joüée au Théatre Italien sans être annoncée en Fevrier 1727. une magnifique décoration faite par le sieur Claricy Peintre de l'Opera de Londres , n'en rendit pas le succès plus heureux.

Le Berger extravagant. Pastorale burlesque de Thomas Corneille , cette piéce qui est la cinquiéme de cet Auteur est tiré d'un Roman qui porte le même titre , où parmi des fantaisies amoureuses on voit les impertinences des Romans : celui-ci est de Charles Sorel sous le nom de Jean de la Lande imprimé à Paris en 1627.

Les Bergeries de Racan. Pastorale de 3000 vers. Autrefois les gens de lettres ne travailloient point pour le Theatre & quand M. de Racan fit fes Bergeries , ce fut plûtôt pour fe divertir que pour les faire joüer ; il eft auffi à remarquer que les Paftorales ont en quelque forte précédé les Comédies & que pendant près de quarante ans on a tiré prefque tous les fujets des piéces de Théatre de l'*Aftrée*. Les Poëtes fe contentant ordinairement de mettre en vers la Profe de M. Durfé. Nous ne rapporterons pas ces anciennes Paftorales & Bergeries qui font prefque toutes tombées dans l'oubly : à ces Paftorales fuccederent les Comédies , d'abord d'intrigue , puis de caracteres.

Les Bêtes raifonnables. Comédie de M. Jacob en 1661. Mrs Fuzelier & le Grand ont fait un fort joly Opera Comique , intitulé les *Animaux raifonnables.*

Beval victorieux fur les Genevois T. de M. Borée en 1627. » Cet Auteur a de plus compofé la Tragé-
» die de *Thomiris. la Paftorale d'Achilles victo-*
» *rieux. & les Comédies de Clorife , & de la Jufti-*
» *ce d'amour.*

Le Bien perdu recouvré. Comédie de M. Lambert jouée à l'Hôtel de Bourgogne. » Les piéces de
„ cet Auteur font , *le Bien Perdu. la Magie fans*
„ *Magie. les Ramoneurs. & les fœurs jaloufés :*
„ le recüeil de fes Comédies fut imprimé en 1660
„ chez Defercy en un vol. in-12.

Les Bien-venus. Ballet de Benferade danfé à Compiegne le 30. May 1655. aux Nopces de la Duchefse de Modene Niéce de M. le Cardinal Mazarin.

La Bigamie. Comédie de Hardy , quoique toutes les Piéces de cet Auteur ayent la fcene fort variée il n'y en a pas une où ce défaut foit fi remarquable, jamais il ne s'eft vû une fi longue péregrination.

Blanche de Bourbon Reine d'Espagne. Tragi-Comédie *de M. Renaud aussi Auteur de la Tragédie de Marie Stuart.*

La Boëte de Pandore. Comédie en un Acte du sieur Poisson fils , cy-devant Comédien ; elle n'eut que trois représentations en Mars 1729. Il y a un Opera Comique sous ce titre.

Le Bois de Boulogne. Comédie en un Acte avec un divertissement du sieur Dominique ; elle n'eut point de succès au Théatre des Italiens, à la Foire au mois de Juillet 1725.

Bolus. Voyez *Brutus.*

Le Bon Soldat. Cette petite Piéce qui est de M. Montfleury est une de celles qui sont sur le catalogue pour être reprise de tems à autre.

Boniface , ou le Pedant. Comédie en Prose imitée de l'Italien , de Bruno Nolano. 1633. Voyez le Pedant joüé de Cyrano.

La bonne Femme. Voyez *Hypermeneſtre.*

Le Bourgeois de Falaiſe. Voyez *le Bal.*

Le Bourgeois Gentilhomme. Comédie - Ballet de Moliere en cinq actes de prose , mêlés d'Entrées de Ballet & de chants avec la cérémonie Turque qui fait le quatriéme interméde & six Entrées differentes qui font le cinquiéme ; elle fut représentée à Chambord pour un divertissement du Roy au mois d'Octobre 1670. Après la premiere représentation , Moliere alla au souper du Roy , où il eut le chagrin de voir que le Roy ne lui dit pas un mot de sa piéce ; son inquiétude dura les cinq jours suivans que sa Comédie ne fut point représentée ; mais à la seconde représentation , le Roy lui dit vous n'avés encore rien fait qui m'ait plus diverti , & votre piéce est excellente : elle fut représentée sur le Théatre du Palais Royal le 23.

Novembre fuivant. Ce fpectacle quoiqu'outré &
hors du vrai-femblable, mais parfaitement exécuté
attira la foule des fpectateurs qui laifferent gron-
der les critiques , & chaque Bourgeois qui y
croyoit trouver fon voifin peint au naturel ne fe
laffoit point d'aler voir fon portrait ; on difoit que
le Philofophe de cette Comédie étoit copié d'a-
près M. Rohaut quoiqu'ami de l'Auteur qui fit
emprunter fon chapeau pour le donner à du Croif-
fy , on prétend auffi mais fans trop d'apparence
que Moliere avoit pris l'idée de fon *Bourgeois
Gentilhomme* dans la Perfonne d'un nommé G....
Chapelier qui avoit dépenfé cinquante mil écus
avec une femme à qui il donna une belle maifon
qu'il avoit à Meudon Les folies de ce Bourgeois
eurent une fin funefte , car il fut enfermé à Charenton pour avoir donné un coup de coûteau à
fon neveu qui étoit Procureur.

Les Bourgeois de qualité. Comédie de M. Hauteroche.

Les Bourgeoifes a la mode , en cinq Actes , cette
Comédie qui fut repréfentée au mois de Novembre 1692. & qui eut un grand fuccès , a toujours paru fous le nom du fieur d'Ancourt & eft
imprimée dans le recüeil de fes piéces : cependant
elle eft véritablement de M. de Saintion auffi bien
que *le Chevalier à la mode.* Ce M. Saintion
mourut au mois de Septembre 1723.

Les Bourgeoifes de qualité. Voyés *la Fète du Village.*

Les Boutades du Capitan Matamore. Voyés *Capitan.*

Les Bout-rimés. Comédie en profe de M. de Pierre
de Saint-Uffans fous le nom du fieur de S. Glas
repréfentée en 1682. On fçait la vogue qu'a-

voient les Bout-rimez en ce temps - là.

Le Bracelet. Comédie en un Acte de M. de Beau-
Champ, le fuccès qu'eut fa Comédie du *Portrait* lui fit donner en la même année cet autre Bi-
jou de Dames qui eut un fort moins heureux
n'ayant été repréfenté que deux fois au Theatre
Italien en Décembre 1727.

Bradamante Niéce de l'Empéreur Charlemagne.
Ce fujet tiré de l'Ariofte a fourni de matiere à
trois piéces de Théatre & à un Opera, la premiere eft de Robert Garnier qui eft toute imitée
de l'Ariofte; c'eft la premiere piéce qui ait porté
le titre de Tragi-Comédie; la feconde eft une
Tragédie de Thomas Corneille qui auroit eu
plus de fuccès s'il n'avoit pas voulu fuivre
fi fidélement l'Ariofte, les combats des femmes
contre des hommes n'étant guére de notre goût.
La troifiéme eft la *Bradamante Ridicule* de M.
le Duc de S. . . A. . . repréfentée à Guenegaud en
préfence de la Cour.

L'Opera de *Bradamante* eft le LXIX des
Opera. Les paroles de M. Roy & la mufique de
M. la Cofte, repréfenté en May 1707. imprimé in-4°. le Prologue eft entre un Enchanteur
& une Enchantereffe.

Les Bravacheries du Capitan Spavante. Comédie
de N . . . . 1608.

Le Brave. Comédie de Baïf en 1667. non repréfentée. » Cet Auteur a encore compofé deux au-
» tres Comédies, *l'Eunuque & Taillebras.*

Britannicus. Tragédie de M. Racine, cette excel-
cellente piece tomba à la cinquiéme repréfentation, mais elle s'eft fi heureufement relevée
de fa chute qu'elle charme encore aujourd'hui ce
même Parterre qui lui avoit autrefois refufé fes

'fuffrages à fes premiéres repréfentations de l'année 1670.

Les Broüilleries noɛturnes. Comédie du fieur Nanteüil Comédien de la Reine en 1669.

Brutus , Ce premier Conful de la Republique Romaine , a fourni le fujet de trois Tragédies , la premiere intitulée *la mort des Enfans de Brute.* Voyés à la lettre M ; la deuxiéme de Mademoifelle Bernard , joüée au mois de Décembre 1690 au Théatre François où elle attira de nombreufes affemblées ; la troifiéme de Mr Voltaire : cette derniere qui fut repréfentée le 11 Décembre 1730. reçut de prodigieux applaudiffemens à la première repréfentation qui diminuerent aux fuivantes , elles furent au nombre de quinze : elle eft imprimée avec un difcours préliminaire fur la Tragédie.

—— La Parodie de cette derniere Tragédie fous le titre de *Bolus* en vers Alexandrins , eft des fieurs Dominique & Romagnefi , elle fut joüée au Théatre Italien le 24. Janvier 1731. & fut recuë très favorablement , la haine des Romains & du Senat contre les Tarquins y eft parodiée fous l'idée du different qui regnoit en ce tems entre la Faculté de Medecine & les Chirurgiens , enforte que ce n'étoit pas feulement une Parodie de cette Piéce , mais encore une critique contre ces Meffieurs , elle eft imprimée. » Quelque temps » avant la repréfentation de cette Parodie , c'eft- » à-dire le vingt-huit Décembre précédent , le » fieur Theveneau Chanteur de la Comédie I- » talienne depuis plus de douze ans , fut reçu » dans cette Troupe ; outre ces talens pour la » mufique & le Chant , il en a encore pour l'ac- » tion Théatrale , en forte qu'il y a tout lieu

» d'esperer qu'il deviendra bon Comédien.

C.

Les Cadenas, ou le Jaloux endormy. Comédie en un Acte de Profe de M. Bourfaut repréfentée en 1662. C'eft la feconde Piéce de cet Auteur qui la donna dans fa grande Jeuneffe.

Cadmus & Hermionne. IV. Opera dont le Poëme eft de M. Quinaut & la mufique de M. Lully. La fable de Cadmus eft affez connuë. Le Prologue eft la Naiffance & la défaite du Serpent Pithon, il fut repréfenté en 1674. Pendant le cours de fes repréfentations, le Theatre du Palais Royal étant venu à vacquer par la mort de Moliere, le Roy l'accorda pour les repréfentations de l'Academie Royale de Mufique. Le Bafque homme très-leger & les fieurs Faure & Lainé parurent dans cet Opera ; & dans la reprife qui en fut faite après celui d'Alcefte. On vit paroître pour la premiere fois le fieur Pecour qui s'eft rendu depuis fi célébre par la nobleffe de fa danfe.

Le Caffé. Comédie en un Acte de M. Rouffeau repréfentée fans grand fuccès en 1694. On fit cette Epigramme fur cette Piéce par allufion au Caffé.

> *Il reffufciteroit un mort ;*
> *Et fur fon fujet fans effort,*
> *Rouffeau pouvoit charmer l'oreille ;*
> *Au lieu qu'à fa piéce on fommeille,*
> *Et chez lui feul il endort.*

Le Caffetier. Comédie du fieur le Grand Comédien , repréſentée ſur le Théatre de Lyon.

Le Cahin caha. Voyez *le Tour du Carnaval.*

Le Cahos. Voyés *les Elemens Opera.*

Cajan , ou l'Idolâtre Converti. Tragédie de M. F. G. B. en 1656.

Callirohée. T. Voyez *Coreſus.*

Callirohée. LXXX Opera , les paroles de M. Roy & la Muſique de M. Deſtouches , repréſenté en 1712. & gravé in-4º. le ſujet de cette Tragédie eſt tiré des Achaïques de Pauſanias , le Prologue eſt formé par la Victoire qui déclare renoncer à ſon inconſtance & ſe fixer au Parti de la France , Aſtrée ſurvient qui ramene les plaiſirs & annonce le retour de la Paix. Cet Opera fut gouté & ſa muſette eſt un fort joli morceau de muſique. On en fit une repriſe en Janvier 1732.

Caliſtene. C'étoit un Philoſophe Lacedemonien pour lequel Alexandre avoit une conſidération qui alloit juſqu'au reſpect ; M. Piron en a fait une Tragedie qui fut repréſentée au mois de Février 1730. Quoique les connoiſſeurs y trouvaſſent de grandes Beautez , cependant l'action peu intereſſante , fit qu'elle n'eut que neuf repréſentations.

Camille Reine de Volſques. XCIII Opera dont les paroles ſont de M. Danchet & la muſique de M. Campra repréſenté en 1717. & imprimé en muſique.

Camma Reine de Galathie. Tragedie de Thomas Corneille, repréſentée à l'Hôtel de Bourgogne où la Cour & la Ville ſe trouverent en ſi grand nombre qu'il ne reſtoit plus de place ſur le Théatre pour la joüer , c'eſt pourquoi les Comediens François qui juſqu'alors n'avoient joüé ſur ce Theatre que les Dimanches , Mardis & Vendredis , commencerent à cauſe de la foule que leur attiroit cette Piéce à joüer les Jeudis ce qu'ils continuerent dans la suite lorſque les Piéces étoient ſuivies , ce qui augmenta fort leur recette. Ce ſujet fut donné à M. Corneille par M. Fouquet Sur-Intendant des Finances.

Le Camp de Porché-Fontaine. Un fort de terre qui fut fait près de Montreüil , & un Camp du Régiment du Roy près de Porché-Fontaine à l'entrée des avenues de Verſailles pour le divertiſſement & l'Inſtruction de ſa Majeſté en l'art militaire , fournirent le ſujet de deux petites pieces repreſentées toutes deux au mois d'Octobre 1722. , l'une au Théatre François de la compoſition du ſieur le Grand , & l'autre au Theatre Italien : cette derniere étoit un ramas fait par le ſieur Dominique de pluſieurs ſcenes de l'ancien Theatre Italien.

Le Campagnard. Comedie de M. Gillet.

Canente. L. Opera dont le Poeme eſt de M. de la Motte & la Muſique de M. Colaſſe , repreſenté en 1700 non imprimé en muſique : ſelon les Metamorphoſes Canente fut ainſi nommée pour la douceur de ſa voix & mourut de déſeſpoir de voir ſon mari Picus changé en Pivert , la Scene du Prologue repreſente le Château de Fontainebleau du côté du Parterre du Tybre , le Dieu de ce fleuve , l'Aurore & Vertume en ſont les Entre-Parleurs.

Le Capitaine Bondouſle. Comédie de Coſme la
» Gambe dit de Châteauvieux Valet de Chambre
» du Roy Henry III. & de Monſieur le Duc de
» Nemours , il récita pluſieurs Comédies &
» Tragédies devant les Rois Charles IX. &
» Henry I I I. Outre cette Comédie il en a-
» voit compoſé quelques autres , comme *Jodés.*
» *Romer. Edoüard. Roys* &c. tirées de Bandel toutes
» tes tombées dans un parfait oubly.

Le Capitan Matamor, ou le Fanfaron. Comedie de M. Marechal » ce fujet de Capitan qui eft tiré » du *Miles gloriofus* de Plaute, a été traité en deux » autres Comédies, l'une en profe par un Come- » dien de la Troupe jaloufe imprimée in-80, l'autre » intitulée le veritable Capitan Matamor ; outre » cette piece, M. Marechal a encore donné au » Theatre, *le Jugement. le Maufolée. la Cour* » *Bergere. l'Inconftance d'Ylas. la fœur Valeureu-* » *fe. la Genereufe Allemande. & le Dictateur* » *Romain.*

Le Capricieux. Comédie de M. Rouffeau, repre- fentée en Décembre 1700. C'eft cette Comédie qui attira les premiers Couplets qui ont fait tant de bruit & qui ont eu une fuite fi funefte pour l'Auteur de cette Piéce. » Ses autres Comédies » font, *le Caffé. le Flateur. & la Ceinture Ma-* » *gique*, il a auffi donné deux Opera *Jazon. &* » *Venus. & Adonis.* Ses Oeuvres font en deux » volumes in-quarto de l'Impreffion de Londres » & en trois volumes de celle de Hollande.

Les Captifs. Plaute a fait une Comédie des Captifs & trois de nos Auteurs François ont traité ce fu- jet, fçavoir M. du Ryer, M. Rotrou & M. Roy la Comédie de ce dernier eft en trois Actes avec un Prologue & des Divertiffemens dont la mufi- que étoit du Sr Quinaut Comedien ; quelques perfonnes ont prétendu que M. de la Fond avoit travaillé à cette Piece & que le prologue étoit de lui.

Cardenio. Voyez *les Folies de Cardenio.*

Carifelly. Divertiffement de M. Lully.

Carifte, ou les charmes de la beauté. Poëme drama- tique de M. Baro in-40 1651.

Carmante. Tragédie de Madame de Villedieu.

Le

Le Carnaval Mascarade, VII Opera en neuf entrées dont les vers sont de differens Auteurs & la Musique de M. Lully, joüé en 1675. non imprimé en musique ; lorsque cette Mascarade a été joüée sur le Théatre de l'Opera , elle a été accompagnée de quelqu'autre divertissement ; le plus souvent de l'Eglogue de Versailles & quelquefois du Ballet de Ville-Neuve S. George.

M. de Benserade avoit donné un Ballet aussi intitulé le *Carnaval* qui fut dansé par le Roy en 1668.

Le Carnaval de Venise. XLVI. Opera dont les paroles sont de M. Renard , & la musique de M. Campra , représenté en 1699. imprimé in-quarto. Le sujet du Prologue est Minerve avec un Ordonnateur qui fait décorer une Salle pour un spectacle ; la piéce est une Comedie du Contraste des Amours d'un Cavalier François & d'un Noble Venitien. Ce fut pendant les représentations de cet Opera , que par Arrest du Conseil du 25. Fevrier 1699. l'entrée aux Théatres fut augmentée d'un sixiéme en sus , par autre du 30. Aoust 1701. il fut ordonné que ce sixiéme seroit pris sans aucune charge ; & au mois de Fevrier 1716. ce prix fut encore augmenté d'un neuviéme au profit de l'Hôtel-Dieu de Paris. Autrefois pour l'entrée aux Comédies on ne donnoit que cinq sols au Parterre & dix sols aux Galleries , & lorsque pour des piéces nouvelles il convenoit faire des frais extraordinaires , le Lieutenant Civil du Châtelet ordonnoit du prix de ces entrées.

Le Carnaval & la Folie. LX. Opera , Comédie-Ballet dont les paroles sont de M. de la Motte & la musique de M. Destouches , représenté en 1704

& gravé in-4o. Le Prologue eſt le Feſtin des Dieux ; le Ballet en quatre Actes repréſente les Amours & le Mariage du Carnaval avec la Folie perſonifiez. Cette idée eſt tirée de l'Eloge de la Folie par Eraſme.

Le Carnaval de Lyon. C. du ſieur le Grand Comédien, repréſentée à Lyon.

Les Caroſſes d'Orleans. Comedie de M. la Chapelle en 1681.

La Carthaginoiſe. Tragédie de M. Monchreſtien en 1617. » Antoine de Monchreſtien Seigneur de » Vaſte-Ville, Poëte François, a compoſé un » volume de Tragédies autrefois eſtimées, qui » ſont *Aman ou la Vanité.* cette *Carthaginoiſe.* » *les Lacenes ou la Conſtance. David ou l'A-* » *dultere. l'Ecoſſoiſe ou le Deſaſtre. la Bergere* » *Paſtoralle. Suzanne ou la Chaſteté*, impri- » mées à Roüen 1627. in-octavo.

Cartouche. C. en 3. actes du Sr le Grand Comédien, c'eſt une de ces piéces qu'on doit regarder comme un Vaudeville ſur un événement nouveau & ſingulier : à la premiere repréſentation, l'impatience fut ſi grande que les Acteurs ne purent achever la premiere ſcene de la Comédie d'*Eſope à la Cour* qu'on devoit joüer d'abord, il fallut l'interrompre & ceder aux cris tumultueux du Parterre qui demandoit Cartouche ; cette Comedie avoit été compoſée avant la priſe de Cartouche, ſous le titre des *Voleurs, ou de l'Homme imprenable*, mais elle ne fut pas joüée ; cette Comédie de Cartouche eut treize repréſentations dont la derniere fut le onze Novembre 1721. & ce fameux Voleur fut exécuté le vingt ſuivant ; dans le même tems on joüa au Théatre Italien une mauvaiſe Piéce ſous le même titre : il parut auſſi en même temps un Poëme intitulé *le Vice puni*, *ou Cartouche* ; qui trouva des approbateurs.

Caſſandre Comteſſe de Barcelonne. Tragi-Comédie de M. l'Abbé de Boisrobert , repréſentée en 1654.

Caſſandre. LXVII. Opera , Tragédie en cinq actes dont le Poëme eſt de M. de la Grange & la Muſique de Mrs Bouvard & Bertin , repréſentée en 1706. imprimée in-folio : l'amour de Caſſandre fille de Priam pour Oreſte fils d'Agamemnon dont Caſſandre étoit captive , & l'Epiſode de Clitemneſtre qui eſt aimée d'Egiſte font le ſujet de la Tragedie ; Apollon & les Dieux des Fleuves , de Scamandre , Xante & Simoïs forment le Prologue.

Caton d'Utique. Tragédie de M. Deſchamps , repréſentée avec ſuccès en 1715 : dans le Mercure du mois de Mars 1715. on trouve le parallele de cette Tragédie avec celle Angloiſe de M. Adiſſon ; le ſujet de ces deux Tragédies eſt là mort de Caton. » cette Tragédie eſt la pre- » miere de M. Deſchamps qui a donné depuis » celles de *Cleopatre.* & *d'Artaxerces.* & la Co- » médie du *Parvenu.*

La Cauſe des femmes. Comédie de M. Loſme de Montchenay , repréſentée au Théatre Italien en Décembre 1687. l'Auteur fit la critique de ſa Piéce qui fut joüée au mois de Fevrier ſuivant, » M. de Loſme de Montchenay fils d'un Pro- » cureur au Parlement de Paris , a donné quatre » Piéces à l'ancien Théatre Italien , *eette Cauſe* » *des Femmes. Mezetin Grand Sophi. le Phenix.* » *& les Souhaits.*

La Ceinture magique. Petite Comédie compoſée

par M. Rousseau, pour la Cour ; elle fut joüée à l'Hôtel de Conty à Versailles , pendant le Carnaval de l'année 1702.

La Celiane. Comédie de M. Rotrou en 1637.

Celie, ou le Vice-Roy de Naples. T C. de M. Rotrou en 1646.

Celine, ou les Freres Rivaux. Tragédie de M. Beys.
» Les autres Piéces de cet Auteur, sont *les Foux*
» *Illustres. l'Hopital des Foux. & le Jaloux sans*
» *sujet*.

Celimene. Pastoralle de M. Rotrou , joüée en 1636. après plusieurs années , c'est-à-dire en 1653. cette Piéce retouchée par M. Tristan , fut joüée sous le titre d'*Amarillis* & eut un merveilleux succès.

Celinde. Poëme heroïque de M. Baro , il est de cinq actes divisés en scenes , le tout en prose, hors 300. vers qui font partie d'une Tragédie d'*Holoferne* , & qui sont amenez dans le troisiéme acte à Paris en 1629. in-8°.

Cephale & Procris. xxxij Opera, Tragedie en cinq actes dont le Poëme est de M. Duché & la musique de Mademoiselle Laguerre , representé en 1694. imprimé in-folio. Le sujet de cette piece est tiré des Metamorphoses ; Flore , Pan & Nerée forment le Prologue.

Il y a une Comedie de *Cephale & Procris* , du sieur d'Ancourt en trois actes de vers libres , & un Prologue de Momus & Thalie avec des divertissemens : cette piece représentée en Octobre 1711. eut un mediocre succés.

Le Cercle des femmes. Comedie de M. Chapuseau. Voyez *l'Academie des femmes*.

Le Cerdeau des Theatres. Comedie en un acte de M. Fuzellier, représentée au Théatre Italien en 1722 où elle ne réussit pas.

Cesar. Nous avons trois Tragédies qui portent le nom de Cesar, la premiere de Jacques Grevin de l'année 1560. la deuxiéme intitulée la *Mort de Cesar* de M. Scudery ; cette piece est réguliere en toute son économie, & fut représentée avec applaudissement en 1636, la troisiéme de Mademoiselle Barbier qui fut representée en Novembre 1709. & eut l'approbation des connoisseurs.

Cesar Ursin.. Ce sujet tiré de l'Espagnol a été traité en deux Comédies, l'une de M. l'Abbé de Boisrobert en 1656. & l'autre de M. le Sage en cinq actes qui eut peu de succez au mois de Mars 1707.

Champagne Coëffeur. Comédie de M. Boucher en 1662. Les bonnes fortunes du beau Champagne Laquais firent tant d'éclat, que le feu Roi fut curieux de se faire montrer ce Garçon & donnérent occasion à cette piéce ; ce beau Champagne est mort Sécrétaire du Roy.

Les Champs Elizées joüés sur l'ancien Théatre Italien. Voyés *Promenades.*

Le Charivary. Comédie du sieur d'Ancourt, en une acte & un divertissement, représentée en Septembre 1697.

Le Charme de la voix. Comédie de M. Thomas Corneille qui dans sa Préface n'appelle pas du jugement du public quoique peu favorable à sa piéce, mais aussi il croit ce Public trop juste pour lui faire répondre des fautes d'autrui, la sienne n'étant que de s'être trop attaché à celles de D. Augustin Moreto qui a traité ce même sujet dans sa langue sous le titre *de lo que Picede la apprehension*, & qui suivant le goût de sa nation fait entretenir des Valets & des Bouffons avec des Princes & des Souverains.

Les Charmes de Felicie. Paſtorale de M. Montauban , en 1654. tirée de la *Diane de Monte-
major.*

,, Jacques Pouſſet, Ecuyer ſieur de Montau-
,, ban , étoit Avocat au Parlement , fut Eche-
,, vin de la Ville de Paris & mourut le 16.
,, Janvier 1685. ſon heureux génie ne l'avoit pas
,, ſeulement fait diſtinguer dans le Barreau , mais
,, auſſi dans pluſieurs piéces de Theatre qui ſont
,, entr'autres *les Charmes de Felicie. Pantagruel.*
,, *Zenobie Reine d'Armenie T. Seleucus T. C. he-*
,, *roïque. le Comte de Hollande T C. & Indé-*
,, *gonde T.* imprimées en un Recüeil en 1654.

Le Charmeur charmé. Comédie non achevée de M.
des Marêts.

,, Jean des Marêts de S. Sorlin , étoit de Paris,
,, fut Controlleur Général de l'extraordinaire
,, des Guerres , Secretaire Général de la Marine
,, & Intendant de Monſieur le Duc de Richelieu
,, en l'Hôtel duquel il mourut en l'année 1676.
,, âgé d'environ quatre-vingt ans. M. Baillet
,, ayant dépeint le genie de cet Auteur , & dé-
,, taillé , ſes differens ouvrages dans ſes juge-
,, mens des Sçavans , il ſuffira de rapporter ici
,, ſes piéces de Théatre qui ſont 1. *Aſpaſie.* 2.
,, *Scipion.* 3. *Mirame.* 4. *Roxane.* 5. *les Viſion-*
,, *naires.* 6. *Erigone.* 7. *Europe.* 8. *le Char-*
,, *meur charmé.* On lui attribue encore la Comé-
,, die *du Sourd.* & la Tragédie d'*Annibal.*

La Chaſſe du Cerf. Comédie en trois actes du ſieur
le Grand Comédien , repréſentée ſans ſuccès au
mois d'Octobre 1726.

Les Chaſtes Martyrs. Tragédie de Mademoiſelle
Coſnard.

Le Chevalier Bayard. Comédie heroïque de M. Autreau, repréſentée au Theatre François le 23. Novembre 1731. Elle eſt bien écrite, les caracteres en ſont nobles & bien ſoutenus & les ſentimens très convenables au Heros & aux principaux perſonnages. Cependant après quelques repréſentations, l'Auteur retira ſa piéce pour la corriger.

Le Chevalier à la mode. Comédie en cinq actes de proſe ; cette piece a toûjours paru ſous le nom du ſieur d'Ancourt, quoique veritablement de M. Saintion auſſi Auteur des *Bourgeoiſes à la mode* ; c'eſt une des plus comiques pieces du Theatre François ; dans ſa nouveauté, c'eſt-à-dire au mois d'Octobre 1687. le ſieur de Villiers excellent Comédien, y joüoit le Rolle du Chevalier, ceux de Madame Patin & de la Baronne étoient remplis par les Demoiſelles de la Grange & Durieux qui avoient un grand talent pour ces ſortes de rolles chargés.

Le Chevalier errant. V. *l'Oedipe* de M. de la Motte.

Le Chinois. Comédie en quatre actes avec un Prologue de Mrs Renard & du Freſny, repréſentée au Theatre Italien en 1692.

La Chûte de Phaëton. Comédie du Sr le Grand joüée à Lyon.

La Chûte de Phaëton. Tragédie de M. Lhermite de Vozelle en 1639.

Chriſante. Tragedie de M. Rotrou en 1640.

Chriſeïde & Arimand. Tragi-Comédie du Sr Mairet, c'eſt ſa premiere Piece.

„ M. Mairet Poëte François, étoit de Bezan-
„ çon, vivoit au commencement du dix-ſeptié-
„ me ſiécle & avoit commencé à travailler
„ pour le Théatre avant Mrs Rotrou, Scudery,

,, Corneille & du Ryer ; ſes pieces ſont *cette*
,, *Chriſeïde* qu'il donna à ſeize ans au ſortir du
,, College *Silvandre* à vingt - un an , *le Duc*
,, *d'Oſſonne* à vingt trois , *la Virginie* à **24**. *So-*
,, *phoniſbe* à **25**. *Marc Antoine* à **26**. *Soliman*
,, en la même année , & depuis ſa *Silvie* , *la Si-*
,, *donie. l'Illuſtre Corſaire. Athenaïs & Roland le*
,, *fu eux.* Quelques-uns lui attribuent une Tragi-
,, Comédie des *Viſionnaires.*

Le Cid. Tragi-Comedie de M. Corneille l'aîné qui
convenoit de bonne foy qu'il devoit à Guillin
de Caſtro une partie des beautez de ſa piéce laquelle fut joüée en 1637. Mr Peliſſon raporte
qu'il n'eſt pas aiſé de s'imaginer avec quelle approbation le *Cid* fut reçu de la Cour & de la
Ville ; on ne pouvoit, dit il , ſe laſſer de la voir;
on n'entendoit parler d'autre choſe dans les com-
pagnies ; chacun en ſçavoit quelque partie par
cœur , & on la faiſoit apprendre aux enfans ;
perſonne n'ignore la jalouſie que le merite de
cette piece attira à ſon Auteur , & l'inutilité des
efforts qu'on fit contre elle , quoiqu'appuyés de
l'autorité d'un Grand Miniſtre qui lui donna pour
Juge des perſonnes qui ſe ſont crus depuis fort
honnorez d'être de ſes Confreres ; ceux qui vou-
dront en être mieux inſtruits n'ont qu'à lire les
ſentimens de l'Académie Françoiſe ſur le *Cid*
& les jugemens des Sçavans de M. Baillet :
ce ſont ces examens critiques qui ont fait dire
à M. Deſpreaux

Envain contre le Cid un Miniſtre ſe ligue ,
Tout Paris pour Chimene a les yeux de Rodrigue.
L'Academie en corps a beau le cenſurer ,
Le Public révolté s'oöſtine à l'admirer.

M. Corneille avoit dans son Cabinet cette Tragédie du *Cid* traduite en toutes les langües de l'Europe , hors l'Esclavonne & la Turque.

La suite & le Mariage du Cid. Tragi-Comédie par le sieur C. . . . imprimée en 1638.

La vraye suite du Cid. Tragi-Comédie par le sieur des Fontaines , imprimée en 1638.

Cidippe. Tragi-Comedie , ouvrage posthume de M. Gombauld.

Cinna. Tragédie de Pierre Corneille en 1643. c'est à cette piéce que d'une plus commune voix on a adjugé le prix sur toutes les autres de cette illustre Auteur qui cependant lui préferoit sa chere *Rodogune.* M. l'Abbé Dolivet de l'Academie Françoise ne met pas le different entre ces deux piéces , & fait passer *Polieucte* avant la plus belle des deux.

Circé. Ce sujet a été mis en Tragédie & en Opera la Tragédie , ou pour mieux dire la Tragi-Comédie est de M. Thomas Corneille , dont le succès fut très-grand , il ne faut pas s'en étonner , puisqu'on n'avoit rien vu jusqu'alors de si beau ni de si surprennant que les Machines qui en firent le principal ornement. La musique étoit de M. Charpentier.

Le sieur d'Ancourt a fait en 1705. un nouveau Prologue & de nouveaux divertissemens pour cette Piéce qui fut alors reprise sans machines.

L'Opera de *Circé* est le xxxiij des Opera; les paroles sont de Mademoiselle Saintonge & la musique de M. des Marests , il fut représenté en 1694. & imprimé in-folio : la Nimphe de la Seine avec des Nayades & des Dryades forme le Prologue

,, Outre cet Opera , Mademoiselle de Sainton-

„ ge a donné celui de *Didon & le ballet des Sai-*
„ *fons* , elle a auffi laiffé deux volumes de diverfes
„ poëfies qui ont été imprimées à Dijon.

Clarice , ou l'amour Conflant. Tragi-Comédie de
M. Rotrou. en 1642.

Clariente , ou le Sacrifice Sanglant. Tragi-C. de M.
de la Caprenede en 1637.

Clarigene. Tragi-Comédie de M. du Ryer 1639.
in-quarto.

Clarimonde. de Baltazard Baro in - quarto
1643.

Cléarque Tyran d'Heraclée. Tragédie de Madame
de Gomez, repréfentée en 1717.

Cleomédon. Tragi-Comédie de M. du Ryer en 1636
in-quarto.

Cleomenes. T. de M. Boufcal.

Cléopatre. Nos anciens Auteurs qui ont fait des Poëmes dramatiques de *Cléopatre,* font Jodelle & Nicolas de Montreux fous le nom d'Olenix de Montfacré. M. de Benferade fit repréfenter une Tragédie de *Cléopatre* de fa façon en 1636. enfuite
M. l'Abbé Abeille en a donné une autre. M. la
Chapelle a donné auffi la Tragédie de *la Mort
de Cléopatre ,* repréfentée au mois de Decembre 1681. fur le Theatre de Guénégaud où elle
eut une vingtaine de repréfentations, elle fut reprife avec fuccès au commencement de l'année
1723. Enfin M. Defchamps donna en 1719. une
derniere Tragédie de *Cléopatre* dont l'action
principale roule fur la mort de Marc - Antoine.

Cleophon & Leucipe. Tragédie de M. du Ryer , je
ne crois pas que cette piéce foit imprimée.

La Climene. T C. Paftorale de M. de la Croix.
Il y a une autre *Climene* auffi intitulée le *Triomphe de la vertu* T C. en profe par M. de la Serre.

Clitandre T C. en 1630. C'eſt la 2. piéce de Pierre Corneille qui, pour répondre en quelque ſorte au Public qui avoit trouvé *ſa Melite* trop ſimple fit cette piéce où il ſema les incidens & les avantures avec une très-vicieuſe profuſion, mais il revint bien-tôt à ſon naturel dans ſes piéces ſuivantes.

Clitophon. Tragédie non-imprimée de M. du Ryer, le manuſcrit eſt dans la Biblioteque de M. le Maréchal d'Eſtrées.

Clorinde C. de M Rotrou en 1636.

Cloriſe. Paſtoralle de M. Borrée en 1624. Une autre *Cloriſe* de M. Baro imprimée à Paris in-octavo 1632.

Clotilde Reine de France. Deux Tragédies de Ste Clotilde, l'une de M. Prévoſt en 1618. l'autre de M. Boyer en 1659.

Clovis, ou le Grand Clovis premier Roy Chreſtien, par M. Lheritier

,, Nicolas Lheritier Nouvelon étoit Hiſtorio-
,, graphe du Roy, il avoit épouſé Françoiſe
,, Leclerc, morte veuve au mois d'Aouſt 1704.
,, de laquelle il a laiſſé un fils & trois filles,
,, dont la ſeconde eſt Mademoiſelle Lheritier
,, connue par ſes agréables ouvrages de proſe
,, & de vers; M. Lheritier fit à l'âge de vingt-
,, deux ans une Tragédie intitulée *Amphitrion, ou*
,, *Hercule Furieux*, puis cette autre Tragédie du
,, *Grand Clovis*, qui fut fort applaudie & qui
,, fut repréſentée ſur le Théatre de l'Hôtel de
,, Bourgogne, on peut voir dans les eſſais
,, de Litterature du mois de Décembre 1702.
,, un ample détail des autres ouvrages de M. Lhe-
,, ritier qui ſont pluſieurs traductions & traités ſur
,, l'Hiſtoire.

Le Cocher ſuppoſé. Comédie en un acte de proſe

du fieur Hauteroche en 1680. Le fujet de cette Piéce eft tiré d'une Comedie Efpagnole intitulée *Los Riegos que tienne un Coche* de don Antonio de Mendoça.

Le Cocu imiginaire. Comédie de Moliere en un acte de vers, repréfentée pour la premiere fois fur le Théatre du Petit Bourbon le 28. May 1660. par la Troupe de MONSIEUR. Un Bourgeois qui fe crut joüé dans cette piéce en porta fes plaintes qui tournerent à fa honte ; cette petite Comédie eft tirée d'une Italienne intitulée *il Cornuto per opinione*:

La Cocue imaginaire. Comédie de M. Donneau de Vizé en 1660.

La Coëffeufe à la mode. Comédie par un anonime.

Collin Maillard. Comédie de M. Chapufeau en 1662. le fieur d'Ancourt a habillé cette piéce à la Moderne, fous le même titre en un acte de profe & un divertiffement qui fut repréfentée en Octobre 1701.

Colombine. „ L'Actrice qui joüioit ce rolle fur l'an- „ cien Théatre Italien, fe nommoit Catherine „ Biancollely femme du fieur de la Torilliere „ Comédien François, elle étoit fille du celebre „ Dominique & fœur du fieur Dominique d'au- „ jourd'hui. " Il n'y a que deux Comédies Fran- çoifes qui portent le titre de *Colombine*, fçavoir

Colombine Avocat pour & contre. Comédie de M. Fatouville, repréfentée au mois de Juin 1685. fur l'ancien Théatre Italien.

— *Femme vangée.* Comédie du même M. Fatouville, repréfenrée au même Theatre Italien en Janvier 1685. il n'y avoit point d'Arlequin en cette piéce par la mort du celebre Dominique arrivée l'année précédente.

Le Combat de Fortune & de Pauvreté. C. de
Jean de la taille de Bondaroy Gentilhomme de
„ la Beauce & frere de Jacques de la Taille aussi
„ Auteur dramatique vivans à la fin du seiziéme
„ siecle & au commencement du dix-septiéme
„ Leurs Tragédies & autres œuvres poëti-
„ ques furent imprimées ensemble à Paris ès
„ années 1572. 1573. & 1574. en 2. volu-
„ mes in-octavo.
„ Le premier volume contient *Saul furieux.*
„ *Daire. & Alexandre.* Ces deux dernieres sont
„ de Jacques.
„ Le 2e. vol. contient *la Famine. les Corri-*
„ *vaux & le Negromant* avec des Elegies &
„ Poëfies de Jean ; je trouve de plus de ces
„ deux freres, *la Mort de Paris & d'Oenone &*
„ *le combat de Fortune & de Pauvreté.*

Le Comédien Poëte. Cette Piéce qui est de M.
Montfleury , a paru imprimée sous le titre du
Garçon sans conduite , elle fut joiiée à Guenegaud en 1671. elle est composée d'un Prologue
en prose, d'un premier acte en vers qui fait une
piéce séparée , ensuite est une scene de prose qui
est la suite du Prologue , puis suivent quatre actes
de vers qui font une nouvelle piéce Comique qui
n'a aucun rapport au titre du *Poëte Comédien.*

Les Comédiens Esclaves. Comédie des sieurs Dominique , Romagnesi & Lelio fils ; représentée au
Theatre Italien en Août 1726. Cette piece qui
fit honneur à ses Auteurs , est composée d'un Prologue & de trois actes contenant chacun une piece d'un genre different , la premiere est une Comedie tirée de l'histoire d'un Duc de Bourgogne,
sujet deja traité par le P.... du C.... la 2e pie-
est une Tragedie intitulée *Argacambis* , la troisie-

me eſt un Opera Comique. Cette diverſité avoit déja été miſe au Theatre, comme il a été remarqué à l'occaſion de l'*Ambigu Comique* , & fut copiée au Theatre François dans les trois ſpectacles.

Les Comédiens de ampagne Comédie du ſieur le Grand Comédien, joüée en Province.

Les Comédiens par hazard. Comedie en trois actes de M. Geulette, repreſentée au Theatre Italien en Mars 1718. C'eſt ſa premiere piece.

    ,, Monſieur Geulette Subſtitut du Procureur du ,, Roy au Châtelet de Paris , ne travaille pour le ,, Théatre que par delaſſement & n'a jamais exi- ,, gé de part d'Auteur des petites pieces qu'il a ,, données au Theatre Italien : ces pieces ,, ſont *les Comédiens par hazard Arlequin* ,, *Pluton. le Tréſor ſuppoſé. l'Amour precepteur.* ,, & *l'Horoſcope accompli.* Il a de plus donné au ,, public les Mille & un quart d'heure Contes ,, Tartares en 3. volumes in-12. 1723. des No- ,, tes ſur l'hiſtoire du petit Jean de Saintré &c.

La Comédie de Village. en un acte par les ſieurs Dominique & Lelio fils , joüée au Theatre Italien en Octobre 1728.

La Comédie des Chanſons. en 1640. compoſée de couplets de Chanſons joints & couſus les uns aux autres , cette Comédie a bien pu donner l'idée des pieces en Vaudevilles & des Opera Comiques.

La Comédie des Comédies. Deux pieces portent ce Titre , l'une traduite d'une Comédie Italienne où le ſacré eſt mêlé avec le profane par René Barry ſous le nom de du Pechier en 1629. in-octavo , & l'autre par un anonime qui marque ſon nom par les lettres L. S. D. P.

La Comédie des Comédiens. Nous avons trois Comédies fous ce titre, la premiere de M. Gougenot, repréfentée en 1633. les Comédiens qui font introduis en cette piéce font Bellerofe, Gauthier, Boniface, Capitaine, Guillaume, Turlupin, la Demoifelle Valliot femme du fieur Gauthier, les Demoifelles Beaupré, Beau-Château, Lafleur & Bellerofe.

La feconde *Comédie des Comédiens* eft de M. Scudery, repréfentée en 1635. Voyez *l'Amour caché par l'Amour*.

La troifiéme auffi intitulée l'*Amour Charlatan* en trois actes avec des airs fut repréfentée en 1710. dans un tems où les fpectacles de la Foire avoient tellement pris le deffus & avoient rendu le Theatre fi defert, que les Comediens François fe trouverent dans la neceffité de fermer le leur. Le fieur d'Ancourt crut ramener le public par un divertiffement qui fit paroître Arlequin & Scaramouche ; on propofa au fieur de la Torilliere de joüer le rolle d'Arlequin, mais foit que l'ombre de Dominique fon beau pere l'intimida, foit qu'il ne voulut pas fe deffaire d'un jeu où il s'eft fait beaucoup de réputation pour en prendre un autre où il ne croyoit pas pouvoir reüffir, il refifta à la priere même des Puiffances & offrit feulement de joüer le rolle de Mezetin ; le fieur d'Ancourt fe determina fur cela à travailler à ce divertiffement & prit le fujet dans la difpofition prefente des affaires de la Comedie, & c'eft ce qui produifit la premiere petite piece de cette *Comédie des Comédiens* ; d'ailleurs l'émulation qui regne entre les Theatres de Paris, donna lieu à la feconde petite piece de *l'Amour Charlatan* dont l'idée fut tirée de l'amour faltinbanque qui eft une des entrées du Ballet des Fêtes Venitien-

nes que le fieur d'Ancourt mit d'abord en un feul
acte qu'il étendit depuis en trois en approchant
des chofes detachées.

La Comédie des Proverbes. de M. D.... en 1698
il y a une autre ancienne Comédie des *Proverbes*
par Adrien de Montluc Comte de Carman.

La Comédie des fuppofés du fieur N....

La Comédie fans Comédie. de M. Quinaut en 1654
Cette piece contient une Paftorale intitulée *Elomire*, une Comedie du *Docteur de verre*, une
Tragedie qui a pour titre *Clorinde* & un Opera
d'*Armide & Renaud.*

La Comédie frns titre, en cinq actes de vers, elle
parut en 1679. fous le nom de Poiffon l'ancien
elle eft même inferée dans le recüeil de fes pieces
cependant elle eft de M. Bourfaut ; fon premier
titre fut le *Mercure Galand*, mais M. de Vizé
Auteur de ce Mercure obtint que ce titre fut
changé en celui de la *Comédie fans titre,*elle eut un
fuccès furprenant ayant été joüée au double plus
de 80. fois de fuite. V. Arlequin Mercure Galand.

La Comete. Celle qui parut en 1682. fournit le
fujet de deux Comedies, l'une de M. de Vizé, &
l'autre de M. de Fontenelles.

Comode. Tragedie de M. Thomas Corneille, l'action principale eft la mort de cet Empereur : fur
le bruit des applaudiffemens que recevoit cette
piece fur le Theatre du Marais, le Roy & toute fa Cour l'y allerent voir reprefenter, & quelque tems après elle fut joüée fur le Theatre du
Louvre où l'on en donna plufieurs reprefentations.

Le Comte d'Effex. Le malheur de cet infortuné
Comte qui eut la tête tranchée à Londres le 25.
Fevrier 1601. a fourni le fujet de trois Trage-
dies ,

dies ; la premiere de M. de la Calprenéde , laquelle eut un grand succès en 1632 la deuxiéme de M. Claude Boyer en 1672. & la troisiéme de M. Thomas Corneille , qui est celle qui est restée en possession du Théatre. Elle fut représentée à l'Hôtel de Bourgogne en 1678. & fut d'abord critiquée ; on disoit que ce Comte seroit plus promptement condamné en France qu'il ne l'avoit été en Angleterre ; cependant les grandes Assemblées continuerent à y venir , & cette Piéce étant très - touchante , il fut aisé à la célébre Chammelée de faire couler des pleurs. On vouloit imputer à M. Corneille d'avoir falsifié l'Histoire , parce qu'il ne s'étoit pas servi de l'incident d'une Bague , qu'on prétendoit avoir été donnée par la Reine au Comte d'Essex pour gage d'un pardon certain , quelque crime qu'il pût jamais commettre ; mais M. Corneille prétend que cette Bague étoit de l'invention de la Calprenéde , & qu'il ne s'en trouvoit rien dans aucun Historien.

Le Comte de Gabalis. Comedie en un Acte de M. de ..... non imprimée. Le Livre singulier de M. l'Abbé de Villars qui porte ce titre de *Comte de Gabalis*, & qui traite des Habitans des quatre Elémens , a fourni le sujet de cette Piéce.

La Comtesse de Pembroc. Voyés la folle Gageure.

La Comtesse Descarbagnas. Comedie de Moliere en un Acte de Prose , représentée pour la premiere fois à Saint-Germain en Laye au mois de Février 1672. & donnée au Public sur le Théatre du Palais Royal le huit Juillet suivant. Les bons Juges & les gens de goût se recrierent contre cette Piéce , qui est une de celles dont parle Despreaux, où Moliere trop ami du peuple, a fait

F

grimacer ſes figures ; mais le peuple pour qui il l'avoit fait . la vit en foulle & avec plaiſir, le Rolle de la Comteſſe Deſcarbagnas étoit rempli par le ſieur Hubert Acteur ſi excellent pour ces ſortes de caracteres de femmes, que les Rolles de Madame Pernelle, de Madame Jourdan, de Madame de Sotenville, & celui-cy, furent faits exprès pour lui par Moliere.

La Comteſſe d'Orgueil. Comedie de M. Thomas Corneille. Le ridicule & les fatuités d'un Marquis de l'Orgnac mis en contraſte avec les bonnes qualités de ſon frere le Chevalier, & la ſuppoſition d'une fauſſe Comteſſe d'Orgueil, pour empêcher le Mariage du Marquis, & faciliter celui du Chevalier, font tout le comique & l'intrigue principale de cette Piéce.

Le Concert ridicule. Petite Comedie de M. Palaprat en 1699.

La Conquête du Sanglier de Calidon. T. de M. Boiſſin.

La Conſtance, ou *les Lacenes.* T. de Mont-Chrétien en 1617. Vingt ans auparavant Pierre la Rivey avoit fait une ancienne Comedie en Proſe ſous ce même titre de *la Conſtance.*

Les Contens. Comedie en Proſe de M. Turnebe en 1584.

Le Contraſte de l'Amour & de l'Hymen. Comedie en trois Actes de M. de Sainte-Foy, joüée au Théatre Italien au mois de Mars 1727.

La Converſion de Saint Paul. Tragedie de M. de Villemot en 1650.

La Coquette. Comedie joüée ſur l'ancien Théatre Italien.

La Coquette & la fauſſe Prude. Comedie du ſieur Baron. On croyoit qu'il n'en étoit que le pere adoptif, & que le véritable étoit un Gentilhomme Auteur de la Vie d'Henriette - Silvie de Moliere.

La Coquette de Village, ou *le Sot supposé*. Par un Anonyme.

Coréfus & Callyrohée. Tragedie de M. de Lafosse, représentée en Décembre 1703. Cet infortuné Prêtre de Bacchus ne fut guere plus heureux sur le Théatre qu'en Achaye ; car après trois ou quatre representations, il fut contraint de disparoître.

,, Antoine de Lafosse d'Aubigny, fils d'un Mar-
,, chand Orfévre de Paris, fut d'abord attaché
,, au Marquis de Crequy auprès duquel il étoit,
,, lorsqu'un funeste coup enleva à la France ce
,, jeune Heros à la journée de Luzarra. Il fut
,, chargé de porter son Cœur à Paris. Il fut de-
,, puis Secretaire de M. le Duc d'Aumont,
,, dans l'Hôtel duquel il mourut au mois de Dé-
,, cembre 1708. Ses Tragedies font *Polixene*,
,, *Manlius-Capitolinus*, *Thezée*, *Corefus*, impri-
,, més à Paris en 1706. *in*-12. Il a encore donné
,, une Traduction d'*Anacreon* en Vers François
,, avec des Remarques & quelques Odes. Celle
,, sur la Bataille de Marfaille fit du bruit. La
,, Poëfie Italienne lui étoit familiere, & une
,, Ode en cette langue lui mérita une Place dans
,, l'Academie des Apetiftes de Florence, où
,, il prononça un Difcours en Profe, dont le
,, fujet convient très-bien au goût & à la langue
,, de cette Academie, fur la queftion : *Quels yeux*
font les plus beaux, des yeux bleus, ou des
noirs ?

Corine, ou *le Silence* Paftorale de Hardy.

Coriolan. On connoît le trait d'hiftoire de ce Romain , qui révolté contre sa Patrie , mit bas les armes attendri par les larmes de sa mere , & de sa femme , suivi des Dames Romaines qui vinrent au-devant de ses troupes , cette histoire a fourni le sujet de cinq Tragedies ; la premiere de Hardy en 1625. la seconde intitulée *le veritable Coriolan* de M. Chapoton en 1638. la troisiéme de M. Chevreau ; la quatriéme de M. François de Chaligny sieur des Plaines representés en 1721. Je ne connois que cette Piéce de cet Auteur , & il est à croire qu'il n'en fit pas d'autre , étant mort au mois de Septembre , 1723. à l'age de trente ans. La cinquiéme Tragedie de *Coriolan* est de l'Abbé Abeille ; la cause de la chûte de cette derniere est singuliere : dans un endroit de la Piéce un Acteur ayant pompeusement fait ronfler ce Vers :

Vous souviens-il, ma sœur , du feu Roy notre Pere.

Un Rieur du Parterre lui repliqua sur le champ , sur le même ton , cet autre Vers :

Ma foy s'il m'en souvient , il ne men souvient guere.

Cette réponse fortuite ou meditée , excita de si grands éclats de rire , & causa tant de trouble au pauvre *Coriolan* , qu'il tomba d'une maniere à ne s'en pouvoir jamais relever.

Cornelie. Ce titre est commun à quatre Tragedies , dont quelques-unes sont differentes pour le sujet. Robert Garnier avoit anciennement composé une *Cornelie* , Hardy en fit une en 1625. Mademoiselle Barbier a donné *Cornelie* mere des Gracques, qui fut representée en Janvier 1703. & qui reçut de grands applaudissemens qu'on vouloit faire

réjaillir fur M. Pellegrin. Enfin M. le P.....
H..... conjointement avec M. Fufellier, ont
donné la Tragedie *Cornelie Veſtale*, qui fut repréſenté en 1713. fans grand fuccès.

Coronis. XXVII. Opera paſtorale héroique en trois
Actes & un Prologue des Muſes. Les Vers font
de M. Baugé, & la Muſique de M. Theobaldo
Gati, dit Theobal, repréſenté en 1691. non
imprimé en Muſique. Le fujet eſt la Fable de Coronis tuée d'un coup de fleche par Apollon, en
vengeance de l'infidélité qu'elle lui avoit faite pour
un jeune homme de Theſſalie.

Les Corrivaux. Comedie en Profe de Jean de la
Taille de Bondaroy ; le fujet eſt tiré de l'Arioſte.

Coſroës Roy des Perſes. Tragedie de M. Rotrou repréſentée en 1640. Cette Tragedie a été corrigée
& remiſe au Théatre à la fin de Novembre 1704.
par M. de Valentiné Controlleur General de la
Maiſon du Roy, & fut dans le même temps imprimée avec l'ancienne de M. Rotrou à côté.

Les Côteaux, ou *les Marquis friands.* Comedie de
M. Z..... repreſentée en 1665. En ce temps
les Gourmets de la Cour formerent une eſpece
de Chevalerie fous le nom *des Côteaux*, dont les
Profés étoient diſtingués dans la connoiſſance
des Vins & des Côteaux où ils croiſſent M. Defpreaux fait mention de cet Ordre dans fon
Feſtin..

La Coupe enchantée. Comedie de M. de la Fontaine,
fous le nom du fieur Chammelée Comedien. L'é-
ducation que M. G..... Architecte voulut donner à fa fille en la tenant enfermée & privée de la
connoiſſance des hommes, fournit le fujet de
cette petite Piéce.

Les Coups d'Amour & de Fortune. Nous avons

deux Piéces de Théatre ſous ce titre ; l'úne de M. l'Abbé de Boiſrobert en 1656. l'autre de M. Quinaut en 1657. ſelon quelques-uns. Ce ſujet eſt tiré d'une Comedie Eſpagnole intitulée : *Il credito matto* ; au contraire , M. de la Monnoye le dit tiré d'une Comedie de Don Antonio de Solis, qui a pour titre ; *le Triomphe d'Amour & de Fortune.*

Les Coups du hazard. Comedie de N .... en 1691.

La Cour Bergere ou *l'Arcadie de Sidney.* Tragi-Comedie de M. Marechal.

Le Couronnement de Daire , autrement Darius. Tragi-Comedie de M. l'Abbé de Boiſrobert en 1642.

Le Courtiſan parfait. T. C. de M D. G. L. B. T. en 1668.

Le Courtiſan retiré. Comedie de Jean de la Taille de Bondaroy

Creſphonte ou *le retour des Heraclides.* Tragedie de M. Gilbert Secretaire des Commandemens de la Reine Chriſtine de Suéde , & ſon Reſident en la Cour de France, repréſentée en 1659. Voyez *les Heraclides.*

Creüſe l'Athenienne. LXXVI. Opera. Les Vers ſont de M. Roy, & la Muſique de M. la Coſte, repréſenté en 1712. & gravé in 4o. Le Prologue eſt entre l'Hiſtoire & la Fable, dont la diſpute eſt terminée par Apollon qui les réünit pour le Spectacle de Creüſe, dont autrefois ſon cœur porta les chaînes. Euripide a traité ce ſujet ſous le titre d'*Io.*

Criſpe (la mort de) ou *les malheurs du Grand Conſtantin.* T. en 1639. Cette Tragedie ſe trouve dans le Théatre François, ou Recueil des meilleurs Piéces du Théatre des anciens Auteurs. Il y a une autre Tragedie de la mort de Criſpe auſſi intitulée, *l'Innocent malheureux*, par M. Grenaille.

Crispins. Les premiers Crispins ont été joüés par Poisson premier du nom. Voyés *les Fols divertissans.* Les Piéces intitulée *Crispin*, sont :

Crispin bel Esprit. Comédie du sieur de la Thuillerie, représentée en 1682. Cette Piéce en un Acte de Vers, est de M. l'Abbé Abeille, qui l'a donnée sous le nom du sieur de la Thuillerie. Crispin y paroît d'abord sous l'habit d'un Sçavant, puis sous celui d'Homme de Guerre ; il fait le récit du siége de Puicerda qui est fort divertissant.

Chevalier. Comedie du sieur Chammelée Comedien. Voyez *les Grisettes.*

—— *Medecin.* Petite Comedie en Prose du sieur Hauteroche, représentée en 1680. & joüée journellement sur le Théatre François.

—— *Musicien.* Comedie en cinq Actes de Vers du sieur Hauteroche. Elle fut représentée en 1674. & eut quarante représentations dans la plus mauvaise saison de l'année pour le Théatre.

—— *Précepteur.* Comedie en un Acte de Vers du sieur de la Thuillerie, représentée en 1679. L'Auteur content de la réüssite de sa Piéce, a-voüé cependant dans sa Préface, qu'une personne qu'il avoit prié d'aller dans le Parterre pour sçavoir ce que l'on diroit de sa Piéce, vint lui dire avec sincerité, que plusieurs gens en avoient parlé de différentes manieres ; mais que nul n'a-voit dit qu'elle fût bonne. » Les autres Piéces » qui ont paru sous le nom du sieur Jean de la » Thuillerie Comedien de la seule Troupe Roya-» le, sont les Tragedie de *Soliman* & d'*Hercule.*& » la Comedie de *Crispin bel esprit*, recueillies en » un volüme in 12. en 1680. On a toujours pré-» tendu qu'il n'étoit que le prête-nom de ces

» Pieces. Voyez-les en leur rang en ce Cata-
» logue.

— *Rival de son Maître.* Petite Comedie de M. le Sage, représentée au mois de Mars 1707. Elle est souvent reprise au Théatre.

La Critique. Petite Comedie en Vers libres de M. de Boissy, représentée au Théatre Italien avec succès le 9. Février 17,2. Elle étoit précédée d'un Prologue qui avoit pour titre, *l'Auteur superstitieux,* & suivi d'un divertissement aussi ingenieux que singulier. Les Acteurs de la Piéce étoient Apollon, Thalie, la Critique, un Auteur satirique, la Médisance, le Vaudeville, Corésus, la Contre-danse, le Menuet, &c.

Le Curieux de Compiegne. Comedie du sieur d'Ancour en un Acte, & un divertissement, représentée au mois d'Octobre 1698. Le Camp de Compiegne qui attira bien des Curieux, fut fait au mois de Septembre de cette année, pour l'instruction de M. le Duc de Bourgogne.

Le Curieux impertinent. Comedie en cinq Actes de Vers de M. Nericaut Destouches, représentée au mois de Novembre 1710. Cette Piéce qui est la premiere de cet Auteur, est tirée du Roman de Dom Guichotte, & eut un grand succès.

» M. Philippes Nericaut Destouches Seigneur
» de la Mothe, a été Secretaire de l'Ambassade de
» M. le Marquis de Puysieux en Suisse, puis lui-
» même employé en quelques négociations en la
» Cour d'Angleterre. Il est un des quarante de
» l'Academie Fraçoise, il a donné au Théatre
» François *le Curieux impertinent, l'Ingrat, l'Ir-*
» *résolu, le Médisant, le triple Mariage, l'Obsta-*
» *cle imprévû, l'Envieux, la fausse Veuve, le*
» *Philosophe marié, les Philosophes amoureux &*
le Glorieux.

Cyminde ou *les deux Victimes*. T C. de Guillaume Colletet en 1642. in 40. C'eſt l'unique Piéce Dramatique de cet Auteur qui a donné pluſieurs autres Ouvrages , qu'on peut voir dans l'Hiſtoire de l'Academie Françoiſe. Il étoit Avocat aux Conſeils, & mourut le 19. Février 1659. à Paris, où il étoit né le 12. Mars 1596. Il étoit de l'Academie, & un dés cinq Auteurs choiſis par le Cardinal de Richelieu pour la compoſition des Piéces de Théatre.

Cyrus. Quatre Tragedies portent le nom de *Cyrus ;* la premiere de P. Mainfray, intitulée , *Cyrus triom-phant* , ou *la fureur d'Aſtiagés* , en cinq Actes de Vers.

La ſeconde , du ſieur Roſidor.

La troiſiéme de M. Quinaut repréſentée en 1656. dont l'action principale eſt la mort de Cyrus. Dans cette Piéce la Reine Thomiris entrant ſur le Théatre , dit ces deux Vers :

> *Que l'on cherche partout mes tablettes perduës ,*
> *Et que ſans les ouvrir elles me ſoient renduës.*

Il eſt à croire que ces tablettes étoient auſſi d'uſage chez les Reines Perſanes , que les chapeaux dont les mains de nos Acteurs ſont embaraſſées , l'é-toient chez les Heros de la Grece & de Rome.

Enfin la quatriéme Tragedie de *Cyrus* eſt de M. Danchet repréſentée au mois de Mars 1706. Plu-ſieurs années auparavant le Pere de la Ruë avoit fait repréſenter au College des Jeſuites une Tra-gedie Latine de *Cyrus* de ſa compoſition. Le deſſein de M. Danchet eſt different de celui de cet illuſtre Auteur ; mais il avouë qu'il lui doit le caractere d'un de ſes principaux perſonnages, &

qu'il a tâché de lui donner les mêmes ſentimens de vertu.

D.

La Dame inviſible. Le ſujet eſt tiré de la Dame Duene Piéce Eſpagnole, une des plus belles du Calderon. Nous avons deux Comedies de *la Dame inviſible*, ou *Eſprit follet* ; la premiere, de M. de Douville donnée en 1643. qui eſt ſans vraiſemblance, & plutôt en Proſe rimée qu'en Vers ; cependant ſes incidens parurent ſi divertiſſans, qu'elle eut un grand ſuccès ; la ſeconde, en cinq Actes de Vers repréſentée en 1684. parut ſous le nom du ſieur Hauteroche; cependant elle eſt de M. Corneille le jeune. Le Théatre Italien n'a pas manqué de ſaiſir ce ſujet Comique, ayant auſſi ſa *Dame inviſible.*

La Dame Medecin. Comedie de M. Montfleury repréſentée à Guenegaud au mois de Janvier 1678.

La Dame Suivante. Comedie de M. de Douville en 1645.

Les Dames vangées Comedie de M. Donneau de Vizé, repréſentée au Théatre François en 1695. C'eſt la défenſe du beau Sexe contre la Satire de M. Deſpreaux, laquelle parut en ce temps.

Danaé ou *Criſpin Jupiter.* Comedie en un Acte de Vers de M. de Lafond, repréſentée au mois de Juin 1707.

Danaé. Comedie en trois Actes de Vers, avec un Prologue & des agrémens, par Mrs Saintion & Dominique. C'eſt la premiere Piéce qui ait été repréſentée à l'ouverture du Théatre des Comediens Italiens à la Foire Saint Laurent le 25. Juillet 1721. » Le 17. du mois ſuivant la De- » moiſelle de Lalande nouvelle Actrice y joüa

» le Rolle de Colombine & de Junon, & dans
» une espece de Prologue disposé exprès
» pour l'introduire sur la Scene , on fit la cé-
» rémonie de sa reception dans la Troupe.

Les Danaïdes. T. de M. Gombaud en 1658. Voyez
Hypermenestre.

Danaüs. T. en trois Actes de Vers de M. de Lisle,
avec dés intermedes Comiques aussi en vers d'une
idée nouvelle & tirés de la Piéce, en sorte que
chaque Acte Tragique en produit un Comique.
La Musique de ces trois intermedes étoit de la
composition de M. Mouret ; elle fut représentée
au Théatre Italien au mois de Janvier 1732.

Darius. Trois Auteurs ont composé des Tragedies
de Darius, Hardy & Jacques de la Taille de Bon-
deroy ont fait les Tragedies de la mort de Darius,
& M. Thomas Corneille en a composé une
intitulée , *Darius Amedochus Roy de Perse* ,
le jeune Darius dont on croyoit avoir sacri-
fié la vie, paroît sous un nom déguisé , & rede-
mande le Trône qu'Ochus son oncle lui avoit
usurpé. Voyez aussi *le Couronnement de Dairc.*

David ou *l'Adultere.* Tragedie de Montchrestien en
1617.

Le Débauché. Comedie en un Acte du sieur Baron,
représentée sans succès en 1708.

Debora ou *la Délivrance.* T. de Pierre de Nancel en
1607. Ce même sujet qui est tiré de l'Ecriture-
Sainte, a été traité en une Trogedie par M. Duché.

» M. Duché de Vancy étoit fils d'un Secretaire
» du Roy aussi Secretaire general des Galeres de
» France. Une bonne éducation fut le seul herita-
» ge que son pere lui laissa. Dans les bornes é-
» troites de sa fortune, il donna ses premieres

» années aux délices d'une Poëſie galante & en-
» jouée qui lui ouvrit bien-tôt le commerce du
» monde poli ; mais ſes bonnes mœurs le dégou-
» terent inſenſiblement de ces charmes trompeurs,
» & ſa Muſe changeant ſes occupations profanes,
» fut ſuivie d'uu ſuccès plus heureux dans les Pié-
» ces ſaintes qu'il donna. Ce fut ce nouveau genre
» de Poëſie qui l'introduiſit à la Cour, ſa Tragedie
» d'*Abſalon* s'y fit admirer, & il achevoit une
» Piéce du même genre, lorſqu'une mort pré-
» maturée l'enleva à la fleur de ſon âge à la fin de
» 1704. Il étoit de l'Academie Royale des Belles
» Lettres ; ſes Poëmes ou Opera ſont *Cephale &*
» *Procris, Theagene & Cariclée, les Amours de*
» *Momus, les Fêtes Galantes, Scilla, & Iphigenie ;*
» Ses Tragedies ſont *Debora, Jonathas & Ab-*
» *ſalon.*

Les Debuts. Voyez *les Payſans de qualité.*

La Décolation de S. Jean-Baptiſte. T. de Pedault.

Le Dédain amoureux. Paſtorale d'Iſaac de la Grange.

Le Dédain affecté. C. de Mademoiſelle Monicau en troia Actes de Proſe, repréſentée au Théatre Italien en Décembre 1724. Elle fut bien reçuë du Public.

Le Dédit. Comedie en un Acte de M. Dufreſny, repréſentée en 1719. au Théatre François.

La Defaite de la Piaffe & de la Picquorée, & Ban-niſſement de Mars. Par Gabriel Bounin Maître des Requêtes de S. A. R. M. le Duc d'Anjou, en 1579.

Delie. Paſtorale du ſieur Chammelée Comedien en 1668. Elle eut peu de ſuccès ; on doit remarquer que les Paſtorales en général n'ont pas été heu-reuſes ſur le Théatre.

Demetrius. Voyez *la mort de Demetrius.*

Democrite amoureux. Comedie de M. Renard en cinq Actes de Vers, représentée au Théatre François en 1700. La Scene change au second Acte, on trouve en cette Comedie la plus divertissante reconnoissance qu'on ait dans le genre Comique.

Democrite prétendu fou. Comedie de M. Autreau. Il l'avoit d'abord présentée aux Comediens François qui la refuserent ; cependant au Théatre Italien où elle fut joüée en Avril 1730. elle a eu vingt-deux repéesentations au profit de l'Auteur. Cette Piéce qui est en trois Actes de Vers est estimée une des meilleures de cet Auteur.

Le Déniaisé. C. de M. Gillet en 1648.

Le Dénouëment imprévù. Petite Comedie de M. Marivault, qui n'eut pas grand sucès au Théatre Fraçois en 1724.

Le Départ des Comediens Italiens. Deux Comedies portent ce titre ; l'une de M. Dufreny joüée sur l'ancien Théatre Italien en Aoust 1694. & l'autre des sieurs le Grand & Dominique, joüée sur le nouveau Théatre en Octobre 1723. Cette derniere fut faite au sujet d'un Voyage que les Comediens Italiens devoient faire en Angleterre.

Le Dépit amoureux. Comedie en cinq Actes de Moliere ; une Comedie Italienne du Serchi lui a fourni l'idée & le canevas de cette Piéce qui fut la seconde qui ait été représentée à Paris au Petit-Bourbon au mois de Décembre 1658. Elle avoit été joüée auparavant aux Etats de Languedoc tenus à Beziers.

La Déroute du Pharaon. Comedie en un Acte de Prose avec un divertissement ; c'est la derniere du Théatre du sieur d'Ancour : les Comediens ses Camarades ne jugerent pas à propos de la repré-

senter , quoiqu'ils l'euſſent répeté & même annoncé dans leurs Affiches ; mais malgré le mépris qu'ils avoient fait de ſa Piéce, l'Auteur ſe
flatte dans ſa Préface, qu'elle auroit été reçuë
favorablement.

» Florent Carton connu ſous le nomde d'An-
» cour, naquit à Fontainebleau le premier No-
» vembre 1661. jour de la naiſſance de Mon-
» ſeigneur le Dauphin, ainſi qu'il nous l'apprend
» dans l'Epître dédicatoire de ſa Comedie
» des Fées à ce Prince.

Pour m'attacher à toi le Ciel m'a deſtiné,
Dès le moment qu'au jour il ouvrit ma paupiere,
Quel préſage heureux d'être né
Ce même jour ſi fortuné,
Où tu vis auſſi la lumiere.

» Il étoit fils de Florent Carton, Ecuyer Sieur
» d'Ancourt, & de Louiſe de Londé, qui deſ-
» cendoit par les femmes des Budé, & petit-fils
» d'un Senechal de Saint-Quentin. Il étoit hom-
» me d'eſprit & parloit très-bien, & avoit
» fait de bonnes études à Paris dans le Colle-
» ge des Jeſuites ſous le Pere de la Ruë. Il
» étudia en Droit & ſe fit recevoir Avocat à
» l'âge de 17. ans. Sans être grand Acteur il
» avoit certains Rolles convenables qu'il joüoit
» avec ſuccès, ſur-tout ceux de Raiſonnemens,
» comme le Miſantrope, Eſope, & d'autres ſem-
» blables. On a dit de lui qu'il joüoit noble-
» ment la Comedie & bourgeoiſement la Trage-
» die. Il fut long-temps l'Orateur de ſa Troupe,
» employ dont il s'acquittoit très-bien. Il a joüé

» la Comedie & en a composé pendant trente-
» trois ans. Sa politesse & les agrémens de sa
» conversation le firent rechercher des grands
» Seigneur. Il se retira du Théatre à Pâques
» 1718. Son stile est leger & agréable, & si tous
» ses Ouvrages ne font pas aussi châtiés qu'on
» le désireroit, on peut dire que le Dialogue en
» est toujours très-vif. Il mourut en sa Terre de
» Courcelle-le Roy en Berry le 6. Décembre
» 1725. en sa soixant & cinquiéme année. Il avoit
» épousé en 1680. Therese le Noir sœur du sieur
» de la Toielliere, qui étoit une des plus gratieu-
» ses Comediennes du Théatre, & qui dans un âge
» assez avancé, joüoit encore les Rolles des jeu-
» nes Amantes avec les airs enfantins & les gra-
» ces de la jeunesse. Elle avoit quitté le Théatre
» en 1720. & mourut à Paris le 11. May 1725.
» âgée d'environ 64. ans. Les Oeuvres du
» sieur d'Ancour en neuf volumes in-12. con-
» tiennent les Piéces suivantes ; 1. vol. *les fonds*
» *perdus, le Chevalier à la mode, la Maison*
» *de Campagne, la folle Enchere, l'Eté des Co-*
» *quettes, la Parisienne.*

» 2. vol. *La Femme d'Intrigue, les Bourgeoises*
» *à la mode, la Gazette, l'Opera de Village,*
» *l'Impromptu de Garnison, les Vendanges.*

» 3. vol. *Le Tuteur, la Foire de Besons, les*
» *Vendanges de Sureêne, la Foire S. Germain, le*
» *Moulin de Javelle, les Eaux de Bourbon.*

» 4. vol. *Les Vacances, Renaud & Armide,*
» *la Lotterie, le Charivary, le retour des Officiers,*
» *le Curieux de Compiegne, le Mary retrouvé.*

» 5. vol. *Les Fées, les Enfans de Paris, la*
» *Fête de Village, les trois Cousines.*

» 6. vol. *Collin Maillard, l'Operateur Barry,*

„ *les nouveaux Divertiſſemens des Comedies de*
„ *l'Inconnu des Amans magnifiques & de Circé,*
„ *le galant Jardinier, l'Impromptu de Livry, les*
„ *deux Diables Boiteux, le Divertiſſement de*
„ *Sceaux.*

    „ 7. vol. *La trahiſon punie, Madame Artus,*
„ *les Agioteurs, la Comedie des Comediens ou l'A-*
„ *mour charlatan.*

    „ 8. vol. *Cephale & Procris, Sancho Pança,*
„ *l'Impromptu de Surêne, les Fêtes du Cours.*

    „ 9. vol. *Le vert-Galand, le prix de l'Arque-*
„ *buſe, la Metempſicoſe, la Déroute du Pha-*
„ *raon & la Déſolation des Joueuſes.* Depuis l'im-
„ preſſion de ſes Oeuvres il a encore donné deux
„ autres Piéces intitulées; l'une, *l'Eclipſe* ; &
„ l'autre, *la Belle-mere.* Il a laiſſé encore quelques
„ Piéces de Théatres & des Ouvrages de Pieté.
„ Voyés *les Fées* au ſujet de ſes filles.

La Deſcente de Mezetin aux Enfers. Comedie de
    M. Renard repreſentée en Mars 1689. La mort de
    Dominique fit qu'il n'y eut point de Rolle d'Ar-
    lequin en cette Piéce, ce qui étoit une grande
    gêne pour un Auteur de ce Théatre.

La Déſolation des deux Comedies. Petite Piece des
    ſieurs Lelio pere & Dominique joüée au Théatre
    Italien en 1718. La Solitude qui regnoit depuis
    long-temps dans les Théatres, fournit le ſujet de
    cette petite Piéce.

La Déſolation des Filoux. Comedie de M. Cheva-
    lier, joüée en 1662. à l'occaſion de la bonne
    Police établie par M. de la Reynie dans la Ville
    de Paris.

La Deſolation des Joüeuſes. Comedie en un Acte,
    avec un Divertiſſement du ſieur d'Ancour.

Le Deüil. Comedie en un Acte de M. Thomas
                           Corneille,

Corneille, & non du fieur Hauteroche fous le nom duquel elle fut donnée en 1680 Cette divertiffante petite Piéce eft tirée des Contes d'Eutrapel.

La Devinereffe ou Madame Jobin. Comedie de Meffieurs Thomas Corneille & de Vizé en Novembre 1679. Cette Piéce eut un fuccés extraordinaire, ayant été joüée pendant cinq mois, ce qui n'étoit pas encore arrivé à aucune Piéce fans machines. Elle fut repréfentée quarante huit fois de fuite fans intermiffion d'aucune autre Piéce, & les dix-huit premieres furent au double. On fçait que c'eft la Voifin qui eft défignée fous le nom de la Jobin, & que toutes les Scenes développent les tours d'adreffe, dont les prétenduës Devinereffes s'étoient fervi depuis quelques années pour tromper & épouventer bien des gens à Paris ; c'eft la derniere Piéce de M. Corneille.

„ Thomas Corneille frere puifné du grand „ Corneille, étoit de l'Academie Françoife „ & de celle des Infcriptions & Belles-Lettres. „ Son goût pour la Poëfie fut marqué dès „ fa jeuneffe, car étant en Rhetorique au Col- „ lege des Jefuites de Roüen, il compofa en „ Vers Latins une Piéce de Théatre que fon Re- „ gent trouva fi bonne, qu'il la fubftitua à celle „ qu'il devoit faire repréfenter pour la diftribu- „ tion des Prix. Quelque tems après être forti du „ College, il donna la Traduction des Métamor- „ phofes d'Ovide. Il travailla enfuite à fes Piéces „ de Théatre qui font au nombre de trente-trois, „ toutes en Vers & en cinq Actes, dont plu- „ fieurs reçurent beaucoup d'applaudiffemens „ tant à la Cour qu'à Paris. Ces Piéces font, 1. „ *les Engagemens du Hazard*, 2. *le feint Aftro-*

G

,, logue, 3. *Dom Bertrand de Cigaral*, 4. *l'Amour*
,, *à la mode*, 5. *le Berger extravagant*, 6. *le*
,, *Charme de la voix*, 7. *le Geolier de joi-même*,
,, 8. *les illustres ennemis*, 9. *Timocrate*, 10. *Be-*
,, *renice*, 11. *Commode*, 12. *Darius*, 13. *le*
,, *Galant doublé*, 14. *Stilicon*, 15. *Camma*, 16.
,, *Maximien*, 17. *Pirrhus*, 18. *Persée & Deme-*
,, *trius*, 19. *Antiochus*, 20. *Laodice*, 21. *le*
,, *Baron Dalbikrac*, 22. *Annibal*, 23. *la Com-*
,, *tesse d'Orgueil*, 24. *Theodat*, 25. *le Festin de*
,, *Pierre*, 26. *Ariane*, 27. *Achilles*, 28. *Dom*
,, *Cesar d'Avalos*, 29. *Circé*, 30. *l'Inconnu*, 31.
,, *le Comte d'Essex*, 32. *Bradamante*, 33. *la De-*
,, *vineresse*. Il travailla aussi pour le Lyrique, ayant
,, fait les Vers de trois Opera, qui sont *Psiché*,
,, *Bellerophon*, & *Medée*. Il possedoit en perfec-
,, tion la Langue Françoise; ses Remarques sur
,, Vaugelas en font foy. Il a de plus donné un
,, Dictionnaire des Arts en deux volumes in-fol.
,, & un autre Dictionnaire Géographique en trois
,, volumes in-fol. & quoiqu'il fût devenu aveu-
,, gle sur la fin de ses jours, il préparoit une se-
,, conde Edition de ces deux Dictionnaires, lors-
,, qu'il mourut à Andely le huit Décembre 1709.
,, âgé de 84. ans.

Les deux Alcandres ou les deux Semblables. C. de
M. l'Abbé Boisrobert 1642.

Les deux Amis. Tragi-Comedie d'Urbain Chevreau.

Les deux Arlequins. Comedie de M. le Noble, repréfentée en 1691. Gherardy qui joüoit le Rolle
d'Arlequin l'aîné, y contrefaisoit à merveille le
fieur Baron, qui quitta le Théatre cette même année. On prétend que fa retraite fit extrêmement
grossir la recette des Comediens Italien, parce
que le Public ne joüissant plus du plaisir de voir

Baron en original sur le Théatre François, alloit
en foule en admirer la copie au Théatre Italien,
lorsque comme dans cette Piéce ou dans quelques
autres, l'Arlequin devoit l'imiter.

Les deux Pucelles. Comedie de M. Rotrou en 1636.
Cette Piéce a été imitée, & presque copiée par
M. Quinaut dans ses *Sœurs rivales*.

Le Diable Boiteux En deux Comedies ou chapitres
du sieur d'Ancour, représentées au mois d'Octobre 1707. Le Diable boiteux ne parloit que dans
les Prologues, sans prendre aucune part dans les
Piéces ; les airs étoient de M. de Granval. Le
Roman *du Diable boiteu* de M. le Sage, qui en
ce temps eut une vogue surprenante, fit paroître
des Diables boiteux de toutes especes, & produi-
sit ces deux Comedies.

Diane. Comedie de M. Rotrou en 1635. Voyés
Endimion. Ce même sujet a fourni encore une Comedie intitulée, *Diane & Endimion, ou l'Amour
vangé*, en trois Actes, avec des Scenes Italiennes par le sieur Lelio, laquelle fut représentée
devant le Roy au Palais des Thuilleries les 25. &
27. Janvier 1721. puis joüée au Théatre Italien.

Le Dictateur Romain. T C. de M. Marechal.

Didon. Ce sujet a été traité en cinq Tragedies & en
un Opera. La premiere des Tragedies est de Jodelle, la deuxiéme intitulée *Didon se sacrifiant*,
est de Hardy en 1620. la troisiéme de M. Scudery en 1637. la quatriéme intitulée, *Didon la
chaste, ou les Amours d'Hiarbas*, de M. l'Abbé de
Boisrobert en 1643. la cinquiéme de M. Montfleury.

L'Opera de Didon est le xxx. des Opera. C'est
une Tragedies en cinq Actes de Madame Saintonge, dont la Musique est de M. Desmarest ordi-

naire de l'Academie de Musique. Cet Opera fut repréſenté en 1693. les airs & les récits ſont imprimés en une partition, & la ſimphonie en une autre in-4º. Mars, Venus, & la Renommée en font le Prologue.

Dina ou le Raviſſement. T. de Pierre Nancel 1607.

Dinamis. Tragedie de M. du Ryer repréſentée en 1653.

Diocletien & Maximien Empereurs Romains. T. de M. Sainville, deſtinée pour être miſe en Muſique. ,, Cet Auteur a encore compoſé la Tra- ,, gedie de *Pantenice*, la Tragi-Comedie de *la* ,, *Retraite des Amans*, & la Comedie *du Fils* ,, *déſintereſſé*; aucune de ces Piéces n'a été repré- ,, ſentée.

Diomede. LXXIV. Opera, Tragedie en cinq Actes de M. de la Serre, dont la Muſique eſt de M. Bertin, repréſentée en 1710. gravé in-4º. Ce ſont les Amours de Diomede & d'Iphiſe qui eſt cruë ſa ſœur. Venus que Diomede avoit combattu au ſiége de Troyes, protege d'Aunus Roy d'Italie Rival de Diomede; mais Minerve fait le dénouëment, en déclarant à Diomede qu'Iphiſe n'eſt pas ſa ſœur, mais fille de Stenelus. Le Prologue eſt entre Venus, Zephire & une Grace.

La Diſgrace des Domeſtiques. Comedie de M. Chevalier en 1662.

Le Diſtrait. Comedie de M. Renard en cinq Actes de Vers, repréſentée au Théatre François. Ce caractere eſt copié d'après celui qui ſe trouve dans les caracteres de la Bruyere, qu'on vouloit être le portrait de M. le Comte de Br.... Cette Comedie n'eut que trois repréſentations au mois de Décembre 1697. Elle eut plus de ſuccès à la repriſe qui en fut faite au mois de Juillet 1731.

Il y a auſſi une Comedie Italienne *du Diſtrait*.

Le Divertiſſement de Sceaux. Comedie Ballet du ſieur d'Ancour, dont la Muſique eſt de M. Gilliers, repréſentée le trois Septembre 1705. Il y a un Recueil des Divertiſſemens de Sceaux donné au Public par M. Malezieux.

Le Divorce. Comedie de M. Renard joüée ſur l'ancien Théatre Italien au mois de Mars 1688. Une obſervation à faire ſur cette Piece, eſt que n'ayant pas réüſſi entre les mains du célébre Dominique, elle avoit été rayée du Catalogue des Piéces qu'on reprenoit de temps en temps; cependant Gherardy qui de ſa vie n'avoit monté ſur le Théatre, & qui ſortoit du College de la Marche où il venoit d'achever ſon cours de Philoſophie, la choiſit pour ſon coup d'eſſay, lorſqu'il parut pour la premiere fois le premier Octobre 1689, & elle eut tant de bonheur entre ſes mains qu'elle plut généralement, & fut extraordinairement ſuivie.

Le Divorce de l'Amour & de la Raiſon. Comedie de l'Auteur du nouveau Monde; elle eſt en trois Actes de Vers libres, avec un Prologue & des divertiſſemens dont la Muſique eſt du ſieur Quinaut Comedien, & le Ballet du ſieur Dangeville, repréſenté en Septembre 1723.

Le Divorce ou les Epoux mécontens. Comedie. L'Auteur garda l'inconito. Elle fut repréſentée au Théatre François en Avril 1730. par les Prévôts pendant l'abſence des autres Comediens pour le voyage de Fontainebleau. Elle n'eut qu'un petit nombre de repréſentations.

Le Docteur. Il y a quelques Comedies Italiennes intitulées *le Docteur.* Voyés le Recueil des Piéces Italiennes. „ Le vieil Acteur qui remplit aujour-

„ d'hui ce Rolle, se nomme Francisco Matterazy.
„ Il est de Bologne , & s'est remarié en secondes
„ nôces à la veuve de Pantalon au mois de No-
„ vembre 1731.

Le Docteur amoureux. Comedie de M. le Vert 1638.

Il y a une autre Comedie sous le même titre non imprimée de M. Moliere en un Acte. C'est cette petite Piéce qui fut joüée le 24. Octobre 1658. jour du Début éclatant de Moliere & de sa Troupe devant Leurs Majestés & toute la Cour. Il fut dressé à cet effet un Théatre dans la Salle des Gardes du vieux Louvre, où cette Troupe représenta la Tragedie de Nicomede de M. Corneille. La Cour fut sur-tout satisfaite du jeu & de l'agrément des femmes. La Piéce étant achevée, Moliere vint faire un compliment pour remercier Leurs Majestés , & les prier de leur permettre de représenter un de ces petits divertissemens dont il regaloit les Provinces ; ce fut cette petite Piéce *du Docteur amoureux* qu'il représenta , faisant lui-même le Rolle du Docteur. Comme il y avoit déja long-tems qu'on ne parloit plus de petites Comedies , l'invention en parut nouvelle , & celle-cy divertit de maniere leurs Majestés , que le Roy donna ses ordres pour établir la Troupe de Moliere à Paris. La Salle du petit Bourbon lui fut accordée pour y joüer alternativement avec les Comediens Italiens , & cette Troupe prit le titre de Comediens de Son Altesse Royale MONSIEUR, Frere unique du Roy.

Le Docteur extravagant. Deux Comedies portent ce titre , l'une du sieur Nanteüil Comedien de la Reine , joüée en 1672. & l'autre de M. de Beauregard , représentée en 1684.

Dom. Les Comedies sous ce titre sont presque

toutes tirées des Auteurs Espagnols.

Dom Alvare de Lune. T C. de Rotrou en 1647.

— *Bernard de Cabrere.* Deux Comedies portent ce titre ; l'une de M. l'Abbé de Boisrobert, & l'autre de M. Rotrou en 1647. Cette derniere se trouve dans le Recueil des meilleures Piéces des anciens Auteurs, imprimé en 1705. en trois volumes in-12.

— *Bertrand de Cigaral.* Cette Comedie qui est la troisiéme Piece de Thomas Corneille, fut fort suivie, & l'on a remarqué que pendant la Minorité de Loüis XIV. elle fut joüée plus de vingt fois à la Cour ; elle représente le caractere d'un extravagant assez plaisant au Théatre, & est tirée d'une Comedie de Dom Francisco de Roxas, sous le titre, *Entre bobas anda el juego.*

— *Cesar Davalos.* Tragedie du même M. Thomas Corneille. L'intrigue de cette Piéce est Espagnole, & toute fondée sur des déguisemens. Un Fourbe jovial au moyen du vol d'une valise, se donne pour Cesar Davalos, & Cesar Davalos pour raison d'un combat, prend le nom du frere d'Isabelle sa Maitresse.

— *Garcie de Navarre.* Voyés *le Prince jaloux.*

— *Japhet d'Armenie.* Comedie de M. Scaron, représentée en 1659. Cette Piéce réduite à trois Actes avec des intermedes de Chant & de Danse, fut représentée le dix May 1721. devant le Roy sur le Théatre de la grande Salle des Machines des Thuilleries ; Mehemet-Effendi Ambassadeur Turc y assista avec sa Suite.

— *Juan.* Voyés *le Festin de Pierre.*

— *Lope de Cardonne.* C de M Rotrou.

— *Micco & Lesbine.* Scenes Italiennes représentées à l'Opera par les deux mêmes Acteurs qui avoient repréfenté le Joüeur & la Bigote ; la Parodie de cette petite Piéce Pantomime fut joüée au Théatre Italien en Aouft 1729. La Mufique étoit de M Mouret : le fieur Theveneau s'y diftingua dans le Rolle de Mico.

— *Quichott* . C. joüée par la Troupe de Moliere après le retour du fieur Baron, qui avoit quitté cette Troupe pour fe mettre dans celle de campagne de la Raifin. Moliere, contre fon ordinaire, joüa affez mal le principal Rolle, & on a remarqué que les Doms Quichotte & les Sancho, n'ont jamais réüffi au Théatre.

— *Pafquin d'Avalos.* Comedie de Montfleury ; elle eft une des trois petites Piéces de l'Ambigu Comique.

— *Ramire & Zaïde.* Tragedie attribuée à M. de Boiffy ; mais juftifiée être de M. de la Chazette ; elle n'eut qu'une repréfentation le 24. Janvier 1728. Le Pere Porée a traité le même fujet dans une belle Tragedie Latine qu'il fit repréfenter il y a quelques années, par les Ecoliers de Rethorique du College de Louis le Grand.

Dom Sanche d'Arragon. Comedie heroïque de M. Pierre Corneille en 1650. Cette Piéce eft tirée de deux Comedies Efpagnoles. Elle eut d'abord un grand éclat ; mais le refus que fit M. le Prince de lui accorder fon fuffrage, diffipa les applaudiffemens, & anéantit fi-bien les jugemens que la Cour & la Ville avoient prononcé en fa faveur, qu'au bout de quelque temps elle fe trouva releguée dans les Provinces.

Dorinde. Tragedie de M. d'Auvray en 1631.

Dorife. Comedie de Hardy.

Doriftée & Cleagenor. Comedie de M. Rotrou en 1635.

Dorothée ou la Martyre de l'Amour. Tragedie de M. Rampale.

La double Inconstance. Comedie en trois Actes de M. Marivaux, représentée au Théatre Italien au mois d'Avril 1723. Cette Piéce qui est bien joüée, fait un effet charmant au Théatre, & se soutient également à la lecture.

Le double Veuvage. Petite Comedie de M. Dufresny. Elle se rejoüe souvent ; le sieur de la Torilliere y chantoit un pot-poury en forme de Parodie des Opera.

De toutes les Piéces de M. Dufresny, on peut dire qu'il n'y a eu que son *Esprit de contradiction*, son *faux Damis*, & celle-cy, qui ayent eu un plein succès.

Le Duc d'Ossone. Tragi-Comedie de M. Mairet en 1636.

La Dupe amoureuse. Comedie du sieur Rosimont, représentée en 1672. ,, Le sieur Rosimond Co-,, medien du Marais, dont le nom étoit Jean-,, Baptiste du Mesnil, a donné qnatre Pieces à son ,, Théatre ; sçavoir, *le Festin de Pierre, le Valet* ,, *étourdi, l'Avocat sans étude, & la Dupe amou-*,, *reuse*. Ce Comedien après avoir quitté le Théa-,, tre, s'appliqua à un genre d'étude bien diffe-,, rent & plus méritoire ; ayant composé sur la fin ,, de ses jours un Recueil de Vies des Saints.

E.

Les Eaux de Bourbon. Petite Comedie du sieur d'Ancour, joüée en Octobre 1696.

L'Eclipse. Comedie en un Acte, joüée sans succès en Juin 1724. au Théatre François. Voyés *les effets de l'Eclipse*.

L'Ecole des Amans. Comedie en trois Actes de Vers. C'eſt la premiere Piéce de M Jolly, laquelle fut repréſentée au Théatre François en 1718. Un conte des Fées intitulé, *le Palais de la Vengeance,* ſervit de plan pour une petite Piéce joüée au Théatre de l'Opera Comique, ſous le titre de l'*Ecole des Amans,* laquelle a donné lieu à cette Comedie, qui contient un Comique noble, une Verſification aiſée & des expreſſions pures; cependant l'Auteur a encore jugé devoir y faire quelques corrections.

„ M. Joly a donné au Public les Vers de l'O-
„ pera *de Meleagre,* & quatre Comedies; ſçavoir,
„ cette *Ecole des Amans, la Vengeance de l'A-*
„ *mour, l'Amante Capricieuſe & la femme jalouſe.*

L'Ecole des Bourgeois. Comedie de M. l'Abbé d'Alainval en trois Actes de Proſe, joüée en Septembre 1728. Elle ne fut point goûtée.

L'Ecole des Cocus ou la Précaution inutile. Comedie du ſieur Dorimond, repréſentée en 1661.

— *des femmes.* Comedie de Moliere, repréſentée pour la premiere fois ſur le Théatre du Palais Royal le 26. Décembre 1662. Une bonne partie de cette Comedie qui eſt en cinq Actes de Vers, eſt tirée d'une Piéce Eſpagnole de Dom Lopez, de Vega. Bien des gens fronderent d'abord cette Comedie; mais les Rieurs furent pour elle, & elle eut un ſuccès des plus complets.

La Critique de cette Piéce auſſi de Moliere en ſept Actes en Proſe, fut joüée le premier Juin 1663. Comme elle étoit du temps, & ingenieuſement travaillée, elle fit plaiſir au Public. L'Auteur la fit pour ſe vanger & le Public du chagrin délicat de certaines gens qui avoient frondé ſon Ecole des femmes. Il y a encore une autre Critique de *l'Ecole des femmes*. Voyés *Zelinde*.

— *des Filles*. Comedie en cinq Actes de Vers de M. Montfleury, représentée à l'Hôtel de Bourgogne en 1660.

— *Galante ou l'Art d'aimer*. C. du sieur Dominique en trois Actes de Vers, joüée en Septembre 1710. dans la Salle de l'Opera de Lyon à Belcour. Elle est imprimée.

— *des Jaloux ou le Cocu volontaire*. Comedie en trois Actes de Vers de M. Montfleury, représentée en 1671. à l'Hôtel de Bourgogne.

— *des Maris ou la Précaution inutile*. Comedie de Moliere. Cette Piéce confirma le Public dans l'opinion qu'il avoit déja conçu de cet excellent Auteur. Elle est en trois Actes de Vers, & est la premiere Piéce que Moliere ait fait imprimer. Sa qualité de Chef de la Troupe de MONSIEUR, fut un devoir pour lui de la dédier à ce Prince. C'est aussi la premiere de ses Piéces qui ait été joüée sur le Théatre du Palais Royal le vingt-quatre Juin 1661. ses précedentes Piéces ayant été joüées au petit Bourbon, lequel ayant été abatu en Octobre 1660. pour y bâtir le grand & magnifique Portail du Louvre, la Salle du Palais Royal lui fut accordée par le Roy. C'est dans cette même Salle où le grand Cardinal de Richelieu avoit donné autrefois des Spectacles dignes de sa magnificence.

L'Ecole des Peres. Comedie trouvée dans les papiers du sieur Baron après sa mort.

„ Comme à la derniere Piéce de chaque Au-
„ teur, nous avons marqué le temps de sa mort &
„ quelques traits de sa vie, le sieur Baron, le Ros-
„ cius de notre siécle, ayant joint aux grands ta-
„ lens de la représentation, ceux de la composi-

,, tion , mérite à ces deux égards les mêmes ob-
,, fervations fur lui & fa famille. Le pere de ce
,, grand Comedien étoit lui-même Comedien de
,, la Troupe Royale de l'Hôtel de Bourgogne ,
,, & natif de la Ville d'Iſſoudun en Berry ; ſon
,, genre de mort eſt remarquable ; en faiſant le Rol-
,, le de Dom Diegue dans le Cid , ſon épée lui
,, tomba des mains , comme la Piéce l'exige , & la
,, repouſſant du pied avec indignation , il en ren-
,, contra malheureuſement la pointe , dont il eut le
,, petit doigt picqué. Cette bleſſure fut d'abord
,, traitée de bagatelle ; mais la gangrenne qui y
,, parut , obligeant de lui couper la jambe , il ne le
,, voulut jamais ſouffrir. Non non , dit-il , un Roy
,, de Théatre ſe feroit huer avec une jambe de
,, bois , & il aima mieux attendre doucement la
,, mort.

,, La mere du ſieur Baron étoit auſſi Come-
,, dienne , & ſi belle femme , que lorſqu'elle ſe
,, préſentoit pour paroître à la Toilette de la Rei-
,, ne , Sa Majeſté diſoit aux Dames qui étoient
,, préſentes . Meſdames , voici la Baron , & auſſi-
,, tôs elles prenoient la fuite.

,, Leur fils notre célébre Acteur , ſe nommoit
,, Michel Baron ou Boyron. Il entra d'abord dans
,, une Troupe de petits Comediens qui joüoient
,, à la Foire Saint-Germain , & qui attiroient tout
,, Paris. On les apelloit les petits Comediens Dau-
,, phins , parce qu'ils avoient repréſenté à la Cour
,, pendant l'enfance de Mgr. le Dauphin Ayeul du
,, Roy. La Troupe de Moliere ayant eu permiſſion
,, de s'établir à Paris , le jeune Baron y entra , d'où
,, il ſortit quelque temps après , & s'en alla cou-
,, rir la Province ; puis revint à Paris auprès de
,, de Moliere ſon cher Maître , & fit briller ſes

„ talens sur le Théatre du Palais Royal. A la mort
„ de Moliere il se mit dans la Troupe de l'Hôtel
„ de Bourgogne, où il joüa toujours les premiers
„ Rolles avec les graces nobles & naturelles qui
„ lui ont fait une si grande réputation. En 1680.
„ la Troupe de l'Hôtel de Bourgogne s'étant
„ jointe par ordre du Roy à celle de Guenegaud,
„ Baron y passa avec les autres, & y a toujours
„ représenté les Rolles les plus brillans, & tou-
„ jours avec les mêmes agrémens jusqu'en l'année
„ 1691 qu'il quitta le Théatre avec une pension
„ de 3000. liv. Le vrai motif de cette retraite
„ étoit qu'il traitoit d'une Charge de Valet-de-
„ Chambre de Sa Majesté qui lui en refusa l'agré-
„ ment. Après trente années de vie privée, il re-
„ parut sur la Scene, le Mercredy d'après la quin-
„ zaine de Pâques 1720. Loin que ses talens pa-
„ russent affoiblis ou roüillez par le non usage,
„ au contraire, ils semblerent s'être perfectionnés,
„ & sa vieillesse même donnoit des convenances à
„ des Rolles où la maturité sied bien ; il ne laissoit
„ pas d'en joüer de jeunes, dont il s'acquittoit
„ très-bien, malgré la disproportion de l'âge de
„ l'Acteur & celui du personnage. Il a continué
„ de joüir des applaudissemens publics jusqu'au
„ trois Septembre 1729. qu'en représentant le
„ Rolle de Venceslas, après avoir prononcé ces
„ Vers de la premiere Scene,

Si proche du cercueil où je me vois descendre.

„ il se trouva si incommodé de son asme, qu'il ne
„ pût continuer. Il mourut à Paris le 22. Décem-
„ bre 1729. après avoir reçu les Sacremens de
„ l'Eglise, & fut inhumé en l'Eglise de Saint Be-
„ noît sa Paroisse, sa demeure étant en une belle

,, maifon à lui appartenant à l'Eftrapade. On ne
,, peut marquer pofitivement quel étoit fon âge,
,, ayant toujours été fur ce fujet auffi mifterieux
,, qu'une Coquette; enforte que cet âge eft enco-
,, re un problême. On le croyoit âgé de 82. ou
,, 83 ans; cependant après fa mort on produifit
,, fon Extrait-Baptiftaire du mois d'Octobre 653.
,, mais qui ne peut être véritable, puifque dès
,, l'année 1658. il entra Comedien dans la Troupe
,, de Moliere après l'avoir été dans la petite
,, Troupe de la Raifin. Il avoit époufé Louife le
,, Noir fœur du fieur de la Torilliere & de la De-
,, moifelle d'Ancour. De ce mariage il eût An-
,, toine Baron, qui mourut vers le 15 Novem-
,, bre 1711. dans la fleur de fon âge. C'étoit
,, un jeune Comedien beau, bienfait, & dont
,, les talens commençoient à fe perfectionner ;
,, mais ces Meffieurs qui travaillent pour donner
,, du plaifir au Public, en prennent fouvent trop
,, eux mêmes. Ce Baron fils avoit époufé la fille
,, de la Morice Directrice des Spectacles de la
,, Foire, dont il a laiffé deux filles, l'une nom-
,, mée Mademoifelle de la Traverfe, qui débutta
,, au Théatre le 8. Octobre 1730. & l'autre nom-
,, mée Mademoifelle des Broffes, qui n'a fait que
,, paroître au Théatre, s'en étant retirée au mois
,, d'Octobre 1729.

,, Michel Baron pere fe picquoit de Littera-
,, ture, & avoit un Cabinet de Livres choifis.
,, Il a donné plufieurs Piéces de Théatre,
,, dont on prétend qu'il n'étoit que le parain.
,, Ces Comedies, y compris celles qui ne font
,, pas imprimées, font : *le Jaloux*, *les Enlevemens*,
,, *le Rendés-vous des Thuilleries*, *l'Homme à*
,, *bonne fortune*, *la Coquette*, *l'Andrienne*, *les*

„ *Adelphes*, & *l'Ecole des peres.*

L'Ecolier de Salamanque. Tragi-Comedie de M. *Scaron.*

Les Ecoliers. Comedie en Prose du fieur de la Rivey en 1597. „ C'eft la derniere Piéce de cet Auteur, „ qui fe nommoit Jean de la Rivey ; il étoit Cham- „ penois, & a fait fix Comedies, qui font, *le* „ *Laqnais, la Veuve, les Efprits, le Morfondu,* „ *le Jaloux & les Ecoliers.* Ces Piécés furent im- „ primées à Paris en 1579. chez Abel Langelier; „ quelques uns lui attribuent encore *Nephelococu-* „ *gie,* ou *la Nuée des Cocus.* Comedie imitée Da- „ riftophane, d'autres la donnent avec plus de „ vraifemblance à Pierre le Loyer. Il y a trois au- „ tres Comedîes, non de Jean, mais de Pierre de „ la Rivey auffi Champenois ; fçavoir :

  „ *La Conftance. Le Fidel. Les Tromperies.* „ Imprimées à Troyes par Pierre Chevillot en „ 1611.

L'Ecoffoife ou le Défaftre. Tragi-Comedie de Mont- chretien en 1617.

L'Ecuyer, ou les faux Nobles mis au billon. Co- medie du temps, dédiée au vrais Nobles de Fran- ce, par le fieur de Claveret, Paris 1666. Ce qui donna occafion à cette Piéce fut une recherche des faux Nobles faite en ce temps. „ Les aurres „ Piéces de M. Claveret font *l'Efprit fort,* & *le* „ *Raviffement de Proferpine.*

Edoüard. T C. de M. de la Calprenede en 1640.

Les Effets de l'Amour & du Jeu. C. en trois Actes par M. S. . . . repréfentée au Théatre Italien au mois de Mars 1729.

Les Effets de l'Eclipfe. Premiere Piéce du fieur Lelio fils, en un Acte. Elle n'eut pas de fuc- cès.

,, Le sieur Lelio fils parut pour la premiere fois
,, au Théatre Italien le dix Janvier 1726. il s'en
,, retira avec son pere au mois de Mars 1729. dans
,, le temps qu'il se formoit , ayant les dispositions
,, nécessaires & les talens convenables à sa profes-
,, sion : dans le peu de tems qu'il y a été il a four-
,, ni au Théatre *les Effets de l'Eclipse , Zephi-*
,, *re & Flore , le Sincere à contre-temps.* Il a donné
,, conjointement avec les sieurs Dominique & Ro-
,, magnesy *les Comediens Esclaves , Medée &*
,, *Jason ,* Parodie, & avec le sieur Romagnesy ,
,, la Parodie *de Pirame & Thisbée.* Il remonta au
,, Théatre le 26. Novembre 1731.

Egiste. Tragedie de M. Pralard conjointement avec
un Associé, représentée au mois de Novembre
1721.

Electre. Nous avons deux Tragedies d'Electre fille
d'Agamemnon, l'une de M. de Longepierre, qu'il
composa sans aucun dessein de la donner au Public.
Plusieurs années après, c'est-à-dire, au mois de
Janvier 1702. elle fut représentée en l'Hôtel de
Conty à Versailles. Le sieur Baron qui avoit quitté
le Théatre depuis plusieurs années , & le sieur
Rosely qui s'en étoit retiré depuis peu de tems,
y joüerent, le premier le Rolle d'Oreste , & le
second celui d'Egiste. Elle reçut de grands applaudissemens , & elle en avoit aussi reçu d'extraordinaires dans les repetitions qui en avoient
été faites à Paris où tout le beau monde avoit
couru en foule. Aussi M. de Longepierre a-t-il
ajoûté de nouvelles beautez à ce sujet qui avoit
été traité par Sophocle & par Euripide.

,, Hilaire Bernard de Roqueleyne , Seigneur de
,, Longepierre , d'une bonne Noblesse de Bour-
,, gogne, étoit natif de Dijon. Il commença dès
l'âge

„ l'âge de 25. ans à travailler sur les Poëtes
„ Grecs , & donna en 1685 des Notes sur A-
„ nacreon , Sapho , Bion , Moschus , & sur les
„ Ydilles de Theocrite , avec une Traduction en
„ Vers de tous ces Poëtes, & un Discours en
„ Prose sur les anciens. Il mourut le 31. May
„ 1721. âgé d'un peu plus de soixante ans. Il a
„ donné la Tragedie de *Medée* & celle d'*Electre*.

L'autre Tragedie d'*Electre* est de M. Crebillon.
Elle auroit pû porter le titre d'Oreste sans y rien
perdre , ce titre lui convenant également comme
celui d'Electre. Elle fut reçûë avec applaudissement au mois d'Octobre 1708. cependant on lui
reprochoit trop de reconnoissances & de des-
criptions. Le sujet est qu'Oreste se croit le fils de
Palamede sous le nom de Tidée &c.

Les Elemens. Ballet , dont les Vers sont de M. Roy,
la Musique de Mrs de Lalande & Destouches , &
la Danse du sieur Balon. C'est le troisiéme Ballet
dansé par le Roy & les jeunes Seigneurs de sa
Cour au Palais des Thuilleries le dernier Décembre 1721. il fut depuis donné au public sur le
Théatre de l'Opera au mois de May 1729. Le
Cahos dont les Elemens furent tirés , fait le sujet
naturel du Prologue ; l'Air est caracterisé par l'é-
venement tragique d'Ixion, & son amour pour
Junon qui préside à cet Element ; l'Eau est représentée par le Naufrage d'Arion ; le Feu est représenté par celui des Vestales & le peril d'Emilie ;
la terre par l'aventure de Vertumne & Pomone :
c'est le 104e. Opera.

La Parodie de cet Opera sous le titre *du Cahos*,
est des sieurs le Grand & Dominique , en quatre
Actes , avec un Prologue & des divertissemens
représentée au Théatre Italien en Juillet 1723.

H

Il y a une autre Parodie du même Opera par M. Fuſelier en un Acte, & des divertiſſemens ſous le titre de *Momus exilé*, ou *les Terreurs paniques*, repréſentée ſur le même Théatre Italien en Juin 1725.

Elmire, ou l'heureuſe Bigamie. T. C. de Hardy.

Elomire hypocondre, ou les Medecins vangez. Comedie de M. Boulanger de Chaluſſay en 1653. Il eſt aiſé de voir que cette Piéce eſt une Critique de Moliere, dont Elomire eſt l'anagrame. Voyés *le Portrait du Peintre.*

L'Embaras de Godard, ou l'Accouchée. Comedie par un Anonyme en 1667.

L'Embaras des Richeſſes. Comedie en trois Actes de Proſe, & un Prologue de M. d'Alainval, joüée au Théatre Italien en Juillet 1725. Elle eſt rejoüée fréquemment, & écoutée avec plaiſir.

„ Les autres Piéces de M. d'Alainval ſont *la „ fauſſe Comteſſe, le Tour de Carnaval, l'Ecole des „ Bourgeois, le Mary curieux, & l'Hyver.*

L'Empereur dans la Lune. Voyés *Arlequin Empereur.*

Les Empiriques. Comedie en Proſe de Mrs Palaprat & de Bruys en 1695.

Endimion. Tragedie de M. Gilbert, intitulée *les Amours de Diane & d'Endimion.* Il y a un autre Endimion ou le Raviſſement, qui eſt une Tragi-Comedie Paſtorale de M. de la Morelle.

Ce ſujet a encore fourni un Opera qui eſt le cxiv.e. C'eſt une Paſtorale heroïque, dont le Poëme compoſé long-tems auparavant par M. de Fontenelles, & par lui corrigé, a été mis en Muſique par M. Colin de Blamont ; cet Opera d'Endimion qui eſt ſans Prologue, fut repréſenté au mois de May 1731. Il eut un petit nombre de repréſentations , malgré deux belles décorations du Signor Maury Peintre Italien nouvellement arrivé en France.

Enée & Didon. Opera. Voyés *Didon.* Il y a auſſi une Comedie de M. Montfleury ſous le titre d'*Enée & de Didon.*

Enée & Lavinie. XXIV. Opera en 5. Actes ; les Vers de M. de Fontenelles , & la Muſique de M. Colaſſe , repréſenté en 1691. imprimé in-folio : Les Titans & la félicité font le ſujet du Prologue.

Les Enfans de la joye. Petite Comedie avec un divertiſſement de M. Piron, joüée au Théatre Italien ſans ſuccès en 1725. ,, C'eſt la premiere Piéce de ,, M Piron, qui a donné depuis la Comedie *des* ,, *Fils ingrats* , la Tragedie *de Calliſthene & celle* ,, *de Guſtave Vaſa.*

Les Enfans de Paris. Comedie en cinq Actes de Vers irreguliers du ſieur d'Ancour , repréſentée en Octobre 1704. Elle avoit été joüée dès l'année 1699. ſous le titre de *la Famille à la mode* ; quoique ce ſoit la 27e. du ſieur d'Ancour , c'eſt la premiere qu'il ait donné en Vers.

Les Engagemens du hazard. Comedie de M. Thomas Corneille ; c'eſt la premiere Piéce de cet Auteur , qui n'oſa avoüer ce coup d'eſſay quand il le fit paroître ſur le Théatre de l'Hôtel de Bourgogne. Cette Comedie eſt tirée de deux Piéces du Calderon Poëte Eſpagnol , l'une portant le même titre , & l'autre celui de la Maiſon à deux portes difficile à garder. Voyés l'*Inconnuë.*

Les Enlevemens. Comedie en trois Actes du ſieur Baron en 1685.

L'Envieux. Petite Comedie en Proſe de M. Nericault Deſtouches en May 1727.

L'Epreuve. Comedie en trois Actes non entierement finie, trouvée dans les papiers de M. Dufreny, & brûlée à sa mort.

L'Epreuve reciproque. Petite Comedie de M. de la Fond representée en Octobre 1711. Elle eut de la réuffite.

Il y a une autre Piece de l'Epreuve réciproque des fieurs le Grand & Alain en un Acte, qui a été joüée en Province.

Les Epreuves. Ballet heroïque de Madame de Gomés.

Ercole amanté. L'Opera d'Orphée qui avoit été joüé en 1647. & la Paftorale de l'Abbé Perrin, donnerent la penfée de renouveller ce fpectacle dans le temps des Nôces du feu Roy, aufquelles on fit repréfenter cet Ercole amanté, dont la compofition Italienne fut traduite en Vers François pour la fatisfaction de ceux qui n'entendoient pas l'Italien ; car on étoit encore dans la prévention que notre Langue n'étoit pas propre pour cette Mufique Dramatique ; les Entractes étoient des Ballets, tirés de la Piéce, dont les Vers étoient de M. Benferade. Le Roy & la Reine y danferent avec les principaux Seigneurs de la Cour. Le Cardinal Mazarin fit venir d'Italie tous les Acteurs, & le célébre Abbé Melany y chanta un Rolle ; il n'y eut d'Actrices Françoifes que Mefdemoifelles Hilaire & de Labarre : Cet Opera étoit précédé d'un Prologue, ufage qui a été fuivi dans tous les Opera qui ont été faits depuis. Les machines en étoient fi grandes & fi furprenantes qu'il y en avoit qui enlevoient jufqu'à cent perfonnes. Cette Piéce fut repréfentée dans la grande Salle des Machines des Thuilleries, qui fut bâtie pour le Mariage du feu Roy fur les deffeins du sieur Vigarany, Gentilhomme Modénois.

Erigone. Comedie en Vers & en Prose de M. Desmaretz en 1642. Il y a une Tragedie sous ce même titre, de la composition de M. de la Grange, représentée au Théatre François le 17. Décembre 1731.

Eromene. Pastorale de Pierre Marcassus, in-8°.

Eryphile. T. de M. de Voltaire représentée au mois de Mars 1732. Le sujet est presque tout de l'invention de l'Auteur, qui n'a pris de la Fable, sinon qu'Eryphile fut la cause de la mort d'Amphiarus son mari, & fut tuée par Alcmon son fils. Cette Tragedie a quelque chose d'Oreste & de Clytemnestre. La Versification est pleine d'harmonie, les pensées nobles & élevées, les situations heureuses & les maximes neuves & hardies. Quelques jours avant la premiere représentation de cette Tragedie, c'est-à-dire, le trois Mars 1732. des Députez des Comediens François allerent offrir à Messieurs de l'Academie Françoise l'entrée de leurs Spectacles ; ce qui, de l'agrément du Roy leur Protecteur, fut accepté par ces Messieurs.

Esaü ou le Chasseur. Tragedie de M. Behours en 1606. Ce sujet est tiré de l'Ecriture Sainte.

Les Esbaïs. Comedie de Grevin en 1560.

„ Jacques Grevin un des beaux Esprits de
„ son siécle, étoit de Clermont en Beauvoisis.
„ Il fut Medecin de la Duchesse de Savoye, &
„ mourut à Turin en 1570. âgé de 29. ans. On a
„ perdu plusieurs de ses Poësies tant Latines que
„ Françoises. Il a fait la Tragedie de *Cesar* & les
„ deux Comedies de *la Tresoriere & des Esbaïs* ;
„ ses autres Ouvrages sont l'Olimpe qu'il fit pour
„ Nicole Estienne, fille de Charles Estienne Libraire & Medecin, de laquelle il étoit amou-

,, reux, la Gelodacrye, c'eſt-à-dire, les Ris & les
,, Pleurs, la Traduction du Grec en François des
,, œuvres de Nicandre ancien Medecin & Poëte
,, Grec. On peut juger par ſa mort prématurée
,, qu'il commença à travailler fort jeune ; ſur quoi
,, Ronſard dans une de ſes Elegies lui dit :

Et toi GREVIN, *toi mon Grevin encor,*
Qui dores ton menton d'un petit creſpe d'or,
A qui vingt & deux ans n'ont pas clos les années,
Tu nous a toutefois les Muſes amenées,
Et nous a ſurmontés qui ſommes ja griſons,
Et qui penſions avoir Phebus en nos maiſons.

,, Mrs. de Thou & du Verdier lui ont donné de
,, grandes loüanges.

Eſope (*les Fables d'*). Comedie en cinq Actes de
Vers de M. Bourſaut, repréſentée en 1690.
Cette Piéce dont on connoît le mérite, fut cependant ſifflée aux premieres repréſentations, ce qui
obligea l'Auteur à faire une Fable pour les turbu-
lans du Parterre, dont le ſujet étoit le Dogue qui
vouloit empêcher le Bœuf de brouter, & dont les
quatre derniers Vers étoient :

A tant d'honnètes gens qui ſont devant vos yeux,
Laiſſez la liberté d'applaudir ce mêlange ;
Et ne reſſemblez pas à ce Dogue envieux,
Qui ne veut manger, ni ſouffrir que l'on mange.

Cette excellente Comedie valut à ſon Auteur
une ſomme de 4000 liv. outre les profits de l'Impreſſion ; elle a été traduite en pluſieurs Langues
& joüée ſur preſque tous les Théatres de l'Europe.

'*Esope à la Cour*. Comedie aussi en cinq Actes de Vers du même M. Boursaut, représentée au mois de Décembre 1701 après la mort de l'Auteur, ce qui l'empêcha de repasser lui-même son Ouvrage & d'y mettre la derniere main ; d'ailleurs cette Piéce fut fort alterée à la représentation, où l'on retrancha quantité des plus beaux Vers, par la crainte des applications ; par exemple, dans la belle Scene du premier Acte où Cresus se plaint du peu de sincerité des Courtisans, l'Auteur lui faisoit dire ces quatre Vers.

Par-là je m'apperçois, ou du moins je soupçonne
Qu'on encense la place autant que la personne ;
Que c'est au Diadème un tribut que l'on rend,
Et que le Roy qui regne est toujours le plus grand.

Il y avoit quantité d'autres endroits de la même force, qui furent ou supprimés ou gâtés. La troisiéme Scene du troisiéme Acte, quoiqu'imprimée en cette Piéce, n'est pas pareillement jouée sur le Théatre ; c'est un discours entre Esope & Hypocrate Courtisan, esprit fort, qui ne peut croire aux Dieux.

„ Edme Boursaut étoit natif de Mussy-l'Evesque
„ petite Ville de Champagne, où les Evêques de
„ Langres ont une Maison de Campagne. Il y nâ-
„ quit au mois d'Octobre 1638. Son pere Offi-
„ cier de Guerre négligea de lui faire apprendre la
„ Langue Latine. Il vint à Paris en 1651. où des
„ l'âge de quinze ans il fit représenter ses premie-
„ res Comedies. Il devint Secretaire des Com-
„ mandemens de la Duchesse d'Angoulême, veu-
„ ve du fils naturel du Roy Charles IX. Ce fut
„ dans ce temps qu'il composa la *Gazette Burlesque*

,, qu'il préfentoit toutes les femaines au Roy, qui
,, lui accorda une penfion de deux mille livres;
,, mais quelques traits de fatire qu'il lâcha contre
,, l'Ordre des Capucins, lui firent perdre cette
,, penfion & l'envoyerent à la Baftille en 1671.
,, En étant forti, il compofa l'Ecole des Sonve-
,, rains pour l'éducation de Monfeigneur. Le Roy
,, en fut fi content, qu'il nomma M. Bourfaut
,, pour être Sous-Precepteur de ce Prince, hon-
,, neur dont le feul défaut de Latinité ne lui per-
,, mit pas de profiter. Il travailla dans la fuite par
,, l'ordre du Roy à un Ouvrage intitulé *la Mufe*
,, *enjouée*, qu'il préfentoit tous les mois pour inf-
,, truire & divertir M. le Duc de Bourgogne. Le
,, Privilege lui en fut retiré pour des égards qu'on
,, crut devoir au Prince d'Orange Roy d'Angle-
,, terre. Ses Tragedies toutes en Vers font, 1. *le*
,, *Mort vivant*, 2. *les Cadenats*, 3. *le Medecin*
,, *volant*, 4. *les Nicandres*, 5. *le Portrait du*
,, *Peintre*, 6. *les Yeux de Philis changez en aftres*,
,, 7. *la Satire des Satires*, 8. *Germanicus*, 9.
,, *Marie Stuart*, 10. *la Comedie fans titre*, 11.
,, *Meleagre*, 12. *la Fête de la Seine*, 13. *les Fa-*
,, *bles d'Efope*, 14. *Phaëton*, 15. *les mots à la*
,, *mode*, 16. *Efope à la Cour* : Ses Ouvrages en
,, Profe font deux petites Hiftoires, fçavoir *le*
,, *Prince de Condé*, & *le Marquis de Chavigny*,
,, trois volumes de Lettres agréables par la va-
,, rieté des traits, & une Lettre fur les Specta-
,, cles. Il mourut à l'âge de 63. ans le 15. Sep-
,, tembre 1701. d'une Colique qui lui noüa l'in-
,, teftin.

Efope (*les Fables d'*). Comedie de Euftache le Noble, joüée au Théatre Italien au mois de Février 1691. Le bruit que fit l'Efope de M. Bour-

faut, excita M. le Noble à compofer une pareille Comedie pour le Théatre Italien. La morale en eft fine, & les fables legerement écrites ; auſſi eut-elle un grand ſuccès. ,, Je ne connois de cet Au-
,, teur que deux Pieces de Théatre, celle-cy & les
,, deux *Arlequins*.

L'Eſprit de contradiction. C. en un Acte de Proſe de M. Dufreny, repréſentée en 1707. C'eſt une des meilleures petites Piéces qui ſoit au Théatre François.

L'Eſprit follet. Voyés *la Dame inviſible & l'Inconnuë*.

L'Eſprit fort. Comedie de Monſieur Claveret en 1636.

Les Eſprits. Comedie de Pierre de la Rivey en 1597.

L'Eté des Coquettes. Comedie en un Acte de 25. Scenes du ſieur d'Ancour, repréſentée en 1690. Dans ſon Epître Dédicatoire à Madame la Princeſſe de Conty premiere Doüairiere, il dit qu'il lui conſacre celle de ſes Comedies qui a eu le plus d'applaudiſſemens.

Eſther. Outre les Tragedies de Vaſthy & d'Aman de Pierre Mathieu, nous en avons deux ſous le titre d'Eſther, l'une de M. Duryer repreſentée en 1644. l'autre du célébre M. Racine. Cette derniere fut faite pour les Demoiſelles de Saint-Cyr, qui la repréſenterent pluſieurs fois devant le feu Roy & les Grands de ſa Cour pendant le Carnaval de l'année 1689. Elle étoit alors en cinq Actes avec des Chœurs & des chants liez avec l'action principale ; la Muſique étoit de M. Moreau. Depuis les Comediens l'ont réduite en trois Actes, ont ſupprimé tout le chant, & n'ont conſervé que bien peu des Chœurs ; en cet état ils la donnerent au Public pour la premiere fois le huit May 1721.

„ Quelque temps avant la repréſentation de cette
„ Piéce, c’eſt-à-dire à Pâques 1721. la Demoi-
„ ſelle Deſmarets quitta le Théatre ; le Public ne
„ s’attendoit pas à cette perte , cette Actrice
„ n’ayant encore que 38. ans. Elle excelloit
„ dans les deux genres Tragique & Comique ,
„ & on n’avoit pas encore vû ſur aucun Théatre
„ une perſonne auſſi gracieuſe réünir tant de ta-
„ lens pour la déclamation & pour le jeu de la re-
„ préſentation.

L’Etourdy. Comedie de Moliere , auſſi intitulée *les Contre-tems* en cinq Actes de Vers. Elle avoit été joüée à Lyon dès l’année 1653. Ce fut la premiere Piéce que Moliere fit joüer à Paris le trois Décembre 1658. à l’ouverture de ſon Théatre au petit Bourbon. Voyés l’*Amant diſcret* de M. Quinaut.

L’Etranger. Petite Comedie de M. le Brun ; elle n’a pas été joüée.

Les Etrennes. Comedie en un Acte , avec un divertiſſement du ſieur Dominique , repréſentée au Théatre Italien le dix Janvier 1710. ſans ſuccès.

Eudoxe. Tragi-Comedie de M. Scudery , in-4°. 1641. Voyés *Athenaïs*.

Eugene. C. de Jodelle , joüée devant le Roy Henry III. au College de Reims , puis en celui de Boncourt.

„ Eſtienne Jodelle ſieur du Limoudin , Pariſien ,
„ eſt le premier de nos Poëtes François qui ait
„ donné dans notre Langue la Tragedie & la Co-
„ medie ; la nouveauté de ce Spectacle fit la meil-
„ leure partie de ſa réputation , & fit parler de lui
„ par toute la France. Il ne méditoit rien , & ſa

„ main ne pouvoit suivre la promptitude de son
„ esprit ; la plus longue & la plus difficile de ses
„ Piéces de Théatre ne l'occupa jamais plus de
„ dix matinées. Dans sa premiere jeunesse on lui
„ vit composer par gageure en une seule nuit plus
„ de cinq cens Vers Latins. Il mourut au mois de
„ Juillet 1573. âgé de 41. ans. Ses Tragedies
„ sont *Cleopatre captive*, & *Didon se sacrifiant* ;
„ ses Comedies sont *Eugene, les Mascarades, & la*
„ *Rencontre.* Il ne fit rien imprimer de son vivant ;
„ mais un an après sa mort on vit paroître à Paris
„ le premier volume de ses Mélanges, qui outre
„ plusieurs autres ouvrages , contient ses deux
„ Tragedies. On imprima ensuite ses Contre-
„ Amours , &c.

Euloge ou le danger des Richesses. Tragi-Comedie en
trois Actes de Vers du P. du C. . . . . . . représentée
par les petits Pensionnaires du College de Louis
le Grand à Paris le deux Juin 1725. une Drame
Comique intitulée *les Cousins*, servit d'intermede
à cette Tragi Comedie.

L'Eunuque. Comedie de M. de la Fontaine en 1654.
Terence a fait une Comedie de l'Eunuque , qui a
été traduite par Baïf Poëte sous le Regne de
Charles IX., laquelle ne fut point représentée ,
parce qu'il n'y avoit pas encore alors de Comediens à Paris. Voyés *le Muet.*

Eurimedon ou l'illustre Pirate. Tragi-Comedie de
M. des Fontaines en 1637.
     „ Les autres Piéces de cet Auteur sont *Belisaire,*
„ *Orphise, S. Alexis, Hermogene & la vraye sui-*
„ *te du Cid.*

Europe. Tragi-Comedie de M. le Cardinal de Richelieu ; M. Desmarets y avoit aussi travaillé. Elle
fut représentée avec une magnificence digne de ce

grand Cardinal , & fut imprimée en 1643.

M. le Brun a aussi fait une Tragedie d'Europe destinée pour être mise en Musique ; ce qu'aucun Musicien n'a encore entrepris de faire.

L'Europe. C. par un Anonyme , imprimée en 1683. Tous les Etats de cette belle partie du Monde sont introduits sur la Scene , & les défauts de chaque Nation y sont caracterisés. Cette Piéce fut faite pour répondre aux Libelles qui se distribuoient en Allemagne.

L'Europe Galante. XLIII. Opera. Ballet en cinq entrées , les paroles de M. de la Motte & la Musique de M. Campra , représenté en 1697. imprimé in-fol. La premiere entrée de Venus & de la Discorde sert de Prologue ; c'est le premier Opera de M. Campra , & un des meilleurs qui ait paru depuis Lully. ,, Cet Opera fit connoître que ,, l'heureux génie de M. Campra n'étoit pas borné ,, à la seule Musique d'Eglise , & quelque réputa- ,, tion qu'il eût déja acquise par les beaux Motets ,, qu'il avoit fait chanter en l'Eglise de Paris , ce ,, nouveau genre de Musique ne lui en fit rien per- ,, dre , & justifia qu'il étoit propre à l'une & à l'au- ,, tre Musique , toujours variée & nouvelle par le ,, goût des Musiques étrangeres qu'il a sçu allier ,, aux manieres Françoises.

,, Les Opera de la composition de M. Campra ,, qui ont suivi celui-cy presque d'année en année, ,, sont , 2. *le Carnaval de Venise* , 3. *Hesione* , 4. ,, *Arethuse* , 5. *les Fragmens de Lully* , 6. *Tancrede* , ,, 7. *les Muses* , 8. *Thelemaque ou les Fragmens* ,, *des Modernes* , 9. *Alcine* , 10. *Hypodamie* , ,, 11. *les Fêtes Venitiennes* , 12. *les Amours de* ,, *Mars & de Venus* , 13. *Idomenée* , 14. *Telephe* , 15. *Camille* , 16. *le Ballet des âges.*

F.

Les Facheux. Comedie de Moliere en trois Actes de Vers, avec trois intermedes de differentes sortes de fâcheux liez à la Piéce. Elle fut représentée à la Cour au mois d'Aouſt 1661. & à Paris le quatre Novembre ſuivant. Elle fut compoſée, appriſe & repréſentée en quinze jours pour une réjoüiſſance dont perſonne n'ignore le ſujet, & qui a fait un tel éclat qu'il n'eſt pas néceſſaire d'en parler. D'abord que la toile fut levée, un Acteur parut ſur le Théatre en habit de Ville, & s'adreſſant au Roy avec le viſage d'un homme ſurpris, fit des excuſes en déſordre ſur ce qu'il ſe trouvoit là ſeul, & manquoit de temps & d'Acteurs pour donner à S. M. le divertiſſement qu'elle ſembloit attendre. En même temps au milieu de vingt jets d'eau naturelle, s'ouvrit une coquille & l'agréable Nayade qui parut dedans s'avançant au bord du Théatre, récita les Vers que M. Peliſſon avoit compoſé, ce qui ſervit de Prologue. On prétend que le Roy donna à Moliere l'idée de la Scene du Chaſſeur importun, & qu'il avoit en vûë M. de S... outre les differens caracteres de fâcheux, Moliere dit agréablement en ſon Epître Dédicatoire au Roy, qu'il ajoûte une Scene à ſa Comedie, étant une eſpece de fâcheux aſſez inſupportable qu'un Auteur qui dédie un Livre.

Les Façons du tems. Comedie repreſentée en 1685. au mois de Novembre, auquel elle eut pluſieurs repréſentations. L'Auteur qui ne voulut pas ſe nommer, étoit un homme du monde, qui en ſçavoit les manieres, & de qui même des perſonnes de naiſſance vouloient bien en recevoir des préceptes.

La Famille à la mode. Voyés *les Enfans de Paris.*

La Famille extravagante. Petite Comedie de M. le Grand en 1709.

La Famine ou les Gabaonites. Tragedie de Jean de la Taille de Bondaroy en 1601. Ce sujet est tiré de l'Ecriture Sainte, & du septiéme Livre de Joseph.

Le Fantôme amoureux. Tragi-Comedie de M. Quinaut en 1659.

Farces. On n'entreprendra pas de rapporter dans ce Catalogue les Farces anciennes dont le nombre est presque infini ; car selon du Verdier, au temps passé chacun se mêloit d'en faire, & encore de son temps les Enfans sans souci en joüoient & récitoient. Or, dit il, la Farce n'étoit que d'un Acte, & la plus courte étoit estimée la meilleure. Ces Farces étoient de petites faceties que les Enfans sans souci, les Charlatans, puis les Comediens donnoient sur l'Echaffaut en place publique, & ensuite en l'Hôtel de Bourgogne. Elles étoient remplies de pointes & de jeux grossiers, les Anciens estimoient beaucoup la Farce de Pathelin. Voyés l'*Avocat Pathelin*, les farces de Tabarin, de Turlupin, de Gauthier-Garguille, du Gros-Guillaume & de Guillot Gorju, sont les plus connuës. Voyés à la lettre du nom de chacun de ces Farceurs.

Le Faucon. Trois Comedies sont sous ce titre. La premiere en un Acte de Prose de Mademoiselle Barbier, représentée au Théatre François en 1718. La seconde aussi en un Acte de M. Fuselier, joüée au Théatre Italien au mois d'Aoust 1719. La troisiéme intitulée *les Oyes de Bocace*, de M. de Lisle. Elle est en trois Actes avec un Prologue & des divertissemens, & fut représentée au Théatre Italien au mois de Février 1725.

Le Favori. Tragi-Comedie de Madame de Ville-dieu en 1665.

La fauſſe Apparence. Comedie de M. Scaron en 1663.

La fauſſe Belle-mere. Comedie en trois Actes du ſieur Dominique, joüée en Province en 1712. Elle eſt imprimée.

La fauſſe Clelie. ou l'Inconnuë. Comedie de M. N......

Une avanture ſinguliere donna l'occaſion & le ſujet de cette Comedie. Un Préſident du Parlement de Grenoble étant devenu amoureux de la Moliere, s'adreſſa à une femme nommée la Ledoux, dont le mêtier étoit de procurer du plaiſir à ſes connoiſſances. Cette bonne Dame crut que pour l'épargne, elle pourroit ſubſtituer & mettre en la place de la Moliere une nommée la Tourette, qui reſſembloit ſi parfaitement à la femme de Moliere, qu'il étoit malaiſé de ne ſi pas méprendre. En effet, elle en ſoutint ſi bien le perſonnage, que le Préſident y fut trompé. Mais malgré la défenſe que cette fauſſe Moliere lui fit de lui parler ſur le Théatre, un jour ayant parlé à la véritable dans ſa Loge, toute la fourbe fut découverte. La Ledoux & la Tourelle furent condamnees au foüet ; ce qui fut executé devant l'Hôtel de Guenegaud où logeoit Moliere. Voyés dans la Comedie de l'*Inconnu* l'alluſion qui eſt faite à cette Hiſtoire dans les Vers que la Bohemiene dit à la Comteſſe qui étoit repréſentée par la Moliere.

La fauſſe Comteſſe. Petite Comedie de M. d'Alainval en 1726.

La fauſſe Coquette. Comedie en trois Actes de M.

de B. repréſentée au Théatre Italien en Décembre 1694.

La Fauſſe Magie. Comedie en trois Actes de M. de Montcrif, repréſentée au Théatre Italien au mois de May 1719.

La Fauſſe Prude. Trois Comedies ſont ſous ce titre. La premiere de M. Palaprat. La ſeconde auſſi intitulée *la Coquette,* en cinq Actes du ſieur Baron en 1680. La troiſiéme étoit deſtinée pour le Théatre Italien. C'eſt cette derniere Piece qui pour des raiſons, qu'on n'a pas publié, fut cauſe de la clôture du Théatre Italien. Le Lieutenant de Police par ordre du Roy, leur ayant fait défenſes de donner à l'avenir aucunes repréſentations, mit le Sceau ſur les portes du Théatre & des Loges au mois de May 1697.

La Fauſſe Suivante ou le Fourbe puni. Comedie de M. Marivaux. Elle eſt en trois Actes avec des divertiſſemens, imprimée & très-bien reçuë du Public ſur le Théatre Italien au mois de Juillet 1724.

La Fauſſe Turquie. Comedie de M. Montfleury.

La Fauſſe veuve. Petite Comedie en Vers de M. Nericaut Deſtouches. Elle n'eut point de ſuccès.

Les Fauſſes Veritez. Comedie de M. de Douville en 1643. Cette Piéce eſt tirée du Calderon Poëte Eſpagnol.

Le Faux Alexandre. Tragi-Comedie de M. Scaron, qui l'a laiſſée imparfaite.

Le Faux Damis ou le Mariage fait & rompu. Comedie en trois Actes de Vers de M. Dufreſny, repréſentée au Théatre François en Février 1721. Cette Piéce eut de la réüſſite, & eſt la derniere de ſes Piéces joüées de ſon vivant.

Charles Riviere Dufreſny étoit Valet-de-Chambre

,, Chambre du Roy, Controlleur de ſes Jardins
,, & ſon Penſionnaire. C’étoit un eſprit enjoüé,
» vif & très-original ; d’ailleurs Philoſophe par
,, raport aux biens de la fortune, & non aiſé
,, malgré les bienfaits du feu Roy, qui l’avoit ho-
,, noré d’une protection particuliere. Il ſucceda à
,, M. de Viſé pour la compoſition du Mercure.
;, Son talent le plus marqué & celui pour lequel il
,, avoit le plus de penchant, étoit le Dramatique
,, Comique. Il mourut à Paris le ſix Octobre
,, 1724. dans la 75ᵉ. année de ſon âge. Il travailla
,, d’abord pour l’ancien Théatre Italien, auquel il
,, donna par lui ſeul ou en ſocieté avec M Regnard,
,, ou quelqu’autre, les pieces ſuivantes ; *l’Opera de
,, Campagne, l’Union des deux Opera, les Chinois, la
,, Baguette de Vulcain, les Adieux des Officiers,
,, les Malaſſortis, le Départ des Comediens, At-
,, tendez-moi ſous l’orme, la Foire Saint-Germain,
,, les Momies d’Egypte, Paſquin & Marforio &
,, les Fées ou les Contes de ma mere l’Oye.* Ses Co-
,, medies en Proſe joüées ſur le Théatre François,
,, ſont *le Negligent, Sancho Panſa, le Joüeur,
,, l’Eſprit de contradiction, la Maladie ſans ma-
,, ladie, la Nôce interrompuë, le faux bonnête
,, homme, le Bailly Marquis, le faux Inſtinct, le
,, double Veuvage, la Joueuſe, le Jaloux honteux
,, de l’être, le Portrait, & le Faux ſincere.*
,,   Ses Comedies en Vers ſont, *le Lot ſuppoſé, la
,, Reconciliation Normande, le dédit, le Mariage
,, fait & rompu ou le faux Damis.*
,,   ,, Les Piéces qui de ſon conſentement & à la
,, ſollicitation de deux enfans qu’il avoit eu de ſon
,, premier mariage, furent brûlées quelques jours
,, avant ſa mort, étoient *les Domino* en un Acte,
,, *les Vapeurs* en un Acte, *le Superſtitieux,* le

I

„ *Valet Maître*, chacune en cinq Actes , & *l'E-*
„ *preuve* en trois Actes avec des intermedes qu'il
„ comptoit donner inceſſamment au Public. Ses
„ œuvres ont eté imprimées à Paris en 1731. en
„ ſix volumes in-12.

Le Faux Demetrius. Tragedie de M.

Le Faux honnête Homme. Comedie en trois Actes
de Proſe de M. Dufreſny , joüée ſans ſuccès au
Théatre François au commencement du Carême
1703.

Le Faux Inſtinct. Comedie en trois Actes de Proſe
du même M. Dufreſny 1707.

Le Faux Sçavant Comedie en trois Actes de Proſe , avec un Prologue de N. . . . . . Cette Piéce
ne fut joüée que quatre fois au mois de Juin
1728.

Le Faux Sincere. Comedie en cinq Actes de Vers ,
ouvrage poſthume de M. Dufreſny , joüée avec
quelque ſuccès au mois de Juin 1731. pendant
un voyage de Fontainebleau en l'abſence des
principaux Comediens François.

Les Faux Moſcovites. Comedie en un Acte de Vers
du ſieur Poiſſon l'ancien en 1669.

Federic. T C. de M. Claude Boyer en 1660.

Les Fées. Les Contes des Fées autrefois ſi à la mode , fournirent les ſujets de deux Comedies, l'une
auſſi intitulée *les Contes de ma mere Loye* en un
Acte par Mrs Dufreſny & Dominique , joüée au
Théatre Italien en Mars 1697. l'autre du ſieur
d'Ancour en trois Actes de Proſe avec autant
d'intermedes & un Prologue , repréſentée au
Théatre François au mois d'Octobre 1699.
„ L'Auteur par un Epître en Vers dédia cette
„ Comedie à feu Monſeigneur le Dauphin , pour
„ le remercier d'avoir fait recevoir ſes deux filles

,, à la Comedie. l'aînée âgée de 14. ans, qui est
,, à préfent Madame F.... . La cadette à l'âge
,, de treize ans, long-temps connuë au Théatre
,, fous le nom de Mimy, & depuis fous celui de
,, Madame Deshayes ; elle a quitté le Théatre
,, depuis quelque temps.

Le Feint Aftrologue. Comedie de M. Thomas Corneille. C'eft fa feconde Piéce dont les repréfentations réüffirent au Théatre de l'Hôtel de Bo r-
gogne. L'original de cette Comedie eft celle du
Calderon, fous le même titre *el Aftrologo Fingido*.

Le Feint Campagnard. Comedie de M. Pafferat
,, 1695. Il a encore donné la Paftorale d'*A-*
,, *marillis*, & la Comedie de *l'heureux accident*.

Le Feint Polonois 1686.

La Feinte mort de Jodelet. C. de M. Brecourt 1660;
,, Guillaume Brecourt Comedien de la Trou-
,, pe du Roy, eft Auteur de quatre autres
,, Piéces de Théatre, qui font *la Nôce de Village*,
,, *le Jaloux invifible*, *l'Ombre de Moliere*, *& le*
,, *Timon*. En l'année 1678. ce Comedien étant
,, à la Chaffe du Roy à Fontainebleau, joüa une
,, affez longue Scene avec un Sanglier qui l'at-
,, teignit à la botte & le tint long-temps ; mais
,, lui ayant enfoncé fon épée jufqu'à la gar-
,, de, il mit ce furieux animal hors d'état de fe
,, faire craindre. Cet Acteur n'avoit jamais joüé
,, un Rolle plus grand ni plus honorable devant le
,, Roy, qui eut la bonté de lui demander s'il n'é-
,, toit point bleffé, & de lui dire, qu'il n'avoit ja-
,, mais vû donner un fi vigoureux coup d'épée.

Felifmene. Tragi-Comedie de Hardy.

La Femme d'intrigue. Comedie du fieur d'Ancour
en cinq Actes de Profe, joüée au commencement
de Février 1692. ,, Ce fut dans le cours des re-

,, préfentations de cette Piéce , c'eft-à-dire au
,, mois de Mars de cette année 1692. que mourut
,, le fieur la Grange excellent Comedien. Il laiffa
,, plus de cent mille écus , & fut enterré honorable-
,, ment en la Paroiffe Saint André des Arcs.

La Femme fidelle ou les apparences trompeufes. Comedie du Sr Dominique en 3. Actes, joüée en Province 1710. Cette Piéce qui eft imprimée eft une traduction de la C. Italienne de l'Adultere innocente.

La Femme fille & veuve. Comedie du fieur le Grand
en un Acte de Vers , joüée au mois de May
1707.

La Femme jaloufe. Comedie de M. Jolly en trois
Actes , joüée au mois de Décembre 1726. C'eft
une traduction d'une Comedie Italienne qui eft la
premiere que le Sr Lelio ait fait en France , & qui
fut joüée en Italien en Juin 1716. Cette traduction eft imprimée.

La Femme induftrieufe. Comedie du fieur Dorimond
Comedien du Marais en 1661.

La Femme Juge & Partie. Comedie de M. Montfleury. Cette Piéce fut joüée en 1668. fur le
Théatre de l'Hôtel de Bourgogne , où elle fut
fuivie & applaudie , malgré la diverfion que faifoit
alors le Tartufe , dont elle balança le fuccès.

La Femme têtuë ou le Medecin Hollandois. Par un
Anonyme en 1685.

La Femme vangée. C. fur l'ancien Théatre Ital. 1689.

Les Femmes Coquettes. C. de M. Poiffon l'ancien en
cinq Actes de Vers, repréfentée en 1679.

Les Femmes Sçavantes. Comedie en cinq Actes de
Vers , joüée à la Cour en 1672. Le filence du
Roy caufa à Moliere le même chagrin qu'à fon
Bourgeois Gentilhomme ; car ce ne fut qu'à la fe-
conde repréfentation qui en fut donnée à S. Cloud

que Sa Majesté dit à Moliere qu'à la premiere fois il avoit autre chose dans l'esprit qui l'avoit empêché d'observer sa Piéce, mais qu'elle étoit très-bonne, & qu'elle lui avoit fait beaucoup de plaisir. Ainsi il la donna avec confiance au Public le 11. Mars de cette année 1678. Le Trissotin de cette Piéce acheva ce que la Satire avoit déja commencé au sujet de l'Abbé Cottin. Cette charmante Scene de Trissotin & de Vadius est d'après nature ; car le Sonnet d'Amarante se trouve dans la seconde partie des œuvres de l'Abbé Cotin. Etant allé le montrer à Mademoiselle, comme il achevoit de le lire, Menage entra. Mademoiselle le fit lire à Menage sans lui en dire l'Auteur, Menage la trouva détestable ; & là-dessus nos deux Poëtes se dirent l'un à l'autre les douceurs que Moliere a si agréablement mit sur laScene.Une autre remarque à faire, est que cette Comedie qui est une des bonnes de cet illustre Auteur, est presque la seule qui ait un dénoüëment heureux ; c'est pourquoi aux autres Piéces de Moliere les gens du bel air avoient coûtume de sortir avant le dénouëment.

La Festa Theatrale della finta Pazza. Opera. C'est le premier qui ait été représenté en France. Il fut executé en 1645. au petit Bourbon. Le Cardinal Mazarin fit venir exprès des Musiciens d'Italie ; ce n'étoit encore qu'une ébauche qui s'est bien perfectionnée dans la suite par l'habileté des Poëtes & des Musiciens.

La Fête de la Seine. Divertissement composé en Vers lyriques par M. Boursaut, & mis en Musique pour une Fête donnée à Madame la Duchesse de Brunsvik en sa Maison d'Asnieres.

La Fete de Venus. Pastorale de Claude Boyer en 1669.

La Fête de Village. Comedie du sieur d'Ancour, en trois Actes de Prose avec un divertissement, representée au mois de Juillet 1700. Dans la reprise qui en fut faire en 1724 son ancien titre a été changé en celui *des Bourgeoises de qualité.*

Les Fêtes de l'Amour & de Bacchus IIIe. Opera. C'est une Pastorale ajustée par M. Quinaut des fragmens de differens Ballets, dont Mrs. Lully & Desbrosses avoient faits la Musique pour le Roy, le sieur Vigarany Gentilhomme Modenois eut la conduite des Machines. C'est le premier Opera de M Lully, auquel, après la cession à lui faite par l'Abbé Perrin de son Privilege, le Roy accorda de nouvelles Lettres Patentes en 1672. & pour n'avoir rien à démêler avec les associez de l'Abbé Perrin, M. Lully ne voulut pas se servir de leur Théatre de la ruë de Guenegaud, & en fit construire un nouveau dans le Jeu de Paume de Belair ruë de Vaugirard près le Luxembourg, où cet Opera fut representé depuis le quinze Novembré 1672 jusqu'en Juillet de l'année suivante Dans une des représentations que le Roy honora de sa présence, M le Grand, Messieurs les Ducs de Montmouth, de Villeroy & M. le Marquis de Rassen danserent une entrée, avec les sieurs Beauchamps, Saint-André, Favier l'aîné & la Pierre. Cet Opera est imprimé in-fol.

Les Fêtes de l'Eté. XC. Opera Ballet, dont les Vers sont de Mrs de la Grange & Roy, & la Musique de M. Mouret, representé au mois de Mars 1716. imprimé in-fol.

La Parodie de cet Opera fut jouée au Théatre Italien en Septembre 1719. sous le titre *du Pe-*

lerinage de la Foire & des plaifirs de la Campagne, en un Acte, par le fieur Dominique.

Les Fêtes du Cour. Comedie du fieur d'Ancour en un Acte & un Prologue, repréfentée en 1714. Les Bals qui fe donnoient en ce temps dans les Champs Elifées aux flambeaux qu'on appelloit les Nuits blanches, occafionnerent cette petite Piéce qui eft accompagnée d'airs, & fuivie d'un divertiffement de Mufique.

Les Fêtes Galantes. XLV. Opera Ballet, dont les Vers font de M. Duché, & la Mufique de M. Defmareft en trois entrées, outre le Prologue qui eft entre Thalie, Bacchus & Comus. Il fut repréfenté en 1698. & imprimé partition in-4º. L'Auteur des paroles avoit eu intention de donner à ce Ballet le titre de l'Europe Gal. deux ans avant que le hazard eût fait tomber mes caracteres dans l'efprit de deux perfonnes, qui pour lors ne fe connoiffoient pas.

Les Fêtes Grecques & Romaines. CI. Opera, dont les paroles font de M. Fuzelier, & la Mufique de *M. Colin de Blamont , qui a auffi fait celle d'Endimion.* Ce Ballet des Fêtes Grecques fut repréfenté en Juillet 1723. Le Prologue repréfentoit le Temple de Mémoire, Clio Mufe de l'Hiftoire y invitoit fes Eleves à travailler fur les fujets qu'elle leur fourniffoit ; ainfi les fujets des trois entrées font pris de l'Hiftoire , ce qui n'avoit pas encore eu d'exemple fur ce Théatre , les Opera jufqu'alors n'ayant été tirés que de la Chronique des Amadis , de l'Ariofte, du Taffe, des Métamorphofes d'Ovide , &c. Dans la premiere entrée font célébrés les Jeux Olympiques, Alcibiade en eft le Heros ; la feconde eft l'entrevûë de Marc Antoine & de Cleopatre , les Baccha-

nales en font le divertiſſement ; dans la troiſiéme ,
les Saturnales ſont fêtées, & le ſujet repréſente
les Amours de Catule & de Delie niéce de Mecene. Mlle Richallet Eleve de Mlle Prevoſt, débutta dans cet Opera.

Ce Ballet avoit été compoſé pour être repréſenté ſur le Théatre des Thuilleries. L'Auteur animé de l'honneur d'amuſer le Roy dans un temps
où il vouloit bien embellir les Spectacles, en
daignant s'y mêler lui-même, avoit imaginé de
l'amener dans un divertiſſement digne d'un auſſi
grand Roy, qui dans les Saturnales auroit paru
ſous le nom d'Auguſte, à qui Mecene auroit donné une Fête.

Les roſes de Thalie. LXXXV. Opera dont les Vers
ſont de M. de Lafond, & la Muſique de M.
Mouret repreſenté en Aouſt 1714. La Scene du
Prologue eſt le Théatre même de l'Opera, & les
perſonnages ſont Apollon, Melpomene & Thalie.
Le Ballet eſt diviſé en trois entrées, compoſées
chacune d'une petite Comedie, la premiere intitulée *la fille*, la ſeconde, *la Veuve*, la troiſiéme, *la
Femme*. C'eſt le premier Opera où l'on ait vû des
femmes habillées à la Françoiſe, & des Confiden-
tes du ton des Soubrettes de la Comedie. Le Public en fut d'abord allarmé ; cependant il y vint
en foule, mais preſque à contre-cœur. L'Auteur
dit qu'il ſe fit conſcience de divertir ainſi les gens
malgré eux, c'eſt pourquoi il ſe dépêcha de faire
lui-même la Critique de ſon ouvrage, où il donna
le mérite du ſuccès à la Muſique & à la Danſe.
Cet Opera eut quatre-vingts repréſentations quoiqu'on y regrettât *les Demoiſelles Journet, Heuſé
& Pouſſin.* Leurs Rolles furent remplacés par les
Demoiſelles Antier, Minier, & Toulou, une nou-

velle entrée de la Provençale fut ajoûtée à ce Ballet à une reprise faite en 1722.

„ Ce Ballet des Fêtes de Thalie est le premier „ Opera de la composition de M. Mouret Musi-„ cien de la Chambre du Roy & Directeur du „ Concert spirituel. Ceux par lui donnez depuis „ font les *Fêtes de l'Eté, Ariane & Thefée, Pi-*„ *rithoüs, les Amours des Dieux & le Ballet des* „ *sens.*

Les Fêtes Venitiennes. LXXV. Opera, dont les paroles font de M. Danchet, & la Musique de M. Campra. Ce Ballet fut représenté 66. fois fans interruption depuis le 17. Juin 1710. & a été remis au Théatre à diverses fois. Le Prologue a pour sujet *le Triomphe de la Folie fur la Raifon pendant le Carnaval;* la premiere entrée est *la Fête des Bacqueroles,* qui fe fait à Venife par les Gondoliers qui luttent les uns contre les autres pour un prix proposé. La feconde, font *les Joüeurs dans la Ridotte* où ils s'affemblent la nuit, entremêlée d'une Serenade. La troifiéme est l'*Amour faltinbanque* dans la Place Saint-Marc.

Les Auteurs excitez par les applaudiffemens, ajoûterent à cet Opera quelques nouvelles Entrées; fçavoir.

La Fête Marine, qui fut fubftituée le huit Juillet 1710. à celle des *Bacquerolles.*

Le Bal, autre nouvelle entrée qui fut donnée le huit Aouft de la même année 1710. en la place du Prologue, & placée après la premiere entrée.

Les Devins de la Place Saint-Marc fubftitués à l'entrée de la Serenade le cinq Septembre 1710.

L'Opera, autre nouvelle entrée donnée le quatorze Octobre fuivant, au lieu de *la Fête Marine.* Cette entrée est compofée d'un Prologue entre un Maître de Chant & une Actrice ; enfuite eft le petit Ballet de Zephire & Flore. En ce même temps on mit ce Ballet en un nouvel ordre ; on en remit le Prologue, & pour premiere entrée les Devins ; pour feconde, l'Amour faltinbanque ; pour troifiéme, l'Opera ; pour quatriéme, le Bal ; depuis on y ajoûta encore la Comedie du *Triom-pne de l'Amour & de la Folie*. Toutes les en-trées font imprimées partition in-4°.

„ Le fieur Chaffé débutta dans une reprife de „ cet Opera au mois d'Aouft 1721.

Le Feftin de Pierre Tous les Théatres de Paris ont joüé chacun une Comedie du Feftin de Pierre. Le Théatre du Marais en avoit même deux ; l'une du Sr Dorimond en vers en 1665 & l'autre du Sr Rofimond, repréfentées en 1670. L'Hôtel de Bourgogne avoit le Feftin de Pierre du fieur de Villiers qui fut repréfenté en 1659. Le Théatre du Palais Royal avoit celui de Moliere, dont nous allons parler. L'ancien Théatre Italien en avoit un des Scenes Françoifes & Italiennes. Le nou-veau Théatre Italien en a un tout en Italien en trois Actes, repréfenté au mois de Janvier 1717. Une Comedie Efpagnole eft l'original de tous ces Feftins de Pierre.

Le Feftin de Pierre, ou Dom Juan. Comedie en Profe de Moliere, fut repréfentée à Paris au mois de Fevrier 1665. Comme cette Comedie traitoit de matieres de Religion, lefquelles jufqu'à pré-fent n'avoient pas été eftimées du reffort du Théa-tre, les jugemens furent différens, & Moliere qui avoit hazardê cette Piéce, eut la prudence de ne la pas faire imprimer. On en fit dans ce temps une très mauvaife Critique, & le fieur de Rochemont publia des obfervations fur cette Piéce. Enfuite,

c'eſt-à-dire en 1677. M. Thomas Corneille mit
en Vers la Proſe du Feſtin de Pierre, en adouciſſant certaines expreſſions qui avoient bleſſé les
ſcrupuleux, dans tout le reſte il a ſuivi la Proſe
aſſez exactement, à l'exception des Scenes du troiſiéme & cinquiéme Acte, où il a fait parler des
femmes qui ſont des Scenes ajoûtees à l'original.
C'eſt cette Comedie en Vers qui eſt aujourd'hui
repréſentée au Théatre François.

Le Feu d'Artifice, ou la Piéce ſans dénoüement. Comedie en un Acte avec des divertiſſemens, par les
ſieurs Dominique & Romagneſy. Elle fut joüée
avec quelque ſuccès au mois de Septembre 1729.

La Fidelle. Comedie de Pierre de la Rivey 1579.

Le Fidele Eſclave 1662. par Vallée.

La Fidelle Tromperie. T. de *M. Gougenot* 1633. *Il
eſt encore Auteur de la Comedie des Comediens.*

La Fille Capitaine. Comedie en cinq Actes de Vers
de M Montfleury; elle eut une grande réuſſite à
l'Hôtel de Bourgogne en 1669.

La Fille de bon ſens. Comedie en trois Actes de M.
Palaprat; elle fut repréſentée avec un ſuccès médiocre ſur l'ancien Théatre Italien au mois de Novembre 1692.

La Fille Indocile. Comedie du P. de la S........
1727. repréſentée au College des Jeſuites à Paris au mois de Février 1727.

La Fille inquiete, ou le beſoin d'aimer. Comedie en
trois Actes avec des divertiſſemens par M. Autreau. Quoique cette Piéce n'ait eu qu'une ſeule
repréſentation au Théatre Italien le deux Décembre 1723, cependant l'Auteur a jugé à propos
de la faire imprimer pour ſe juſtifier contre un
Parterre tumultueux, qui avoit empêché que ſa
Piéce n'eût été entenduë & peut-être applaudie;

il eſt vrai que l'Edition fut venduë en peu de tems.

La Fille Précepteur. Comedie du ſieur le Grand, joüée en Province.

La Fille retrouvée, ou l'Heroïne des Romans. Comedie repréſentée ſans ſuccès au mois de May 1713.

La Fille Sçavante. Comedie repréſentée ſur l'ancien Théatre Italien 1690.

La Fille Valet. Comedie en un Acte, joüée ſans ſuccès en 1712.

Le Filles errantes. Comedie joüée ſur l'ancien Théatre Italien par M. Regnard 1690.

Le Fils déſavoüé, ou le Jugement de Theodoric Roy d'Italie. T C. de M. Guerin en 1641.

Le Fils déſintereſſé. Comedie en 5. Actes de M. Deſainville. Cette Piéce n'a pas été joüée.

Le Fils malheureux 16 .... *par le Bigre.*

Le Fils ſuppoſé. Il y a deux Piéces ſous ce titre, l'une de M. Scudery en 1636. & l'autre de Claude Boyer en 1672.

Les Fils ingrats. Comedie de M. Piron. Elle eſt en Cinq Actes de Vers, & fut repréſentée au Théatre François au mois d'Octobre 1728. L'Auteur avoit eu intention de donner à ſa Piéce le titre de l'*Ecole des peres* ; mais ce titre déplut aux Comediens à cauſe de quelques Piéces peu goûtées, données en ce temps ſous le titre d'*Ecole.* L'Auteur a depuis corrigé quelques endroits de ſa Piéce qui avoient été cenſurez.

Le Flateur. C. en 5. Actes de proſe de M. Rouſſeau; elle fut donnée au Public en 1695. elle uaroit plus réuſſi ſi elle avoit eu plus d'action, & que le principal caractere eût été moins odieux. Elle n'eut pas un ſuccès plus brillant à la repriſe qui en fut faite en 1717. L'Auteur l'a miſe depuis en Vers.

Le. Flateurs trompés 169 ... Anonime.

Le Fleuve d'Oubly. C. du sieur le Grand en un Acte
& un divertissement, représentée au Théatre Italien
avec quelque sorte de succès en Septembre 1721.

Le Florentin. Comedie de M. la Fontaine en un
Acte. Cette petite Piéce est sur le Catalogue de
celles qui se donnent au Public.

„ Jean de la Fontaine étoit de Château-Thierry.
„ Il fut reçu à l'Academie Françoise au mois de
„ May 1684. Sur la Vie & le caractére d'esprit
„ de M. la Fontaine voyés la suite de l'Histoire
„ de l'Academie Françoise par M. l'Abbé d'Oli-
„ vet. Ses Fables passent pour son chef-d'œuvre;
„ ses Contes seroient fort estimables s'ils étoient
„ moins licentieux. Ses Piéces Dramatiques ont été
„ moins heureuses; elles consistent en six C. & un
„ Opera. Ces Comedies sont *l'Eunuque, le Floren-*
„ *tin, je vous prends sans verd, la Coupe enchan-*
„ *tée, le Veau perdu, Ragotin, ou le Roman Co-*
„ *mique & l'Opera d'Astrée,* outre deux Actes
„ d'un autre Opera intitulé, *les Amours d'Acis &*
„ *de Galatée;* ce furent ces deux Actes qui broüil-
lerent la Fontaine & Lully sur lequel il fit le Conte
du Florentin. On a encore de lui une Histoire
„ de Psiché en Prose, & quelques autres Ou-
„ vrages recueillis & imprimés depuis quelques
„ années avec des vignettes & bordures magnifi-
„ ques. Il mourut à Paris chez Madame d'Her-
„ vart ruë Platriere en 1695. âgé de 76. ans. &
., fut enterré dans le Cimetiere de Saint Joseph,
„ en l'endroit même où Moliere avoit été mis
„ 22. ans auparavant.

Flore. Ballet dont les vers sont de M. de Benserade.

Florimonde. Tragi-Comedie de M. Rotrou. C'est sa
derniere Piéce qui fut représentée en 1654.

„ Jean Rotrou étoit de Dreux. Il fut Lieutenant

» Particulier au Comté & Bailliage de cette Ville.
» Il s'eſt diſtingué du commun des Poëtes de ſon
» temps , & les Maîtres de l'Art en font encore
» aujourd'hui beaucoup d'eſtime , ſur tout en ce
» qui concerne la pratique reguliere du Théatre.
» M. Corneille appelloit ordinairement M. Ro-
» trou ſon pere : il étoit grand dépenſier, par
» conſéquent mal à ſon aiſe ; & lorſqu'il étoit
» preſſé d'argent, il faiſoit une Piéce en deux
» nuits. Nous en avons recueilli juſqu'au nombre
» de 37. ſes œuvres, n'ayant point été raſſemblés
» en un Théatre ou Recueil. Le nombre de ſes Pié-
» ces , & la précipitation avec laquelle la plûpart
» furent compoſées , n'empêchent pas qu'on n'y
» trouve beaucoup d'élevation dans les penſées ,
» l'expreſſion d'ailleurs répondant à la nobleſſe de
» l'imagination. Ces Piéces, ſuivant l'ordre de leur
» compoſition, ſont , 1. l'*Hypocondre ou le Mort*
» *amoureux*. 2. la *Bague de l'oubli*. 3. *Diane*. 4.
» *Doriſtée & Cleagenor*. 5. *les occaſions perduës*.
» 6. *l'heureuſe Conſtance*. 7. *Celimene*. 8. *Her-*
» *cule mourant*. 9. *les Menechmes*. 10. *Celiane*.
» 11. *la Pelerine amoureuſe*. 12 *l'innocente infi-*
» *delité*. 13. *Philandre*, 14. *Ageſilan de Colchos*.
» 15. *Clorinde*. 16 *l'heureux Naufrage*. 17.
» *Amelie*. 18. *les Soſies* 19. *Alphrede*. 20 *An-*
» *tigone ou la Thebaïde*. 21. *Laure perſecutée*.
» 22. *Chriſante*. 23. *les Captifs*. 24. *Iphigenie*.
» 25. *Clarice*. 26. *Beliſaire* 27. *Celie ou le Vice-*
» *Roy de Naples*. 28. *la Sœur genereuſe*. 29 *Dom*
» *Alvare de Lune*. 30. *Dom Bernard de Cabrere*.
» 31. *S. Geneſt*. 32. *Venceſlas*. 33. *Coſroés*. 34.
» *Dom Lopés de Cardone*. 35. *Amarillis*. 36. *les*
» *deux Pucelles*. 37. *Florimonde*.

Floriſe ravie. Par M. Cormeil 1632.

La Foire d'Ausbourg du P. Colonia J. 1693.

La Foire de Bezons. Comedie du sieur d'Ancour, représentée en Aoust 1695. Cette petite Piece fut couruë & applaudie. Voyés *le retour de Bezons.*

La Foire des Fées. Voyés *la Force de l'Amour.*

La Foire S. Germain. Nos deux Théatres ont chacun une Comedie de la Foire S. Germain ; celle du Théatre Italien qui est de Mrs Renard & Dufresny, fut joüée au mois de Décembre 1695. on y ajoûta la Scene des Carosses. Ce qui y donna lieu fut l'avanture de deux Dames, qui chacune dans un Carosse, s'étant rencontrées dans une ruë de Paris trop étroite pour donner place aux deux Carosses de passer de front, ne voulurent reculer ni l'une ni l'autre, & ne cesserent d'embarasser la ruë jusqu'à l'arrivée du Commissaire, qui pour les mettre d'accord, les fit reculer en même temps chacune de son côté. La Comedie de la Foire S. Germain du Théatre François est du sieur d'Ancour. Elle fut joüée au mois de Janvier 1696.&eut moins de succès que celle des Italiens.

La Foire des Poëtes. Comedie en un Acte des sieurs Dominique & Romagnesy, joüée en Sept. 1730.

La Foire S. Laurent. Comedie du sieur le Grand en un Acte de Vers avec un divertissement, joüée au Théatre François en 1709. On y contrefaisoit le sieur le Rat montreur de bagatelles à la Foire, qui s'en revancha à sa maniere.

La Foire renaissante. C'est un acte de Vaudevilles par les Srs Lelio pere&Dominique, joüée enJan.1729

La Folie du Sage. Tragi-Comedie de M. Tristan en 1645. in-4°.

La Folie du Silence, imprimée en 1625.

Les Folies amoureuses. C. de M. Renard en 1704. elle est en 3. Actes de Vers, avec un divertissement &

un Prologue entre le sieur d'Ancour & les De-moiselles Beauval & des Brosses. On retranche ce Prologue dans les reprises fréquentes qui sont faites de cette divertissante Piéce.

Les Folies de Cardenio. M. Pichou avoit traité en 1629 ce sujet qui est tiré du Dom Quichotte. Pendant la minorité du Roy, M. Coypel a donné une Comedie de Cardenio en trois Actes avec des intermedes, qui fut représentée sur le Théatre de la Salle des Thuilleries. Le Spectacle en étoit des plus beaux & des plus magnifiques; le Roy y dansa seul plusieurs entrées, & les jeunes Seigneurs de sa Cour s'y distinguerent par leur danse.

Les Folies d'Octave. Comedie représentée sur l'ancien Théatre Italien au mois de Novembre 1688.

„ Le sieur Octave Comedien Italien, étoit fre-„ re de Mezetin, tous deux enfans de Gradelin. „ Il commença à paroître avec succès dans cette „ Piéce; il y chantoit, dansoit, & joüoit de huit „ sortes d'instrumens.

La Folle Enchere. Petite Comedie joüée en May 1690. Quoique cette Piéce paroisse sous le nom du sieur d'Ancour, elle est cependant de M. M. V.

La Folle Gageure ou les Divertissemens de la Comtesse de Pembroc. C. de M. l'Abbé de Boisrobert 1653. Cette Piéce se trouve dans le Théatre François ou Recueil des meilleures Piéces des anciens Auteurs, elle est tirée de Lopé de Vega.

La Folle Querelle. Voyés *Andromaque.*

La Folle raisonnable. Comedie du sieur Dominique en un Acte & un divertissement, joüée en Janvier 1725. C'est le même sujet des Folies amoureuses.

Les Folles Amours. Petite Comedie par un Anonyme.

Les Fonds

Les Fonds perdus. Comedie en trois Actes de Profe du fieur d'Ancour, joüée au mois de Juin 1686. C'eft la premiere Piéce de fon Théatre que quelques Critiques nommoient fon Echafaud.

La Fontaine de Sapience. Comedie de B. repréfentée au Théatre Italien en Juillet 1694.

La Force de l'Amour & la Foire des Fées. Ce font deux Comedies chacune en un Acte, avec un divertiffement intitulé *le Dieu du hazard.* Ces deux petites Piéces qui font de Mrs le Sage, Fufelier & Dorneval, font imprimées au cinquiéme Volume du Théatre de la Foire, & furent repréfentées en Aouft 1722. à la Foire S. Laurent fur le Théatre des Comediens Italiens.

La Force du fang de Hardy 1625. Autre Comedie *de la Force du fang*, ou *le Sot toujours fot* en trois Actes avec des divertiffemens, repréfentée au Théatre Italien le 21. Avril 1721. La veuve de M. Palaprat la donna aux Comediens Italiens : une autre perfonne qui en avoit une copie qui venoit de feu M. l'Abbé de Bruys la remit à d'Ancour, qui après l'avoir retouché, lui donna le titre de la *Belle-mere.* Après quelques débats, il fut reglé que les deux Troupes en donneroient une repréfentation le même jour, & que les perfonnes qui avoient préfenté cette Piéce, joüiroient des parts d'Auteurs, mais malheureufement l'une ne fut joüée que deux fois au Théatre François, & l'autre trois fois au Théatre Italien.

Le Fou de Qualité. Comedie en un Acte de Vers du fieur Poiffon l'ancien en 1664.

Le Fou raifonnable. Comedie du même fieur Poiffon.

Les Foux divertiffans. Comedie en trois Actes de Vers du même fieur Poiffon en 1681. La Scene

K

eſt aux petites-Maiſons. C'eſt ſa derniere Piéce.
,, Raimond Poiſſon Comedien de la ſeule Trou-
,, pe du Roy, joüoit le perſonnage de Criſpin
,, qui étoit de ſon invention. Le Roy ayant pris
,, plaiſir à le voir dans une Troupe de campagne,
,, le mit à l'Hôtel de Bourgogne en 1660.
,, Il parloit bref, & n'ayant pas de gras de
,, jambes, il s'imagina de joüer en botines.
,, De-là tous les Criſpins ſes ſucceſſeurs ont bre-
,, doüillé & ſe ſont botté. L'Auteur qui a fait cette
,, remarque ajoûte, qu'il s'étonne qu'ils n'ayent
,, pas pouſſé l'extravagance juſqu'à s'agrandir la
,, bouche, parce que Poiſſon l'avoit fort large,
,, auſſi dans la petite Comedie de Deüil lui fait-
,, on dire : *Je vous répons, Monſieur, d'une bou-*
,, *che auſſi large, &c.* Son grand naturel ne le fit
,, pas ſeulement réüſſir comme Acteur original
,, & fondateur de tous les Criſpins, il ſe diſtingua
,, auſſi comme Auteur, & l'on peut dire que dans
,, ſes Piéces comme dans ſon Jeu, c'eſt la nature
,, qui parle en toutes choſes. Ses Piéces ſont 1. *Lu-*
,, *bin* ou *le Sot vangé.* 2. *le Fou de qualité.* 3. *le*
,, *Baron de la Craſſe.* 4. *l'Après-ſoupé des Auber-*
,, *ges.* 5. *les faux Moſcovites.* 6. *le Poëte Baſque.*
,, 7. *la Hollande malade.* 8. *les femmes Coquettes.*
,, 9. *les foux Divertiſſans & l'Academie Burleſque.*
,, Il ſe retira du Théatre au mois de Février 1685.
,, & mourut quelques années après, laiſſant en-
,, tr'autres enfans Paul Poiſſon ſon ſucceſſeur dans
,, les Rolles de Criſpin, qui a bien paru être le
,, fils d'un grand Maître & l'heritier de ſon beau
,, naturel, & même du bredoüillement paternel.
,, Après avoir long-temps fait le plaiſir & les dé-
,, lices du Parterre, il s'eſt retiré du Théatre vers
,, le milieu de l'année 1724. Il avoit épouſé la

„ Demoiselle du Choisy agréable Comedienne,
„ de laquelle il y a plusieurs enfans, dont ceux
„ qui interessent la matiere que nous traitons,
„ sont :

„ 1. Le sieur Poisson cy-devant Comedien,
„ Auteur des Comedies de *l'Actrice nouvelle,*
„ *du Procureur Arbitre, de la Boëte de Pandore*
„ *& d'Alcibiade.*

„ 2. Madame de Gomés dont il sera parlé à
„ l'article d'habits.

„ 3. Le sieur Poisson qui soûtient actuellement
„ le Rolle des Crispins ses ancêtres. Il débuta au
„ Theatre le 21. May 1722.

Les Foux illustres. Comedie de M. de Beys en
1653.

Le Fourbe puni. Comedie en trois Actes de M.
Marivaux, joüée au Théatre Italien en 1724.

Les Fourberies de Scapin. Comedie de Moliere en
trois Actes de Prose. Elle fut représentée pour la
premiere fois sur le Théatre du Palais Royal le
24. May 1671. M. Despreaux donna une atteinte à cette Piece par ces deux Vers.

> *Dans ce sac ridicule où Scapin s'envelope,*
> *Je ne reconnois plus l'Auteur du Misantrope.*

En effet les gens de bon goût se recrierent contre cette Piéce ; mais malgré les Critiques, le
Peuple à qui Moliere avoit eu intention de plaire,
la vit, & la voit encore avec plaisir.

Les Fragmens de Moliere. Comedie du Sr de Chammelée 1682. Voyez *l'Ombre de Moliere.*

Les Fragmens de Lully. LVI. Opera mis au Théatre
par Mrs Danchet & Campra en 1722, imprimé
partition in-4°.

C'est l'Extrait de plusieurs Musiques de M.

Lully ; le Prologue est entre Polymnie Muse de l'Eloquence, Enterpe Muse de la Musique, & Melpomene Muse de la Tragedie. Le Ballet est de quatre entrées, la premiere est une Fête Marine, la deuxiéme les Guerriers, la troisiéme la Bergerie, la quatriéme les Bohemiens. Ces entrées sont suivies du divertissement comique de Carisselly ; comme ce Ballet fut continué pendant huit mois, il s'y fit plusieurs changemens par l'addition de trois nouvelles entrées qui furent joüées successivement. La premiere fut le Triomphe de Venus tirée d'une Fête donnée à Monseigneur par Madame la Duchesse de la Ferté en son Hôtel de Paris. La seconde la Serenade Venitienne. La troisiéme le Bal interrompu.

Les Fragmens des Modernes. Voyez *Thelemaque* Opera.

Le Franc Bourgeois. Comedie par M. Valentin en 1706.

La Franciade. Tragedie de M. de Grosse-Pierre.

Francion. Tragedie de M. Gillet, représentée en 1642. & tirée du Roman de Francion de Charles Sorel par lui donné sous le nom de Nicolas du Moulinet sieur du Parc.

Le François à Londres. Comedie en un Acte de M. de Boissy ; le contraste des caracteres des François & des Anglois y est touché avec vivacité ; cette Piéce fut goûtée & suivie au Théatre François au mois de Juillet 1727.

La Françoise Italienne. Voyez *l'Impromptu de la Folie.*

Fredegonde. Tragedie de Hardy imprimée en 1625.

Frederic Roy de Sicile. T. de M. le Brun pour être

mise en Musique, ce qui n'a pas été executé.

G.

Les Gabaonites. Voyez *la famine.*

Gabinie. Tragedie Chrétienne de M. l'Abbé de Bruys. Elle fut représentée & eut du succès en 1699.

Le Galant Coureur. Voyez *l'ouvrage d'un moment.*

Le Galant doublé. Comedie de Thomas Corneille. Cette Piéce qui est sa septiéme, est tirée d'une Comedie Espagnole, & fut joüée au Théatre du Marais ; l'intrigue roule sur un Dom Fernand qui fait l'amour à deux belles sous deux noms differens.

Le Galant Jardinier. Comedie du sieur d'Ancour en un Acte de Prose avec quelques airs de M. Gilliers. Elle fut représentée au mois de Novembre 1704. & eut quelque sorte de succès.

Les Galanteries du Duc d'Ossone. Voyez *le Duc d'Ossone.*

Les Galans ridicules, ou *les amours de Guillot & de Ragotin.* Comedie en Vers, représentée sur le Théatre Royal du Marais. Cette Piéce qui est de M. Chevalier fut imprimée à Paris en 1662.

La Gallerie du Palais. Comedie de Pierre Corneille en 1634. c'est sa quatriéme Piéce qui est dans le même ordre & la même durée de cinq heures que celle de la veuve. Le titre de cette Comedie n'appartient proprement qu'au premier Acte.

Le Galimatias. C. de M. de Rosiers de Beaulieu imprimée en 1639.

Gallie. Opera satirique par un Anonyme en 1632.

Le Gardien de foi-même. C. de M. Scaron.

Gafton de Foix. T. de Billiard Sieur du Courgenay
en 1610. Il a encore compofé *Genevre, la Mort
d'Henry IV. Panthé, Polizene, Alboin, Meroüé
& Saül.*

Gauthier Garguille (*les Farces de*). ,, Ce Farceur
,, fe nommoit Hugues Gueret de Flechelles. Il
,, avoit le corps maigre, les jambes longues &
,, menuës & un gros vifage; auffi ne joüoit-il
,, jamais fans mafque, & pour lors avec une
,, grande barbe pointuë, une calote noire & plate,
,, des efcarpins noirs, des manches de frife rou-
,, ge, un pourpoin & des chauffes de frife noire,
,, il repréfentoit toujours le vieillard de la Farce.
,, Il chantoit ordinairement une chanfon, & quoi-
,, qu'elle ne valût rien pour l'ordinaire, plufieurs
,, ne venoient à l'Hôtel de Bourgogne que pour
,, l'entendre; cet homme fi ridicule à la farce,
,, ne laiffoit pas quelquefois de faire le Roy &
,, affez bien dans les Piéces férieufes à l'aide du
,, mafque & de la Robe de chambre que portoient
,, alors tous les Rois de Théatre. Il mourut âgé
,, de 60. ans; fa veuve fille de Tabarin à qui il
,, laiffa quelques biens, fe remaria à un Gentil-
,, homme de Normandie.

La Gazette. Comedie du fieur d'Ancour en un Acte,
repréfentée en Avril 1693. Ce font des Scenes
détachées de perfonnes ridicules qui s'adreffent au
Libraire correfpondant du Gazetier Hollandois,
pour faire mettre leurs extravagances dans la Gazette.

,, Ce fut pendant le cours des repréfenta-
,, tions de cette Piéce que le Théatre perdit
,, Jean - Baptifte Siret Raifin, le plus ex-
,, cellent Comique de la Scene Françoife, dont

„ Moliere avoit cultivé les heureux talens ; le
„ fieur de la Torilliere qui avoit d'abord joüé
„ quelques Rolles Tragiques & les Amans Co-
„ miques, quitta ces Rolles pour prendre les
„ Rolles Comiques de Raifin ; les Rolles à caracte-
„ res furent diftribuez à d'autres, enforte qu'il fal-
„ lut plufieurs Comediens pour remplacer ce-
„ lui-cy.

Les Genereux Ennemis. Comedie de M. l'Abbé de
Boifrobert en 1655.

La Genereufe Allemande, ou *le Temple d'Amour.*
T C. de M. Marechal, où fous des noms emprun-
tez eft reprefentée l'Hiftoire de M. & Madame de
Cirey, imprimée à Paris en 1631. in-8°.

La Genereufe Ingratitude. T C. de M. Quinaut en
1654.

Geneviéve de Brabant, ou *l'Innocence reconnuë.*
Tragedie en 1666.

Genevre de M. Billard de Courgenay 1610.

Genferic Roy des Vandales. Tragedie de Madame
Deshoulieres, joüée en 1680. par la Troupe
Royale de l'Hôtel de Bourgogne.

„ Cette Dame Deshoulieres qui fe nommoit An-
„ toinette du Ligier de la Garde, étoit femme de
„ Guillaume de Lafond fieur Deshoulieres. Elle
„ étoit de l'Academie d'Arles, & mourut le 17 Fe-
„ vrier 1694. Ses Poëfies font très belles, furtout
„ fes Stances morales. L'ouvrage où l'on trouve
„ qu'elle a le moins réuffi, eft cette Tragedie de
„ Genferic.

Le Gentilhomme de Beauce. Comedie de M. Montfleury. Elle eft en cinq Actes de Vers, & fut
reprefentée en 1670. à l'Hôtel de Bourgogne.

Le Gentilhomme Guefpin. Comedie de M. Donneau
de Vizé en 1670.

K iiij

Le Geolier de foi-même, ou *Jodelet Prince*. C. de M. Thomas Corneille. Le comique de cette Piéce eft tiré des plaifanteries de Jodelet qui paffe pour le Prince de Sicile, que divers interêts obligent de cacher fa naiffance.

Georges Dandin. Comedie de Moliere en trois Actes de Profe, dont le fujet eft tiré d'un conte de Bocave. Elle fut repreſentée à Verfailles le quinze Juillet 1668. & donnée au Public fur le Théatre du Palais Royal le neuf Novembre fui-vant, également bien reçûë à la Cour & à la Ville. L'interêt & la gradation comique y font bien marquées.

Germanicus. Tragedie de M Bourfaut. Elle avoit été refufée fous le titre de la Princeffe de Cleves. L'Auteur y fit bien des changemens outre celui du titre, & fa Piéce ainſi corrigée fut repreſentée avec un grand fuccès en 1671. M. Corneille ayant dit en pleine Academie qu'il ne manquoit à cette Tragedie que le nom de Racine pour être réputée achevée, ce trait offenſa ce dernier, & broüilla nos deux illuftres Auteurs Tragiques. Il y a un autre *Germanicus* du P. Colonia J. 1693.

Gefipes, ou *les deux Amis*. Comedie de Hardy en 1624.

Geta. Tragedie de M. Pechantré repreſentée en 1687. Peu s'en fallut que cet Auteur ne perdît la gloire de fon ouvrage; car l'ayant montré au fieur Baron, ce Comedien ne manqua pas de lui en dire le plus de mal qu'il put; & la conclufion de tous ces mépris, fut vingt piftoles qu'il lui offrit en échange de fa mauvaife Tragedie Pe-chantré homme fimple. & d'ailleurs peu aifé, ac-cepta l'offre; mais Chammelée ayant fçû cette convention, & ayant lû cette Tragedie, la jugea digne du succès qu'elle a eu, & prêta à Pechantré les vingt pistoles necessaires pour retirer sa Piéce.

La Gingantomachie. Poëme Dramatique & Comique de Hardy.

Gillette. Comedie facetieuse en cinq Actes de Vers de quatre pieds, par Troterel sieur Daves. Ce sont les amours d'un Gentillastre avec Gillette sa servante, traversées par la jalousie de sa femme & la rivalité de son laquais. Un des personnages est le Curé qui vient au Château prêcher la continence à Gillette. L'Auteur dédie sa Piéce à Monsieur son intime par une Epître dattée du douze Aoust 1619.

Le Glorieux. C. en cinq Actes de Vers par M. Nericaut Destouches, représentée avec grand succès en Janvier 1732. Il y a une Dissertation critique sur cette Comedie.

Goliath. T. Par Joachim Coignac en 1550.

La Goute. C. de Blanbeausault en 1605.

Le Gouvert d'humanité. T C. par d'Abundance en 1544.

Le Grand Selim, ou *le Couronnement Tragique.* T. de M. le Vayer de Boutigny en 1645. Nous avons encore de M. le Vayer la Tragedie de Manlius. On sçait qu'il est aussi Auteur du Roman de Tarzis.

Le Grand Sophi de Perse. En trois Actes de l'ancien Théatre Italien par M. de Losme de Montchenay en 1689.

Le Grand Timoleon de Corinthe. T C. de M. de Saint-Germain en 1641. Il est aussi Auteur d'une Tragedie *de Sainte Catherine.*

Gregoire, ou *les incommodisez de la Grandeur.* Dra-

me heroïque du P. du C. . . . repréfenté le huit
May 1721. dans le College des Jefuites à Paris
par les petits Penfionnaires. Ces jeunes Acteurs,
du nombre defquels étoient M. le Duc de la Tre-
moille, M. de Mortemart & M. de Charoft, re-
préfenterent deux jours après cette même Piéce
devant le Roy fur un Théatre dreffé dans la Gallerie des Ambaffadeurs du Palais des Thuilleries.

Les Grifettes, ou *Crifpin Chevalier*. Comedie du
fieur Chammelée repréfentée en 1673.

   ,, Le vrai nom de Chammelée étoit Charles
,, Chevillet. Il étoit fils d'un Marchand de Rubans
,, fur le Pont-au-Change, c'eft ce qui fit dire à
,, M. le Noble en parlant des Vers de Chammelée,

Tu les a mefuré fans doute à l'aune antique,
Dont jadis ton Papa mefuroit fes rubans.

,, Ce Comedien qui réuniffoit les talens de la re-
,, préfentation & de la compofition, mourut fubi-
,, tement au mois d'Aouft 1701 en fortant d'un
,, Cabaret, ce qui préjudicia aux céremonies de
,, fa fépulture. Ses œuvres imprimées à Paris en
,, 1692. in-12. contiennent *le Parifien. Crifpin*
,, *Chevalier. Délie Paftorale. la Rue de S. Denis*
,, *& les Fragmens de Moliere. On lui attribuë en-*
,, *core l'heure du Berger. Orefte & Pilade.*

Le Grondeur. Comedie en trois Actes de Profe de
M. Palaprat en focieté avec M. l'Abbé de Bruys,
repréfentée en 1691. Le fort de cette Comedie fut
bizare. Elle fut fifflée à la premiere repréfentation;
les fifflets fe turent à la feconde, on commença
enfuite à la goûter & le fuccès alla toujours en
augmentant; de maniere qu'aujourd'hui elle eft
regardée comme une des meilleures Piéces à ca-

ractere qui ait été donnée depuis Moliere , & il ne se trouve plus personne qui ose se vanter de l'avoir sifflé. Les sieurs Raisin & Guerin ont successivement soûtenu & bien rendu le caractere du Grondeur.

Gros Guillaume (*les Farces de*). „ Il se nommoit „ Robert Guerin, qui de Boulanger devint Far-„ ceur à l'Hôtel de Bourgogne, c'étoit un franc „ yvrogne, gros, gras & ventru, qui ne paroissoit „ sur le Théatre que garotté de deux ceintures , „ l'une au-dessous du nombril , & l'autre près des „ tétons , qui le mettoient en tel état qu'on l'eût „ pris pour un tonneau. Il ne portoit point de „ masque ; mais se couvroit le visage de farine , „ ensorte qu'en remuant un peu les levres , il blan-„ chissoit tout d'un coud ceux qui lui parloient. „ La gravelle dont il étoit atteint , le venoit quel-„ quefois attaquer si cruellement sur le Théatre „ qu'il en jettoit des larmes ; & ces traits de dou-„ leur imprimez sur son visage faisoient souvent „ partie de la farce : avec un si cruel mal il ne laissa „ pas de vivre 80 ans sans être taillé , & fut en-„ terré à S. Sauveur sa Paroisse.

La Guerre Comique, ou *Défense de l'Ecole des femmes*. Par M. de la Croix 1664. Nous avons encore de P. de la Croix la Comedie de *la Constance punie*.

Guillaume d'Aquitaine. T. du sieur Daves.

Guillot Gorju (*les Farces de*). „ Ce Farceur se „ nommoit Bertrand Harduyn. Il fut le successeur „ des Turlupins , Gautier Garguille & Gros Guil-„ laume, & quand il descendit du Théatre, la farce „ en descendit avec lui. Comme il avoit étudié en „ Medecine , qu'il avoit été Apotiquaire à Mont-„ pellier , son personnage ordinaire étoit de con-

,, trefaire le Médecin ridicule , & il avoit une mé-
,, moire fi heureuse, que tantôt il nommoit tous
,, les fimples , tantôt toutes les drogues des Apo-
,, ticaires , tantôt les inftrumens des Chirurgiens ,
,, quelquefois les outils des Artifans qu'il pronon-
,, çoit fi vîte & fi diftinctement que chacun l'ad-
,, miroit. Après avoir été environ huit ans Far-
,, ceur, il s'établit Médecin à Melun, où étant deve-
,, nu malade d'ennui & de mélancolie , il revint à
,, Paris loger près l'Hôtel de Bourgogne où il
,, mourut en 1648. âgé d'environ 50. ans. C'é-
,, toit un grand homme noir , fort laid , les yeux
,, enfoncez & un né de pompete ; & quoiqu'il ne
,, reffemblât pas mal à un finge , & qu'il n'eût que
,, faire de mafque fur le Théatre , il ne laiffoit pas
,, d'en avoir toujours un.

Guftaphe , ou *l'heureufe Ambition.* T C. de M. de
Benferade repréfentée en 1637.

,, Ifaac de Benferade né à Lyons proche Roüen,
,, étoit d'une noble famille de Normandie, iffuë
,, d'un Grand Maître de l'Artillerie fous Louis
,, XII. & alliée au Cardinal de Richelieu. Il fut
,, reçû à l'Académie Françoife en 1674. Son
,, Sonnet de Job & celui d'Uranie de Voi-
,, turé partagerent la Cour & la Ville. Il mourut
,, le 20 Octobre 1691. âgé de 78. ans , ayant eu
,, l'arterre coupée dans une faignée de précaution
,, pour fe préparer à fe faire tailler. Outre les
,, Métamorphofes d'Ovide en rondeaux qui eft
,, fon moindre ouvrage , il a laiffé vingt-un Bal-
,, lets rapportez en ce Catalogue , & fix Trage-
,, dies qui font ; 1. *Cleopatre.* 2. *la Mort d'A-*
,, *chilles.* 3. *Iphis & Jante.* 4. *Guftaphe.* 5. *Me-*
,, *leagre.* 6. *la Pucelle d'Orleans.* Il excelloit fur-
,, tout dans les Vers du Ballet , mêlant aux def-

„ criptions des Dieux & des Déeſſes des Peintures
„ vives & reſſemblantes des perſonnes de la
„ Cour. Sa Vie compoſée par M. Tallemant
„ de l'Academie Françoiſe , eſt imprimée au-
„ devant de ſes œuvres , recueillis en deux volu-
„ mes in-12.

Guſtave Vaſa. Tragedie de M. Piron préſentée &
reçuë unanimément par les Comediens François
au mois de Mars 1732.

H.

Habis. T. de Madame de Gomés donnée au Public
en 1714. remiſe au Théatre en May 1732.
„ C'eſt le premier & le meilleur ouvrage de
„ cette Dame , dont le nom eſt Madeleine Poiſ-
„ ſon. Elle eſt fille du dernier Comedien de ce
„ nom , ſœur de l'Auteur de la Comedie du Pro-
„ cureur arbitre & du Comedien qui eſt actuel-
„ lement en la Troupe. Elle eſt veuve de Dom
„ Gabriel de Gomés Gentilhomme Eſpagnol.
„ Ses Piéces de Théatre ſont ; *Habis. Semiramis.*
„ *Clearque. Marſidie & les Epreuves* . Ses
„ œuvres en Proſe ſont *l'Hiſtoire ſecrette de*
„ *la Conquête de Grenade. des œuvres mêlées.*
„ *les Journées amuſantes. les Anecdotes Perſa-*
„ *nes. Crementine Reine de Sanga. Les Entre-*
„ *tiens nocturnes. du Mercure & de la Renom-*
„ *mée , &c.*

Les Hazards du Jeu de l'Ombre. C. de M. R. . . .
Auteur de la Comedie de la Rapiere.

Hector. T. d'A. . . . Sconin imprimée à Soiſſons en
1675. in-8°. Une ancienne T. d'Hector de Mont-
chrétien en 1627. Un autre *Hector* de Montleon
en 1630. qui eſt auſſi Auteur d'*Amphitrite.*

Hecuba. 1537. Par Lazare de Baïf.

Une autre. Par Bouchetel en 1550.

Les Heraclides. Ce nom qui signifie les descendans d'Hercule, a fourni le titre de deux Tragedies, l'une de M. de Brie qui n'eut qu'une représentation, & l'autre de M. Danchet représentée en 1719. non imprimée.

„ Les autres Tragedies imprimées de M. An„toine Danchet de l'Academie Françoise, sont:
„ *Cyrus. les Tyndarides & Nithetis.* Ses Poë„mes Lyriques ou Opera, sont 1. *Hesione.* 2.
„ *Arethuse.* 3. *Tancrede.* 4. *les Fragmens de*
„ *Lully.* 5. *les Muses.* 6. *Thelemaque.* 7.
„ *Iphigenie.* 8. *Alcine.* 9. *les Fêtes Venitiennes.*
„ 10. *les Amours de Mars & de Venus.* 11. *Ido-*
„ *menée.* 12. *Telephe.* 13. *Camille.*

Heraclius. T. de M. Pierre Corneille en 1647. On avoit prétendu que M. Corneille avoit pris la principale fiction & la plus belle situation de sa Piéce d'une Comedie du Calderon intitulée, *Tout dans la vie est mensonge & vérité*; mais le R. P. Tournemine ayant écrit en Espagne, a vérifié par les dattes que la Piéce du Calderon est posterieure à celle de M. Corneille. Cette Tragedie d'Heraclius est de pure invention sous des noms véritables, & si chargée d'incidens qu'elle demande une merveilleuse attention, en sorte qu'une premiere représentation est plutôt un travail pour l'auditeur qu'un divertissement.

Hercule. Ce grand sujet a été mis en Tragedie par plusieurs de nos Autéurs; sçavoir par Mrs Brisset, Nouvellon, Prevost en 1605. Rotrou en 1636. & la Thuillerie en 1682. ce dernier n'étoit qu'un prête-nom, & le veritable Auteur de cette Tragedie étoit l'Abbé Abeille; c'est pourquoi les

Comediens jaloux de la fauſſe gloire de la Thuillerie leur camarade, interrompirent les repréſentations de cette Tragedie dans le plus fort de ſon cours, & ne manquerent pas d'en démaſquer l'Auteur. Cependant la Thuillerie dans la Préface de cette Tragedie la ſoûtient ſienne, avoüant ſeulement qu'il conſultoit un ami qui (dit-il) eſt peut-être auſſi honteux de voir qu'on lui attribuë ſes ouvrages, qu'il eſt glorieux à lui la Thuillerie de voir qu'on les eſtime aſſez pour les attribuer à ce ſçavant ami.

Le nouveau Théatre Italien a auſſi une Comedie Italienne d'*Hercule.* Voyez auſſi *Ercole Amante & Omphale.*

L'Heritier de Village. Petite Comedie de M. Marivaux, laquelle fut joüée au Théatre Italien ſans être annoncée, au mois d'Aouſt 1725.

L'Heritier ridicule, ou *la Dame intereſſée.* C. de M. Scaron en 1650.

Hermenigilde. Tragedie en Proſe de M. de la Calprenede en 1643. Cet Hermenigilde étoit un Prince d'Eſpagne que ſon pere Roy des Gots fit mourir, parce qu'il refuſa de faire la profeſſion de Foy des Ariens. Il y a une autre Tragedie *d'Hermenigilde* en Vers par un Anonyme.

Hermogene. Tragi-Comedie de M. des Fontaines 1639.

Herode. T. de M. l'Abbé Nadal repréſentée au commencement de l'année 1709. On vouloit faire une application maligne des caracteres de cette Piéce dans laquelle on croyoit trouver des rapports entre la Cour d'Herode & celle d'un grand Roy, quoique l'Auteur eût ſuivi exactement l'Hiſtoire. Voyez *Marianne.*

Le Heros très-Chrétien. Par M. Olry de Loriande
   1669.

Hefione. LI. Opera Tragedie dont les Vers font de
   M. Danchet, & la Mufique de M. Campra, re-
   préfenté au mois de Décembre 1700. & imprimé
   in-4°. Cet Opera eut un fuccès extraordinaire.
   Les Jeux Seculaires forment le Prologue. Le
   fujet de la Piéce eft l'amour d'Hefione pour
   Anchife Prince de Troyes traverfé par Venus
   & Thelamon.

   La Parodie d'*Hefione* en un Acte de Vaudevilles
par les fieurs Dominique & Romagnefi, fut re-
préfentee au mois d'Octobre 1729.

   ,, A une reprife de cet Opera faite au mois
,, d'Aouft 1730. la Demoifelle la Maure qui avoit
,, quitté le Théatre en Aouft 1727. y rentra
,, pour joüer le Rolle d'Hefione. Dans le même
,, temps le fieur Thevenard & la Demoifelle
,, Prevoft deux excellents fujets, l'un dans le No-
,, ble & le beau chant, & l'autre dans la Danfe
,, legere & gracieufe, fe retirerent, après avoir
,, fait très long-tems les plaifirs du Public qui a
,, toujours honoré leurs talens de beaucoup d'ap-
,, plaudiffemens. La Demoifelle Camargo,
,, dans un genre de Danfe different, femble
,, réparer la perte que le Public a fait en Made-
,, moifelle Prevoft. Cette jeune Danfeufe fe nom-
,, me Marie-Anne de Cupis de Camargo, bapti-
,, fée le 15. Avril 1710. en la Paroiffe de Saint
,, Nicolas de Bruxelles. Une Génealogie ma-
,, nufcrite, & qui paroît atteftée, la fait defcen-
,, dre d'une noble famille Romaine, dont é-
,, toit le Cardinal Jean - Dominique de Cupis de
,, Camargo Evêque d'Oftie, Doyen du facré
,, College.

                                   L'Heure

L'Heure du Berger. Paſtorale du ſieur Chammelé en 1673.

L'Heureux Accident. C. de M. Paſſerat 1695.

L'Heureux Deſeſperé. 1613. par un Anonime.

L'Heureux Infortuné. par Bernier de la Brouſſe 1617. il a auſſi donné l'*Embrion Romain.*

L'Heureux Naufrage. Tragi-Comedie de M. Rotrou, imprimée en 1637. il y a une autre Comedie ſous ce titre en trois Actes, qui eſt de M. Barbier, elle eſt imprimée dans ſes Oeuvres, & fut joüée à Lion avec quelque ſuccès, mais elle ne fut point goûtée au Théatre Italien au mois d'Août 1721.

L'Heureuſe Conſtance. Tragi-Comedie de M. Rotrou imprimée en 1635.

Les Heureuſes Avantures. Tragi-Comedie en 1633. de M. le Hayer du Perron, qui a donné d'autres Poëſies.

La Hollande Malade. Petite Comedie en Vers du ſieur Poiſſon l'ancien, repréſentée en 1672.

Holopherne. Tragedie d'Adrien d'Amboiſe 1580. Il y a une autre Tragedie d'Holopherne de Catherine de Parthenay Dame de Soubiſe, repréſentée en public à la Rochelle en 1574. » Cette Dame qui ſe remaria en ſecondes noces à René Vicomte de Rohan, à compoſé pluſieurs autres Tragedies & Comedies Françoiſes ; qui n'ont point été imprimées ; elle mourut au Parc en Poitou le 26. Octobre 1631. âgée de 94. ans. " Une troiſiéme Tragedie d'*Holopherne.* par Dom Denis de Sainte Marthe 1666.

L'Homme à Bonne Fortune. Comedie en cinq Actes, repréſentée au mois de Février 1686. cette piece à toûjours paru ſous le nom de Baron, cependant on la croyoit auſſi bien que la *Coquette,* être de l'Auteur de la vie d'Henriette Silvie de Molere à qui on difoit qu'il avoit donné cinq cens écus pour la mettre fous fon nom ; il ne tenoit pas à Baron qu'on ne le crût l'original de *L'Homme à Bonne Fortune* ; il eft certain qu'il avoit eu des avantures galantes, dont fa vanité avoit lieu d'être fatisfaite.

L'ancien Théatre Italien avoit auffi fon *Homme à Bonne Fortune*, repréfenté au mois de Janvier 1690. cette piéce eft de M. Renard qui en fit la critique en un Acte, joüé au mois de Mars de la même année 1690.

L'Homme Affligé. T. par Gilbert Coufin en 1561.

L'Homme Marin. C. en un Acte de M. Davaux, laquelle fut mal reçûë au Théatre Italien en 1726.

L'Homme Pecheur. Par un Anonime en 1529.

Les Horaces. T. de Pierre Corneille, donnée en 1641 quatre ans après le *Cid*. M. Peliffon nous apprend que fur le bruit qui courut qu'on feroit une critique & un nouveau jugement fur cette Tragedie comme on avoit fait fur le *Cid*, M. Corneille n'en parut pas touché ; *Horace*, dit-il, fut condamné par les Durmvirs, mais il fut abfous par le peuple.

L'Horofcope Accompli. C. de M. Geulette en un Acte & un divertifement joüé fans fuccès au Théatre Italien en Juillet 1727,

L'Hôpital des Foux. C. de M. de Beys , imitée de la Comedie Italienne , *Hofpitale de Pazzi* en 1695.

Hydafpe. T. par Chevreau en 1645.

Hypermeneftre. La Fable d'Hypermeneftre eft qu'Egyptus & Danaüs freres , & enfans de Belus, ayant chacun cinquante enfans, le premier étant pere de cinquante fils & l'autre comptant autant de filles ; Egyptus propofa à Danaüs de ne faire qu'une famille par le mariage de leurs enfans, Danaüs s'y oppofa parce que l'Oracle lui avoit annoncé qu'il mourroit de la main d'un des fils de fon frere ; mais s'y trouvant forcé par Egyptus plus puiffant que lui, il ordonna à-fes filles de poignarder leurs maris la premiere nuit de leurs nôces. La feule Hypermeneftre refufant d'obéïr à des ordres fi cruels, épargna Lyncée qui accomplit l'Oracle en donnant la mort à Danaüs meurtrier de fes freres. Cette Fable a fourni le fujet d'une Tragedie & d'un Opera. La Tragedie qui eft de M. Riouperoux fut joüée avant Pâques 1704. & eut un très grand fuccès, auffi étoit ce une des meilleures piéces qui eût été donnée depuis celles de M. Racine. Voyez *Danaüs & les Danaïdes. Ce fut en ce tems que le fieur & la Demoifelle de Beauval fe retirerent du Théatre & que le fieur Dangeville y fut reçû*

L'Opera d'*Hypermeneftre* eft le XCII. la Tragedie eft de M. de la Font & la Mufique de M. Gervais, à prefent Maître de la Mufique de la Chapelle du Roy ; il fut repréfenté au mois de Novembre 1716. & imprimé partition in quarto après la treiziéme repréfentation on en interrompit le cours pour y faire un cinquiéme Acte, parce que celui qui avoit été donné d'abord ne fut pas goûté ; ce nouvel Acte fut donné au mois d'Avril de l'année fuivante & fut joüé très long-tems.

L'Hypocondre, ou le Mort Amoureux. C. de M. Rotrou en 1631.

Hypocrate Amoureux. Paftorale Comique de M. le Brun non joüée.

Hypodamie. LXX. Opera, Tragedie dont les Vers

font de M. Roy, & la Mufique de M. Campra, repréfenté en 1708. & gravé in 4°. Le Prologue eft entre Venus, fa fuite, un Sauvage & des Bergers. Le fujet de la Tragedie eft tiré du Dialogue de la beauté de Lucien. *Ce fut pendant les repréfentations de cet Opéra que le Théatre perdit Mademoifelle Defmatins, grande & belle Actrice & dont la voix étoit admirée ; elle mourut pendant l'été de cette année 1708.*

Hypolite. Outre les Tragedies qui ont été données fous le nom de *Phedre.* Celles fous celui d'*Hypolite* font au nombre de quatre. Robert Garnier avoit fait une Tragedie d'*Hypolite* des l'an 1568. M. Gilbert fit en 1658. une autre Tragedie d'*Hypolite* intitulée *le Garçon Infenfible.* M. de la Pineliere en fit une en 1635. enfin M. Segrais compofa en fa jeuneffe, fur ce même fujet, une Tragedie Ballet qui ne fut point mife en Mufique. » Il » fit auffi un autre Ballet de l'*Amour gueri par le* » *Tems* : l'ouvrage le plus confidérable de Jean » Renaud de Segrais, & celui qui l'a le plus fait » confidérer dans le monde, eft fa traduction en » Vers François de l'*Eneide de Virgile*, on a prétendu que M. le Duc de la Roche-Foucault & » Madame la Comteffe de la Fayette avoient eû » part à la compofition des Romans de Zaïde & de » la Princeffe de Cleves, mais il paroit par le Segraifiana page 43. qu'il en eft feul l'auteur. Monfieur Segrais qui étoit de l'Academie Françoife : » laffé du grand monde, fe retira de la Maifon » de Mademoifelle de Montpenfier, où il étoit en » qualité de Gentilhomme ordinaire, & mourut » à Caën fa patrie le 25. Mars 1701. dans fa 71. » année.

L'Hyver. Petite Comedie de M. Dalainval, qui

n'eut point de succès au commencement de 1732.

I.

Le Jaloux. La Jalousie sujet fecond pour le Théatre , lui a fourni plusieurs Comedies de Jaloux de differentes especes. Il y a deux Comedies simplement intitulées *Le Jaloux* , l'une du sieur Baron joüée une seule fois en 1710. l'autre de M. de Beauchamps en trois Actes , avec un Prologue & des divertissemens , joüée au Théatre Italien au mois de Decembre 1723. non imprimée.

— *Desabusé.* C. de M. Campistron en cinq Actes de Vers , représentée au mois de Decembre 1709. & long-tems joüée seule & au double.

» C'est la derniere piéce de cet Auteur qui se
» nommoit Jean Galbert de Campistron. Le con-
» tentement que le dernier Duc de Vendôme eut
» de son Opera d'*Acis & Galathée* , lui inspira le
» dessein de s'attacher la personne de M. Campi-
» stron, qui de son côté a montré par ses ouvrages
» qu'il étoit digne de ce choix , aussi-bien que des
» bien faits & de la distinction particuliere dont
» ce grand Prince l'a toûjours honoré. Il étoit
» Chevalier de l'ordre de Saint Jacques en Espa-
» gne , Commandeur de Chimenes , Marquis de
» Penango , Secretaire Général des Galeres de
» France, & fut reçû à l'Academie Françoise en
» 1701. & étoit aussi de celle des Jeux Floraux
„ de Toulouse sa patrie. Ses Poëmes dramati-
„ ques lui avoient acquis une grande réputation ,
„ il en vit faire huit éditions de son vivant. Ses
„ Poëmes liriques ou Opera sont , *Acis & Ga-*
„ *lathée. Achilles & Alcide* : Ses Tragedies sont ,
„ *Arminius. Virginie. Adrien. Andronic. Alci-*

,, biade. Phocion. Tiridate. & deux Comédies
,, Lamante Amant. & le Jaloux Defabufé, il
,, mourut le 11. M y 1723. dans la foixante-
,, feptiéme année de fon âge, fon Théatre fut im-
,, primé à Paris en 1715 in 12.

Le Jaloux Endormi. Voyez les Cadenats.

— Honteux de l'être. C. de M. Dufrefny en cinq
Actes de Profe, joüée une feule fois en Mars
1708. ce mauvais fuccès n'empêcha pas l'Auteur
de la faire imprimer.

— Invifible. Comedie du fieur Brecour joüée en
1666.

— Prifonnier. C. de M. Bourfaut

— Sans fujet. C. de M. de Beys en 1635.

— Trompé. C. en Profe de M. du Bois.

Les Jaloux. C. de M. de la Rivey en 1579.

La Jaloufe d'elle même. C. de M. l'Abbé Boifrobert
en 1650. tirée de Lopé de Véga.

La Jaloufie fans Amour, ou la Rupture embaraffante.
C. en trois Actes, par M. S. joüée au Théatre
Italien en Septembre 1728. l'Auteur retira fa
piéce après la feconde repréfentation.

Janin ou la Paftorale Provençale. Par M. Millet
en 1633.

Jafon ou la Toifon d'Or. XXXVII. Opera. Les Vers
de la Tragedie font de M. Rouffeau, & la Mufique de M. Colaffe. Cet Opera repréfenté en
1696. n'eft point imprimé en Mufique, le Prologue eft entre. Pan & la Pai. La Fable de la
Conquête de la Toifon d'Or eft fuffifament connuë.

Ibrahim. Voyez l'illuftre Baffa.

Idomenée. Cette hiftoire Troyenne à fourni le fujet
d'une Tragedie & d'un Opera. La Tragedie qui
eft de M. Crebillon fut repréfentée en 1705.

„ C'eſt le premier ouvrage de cet Auteur dont
„ le nom eſt *Proſper Jolyot*. Les autres Trage-
„ dies de ſa compoſition qui ont ſuivi cette pre-
„ miere, ſont *Atrée & Thieſte. Electre. Rhado-*
„ *miſte. Zenobie. Xerces. Semiramis & Pyrrhus.*
„ M. Crebillon fut reçû à l'Academie Françoiſe
„ en la place de M. de la Faye le 29. Août
„ 1731.

„ Ce fut pendant le cours des repréſentations
„ de cette Tragedie d'*Idomenée*, c'eſt-à-dire, au
„ mois de Mars 1706. que le Théatre François
„ perdit le ſieur Sallé excellent Comedien, qui
„ réuniſſoit tous les talens du Théate dans un égal
„ degré de perfection. Il étoit fils d'un Avocat de
„ la Ville de Troye ; ayant appris la Muſique il
„ entra à l'Opera de Roüen où il fut pluſieurs an-
„ nées, il vint enſuite debuter à Paris au Théatre
„ François où il parut d'abord avec éclat ; il fut
„ enterré à Saint Sulpice, après avoir donné une
„ déclaration pardevant Notaires qu'il renonçoit
„ à ſa profeſſion.

Idomenée. LXXVII. Opera-Tragedie dont les Vers
ſont de M. Danchet & la Muſique de M. Campra, il fut repréſenté en 1712. & imprimé in 4°.
Le Prologue eſt formé par Venus, qui vient
prier Eole de ſoulever les Flots pour écarter la
Flotte d'Idomenée des rives de Crete.

Jeanne Reine d'Angleterre. Tragedie de M. de la
Calprenede en 1637.

Le Je ne ſçai quoi. C. en un Acte de Vers libres,
par M. de Boiſſy. Elle fut repréſentée au Théatre
Italien le 10. Septembre 1731. & eut un grand
ſuccès, les airs ſont de M. Mouret. Nous avons
un diſcours ſur le *Je ne ſçai quoi* de M. de Gombaud, qui eſt le ſixiéme des diſcours qui autrefois

se prononçoient toutes les femaines à l'Academie Françoise. Le Portrait de la Demoiselle Silvia, Gravé par M. Cars, d'après M. Lancret se
trouve au commencement de cette Comedie imprimée in 8°.

Jephté. Tragedie traduite de Buchanam en Vers
François par Florent Chrétien, imprimée chez
Robert Etienne en 1573. „ Cet Auteur à auffi fait
„ le Poëme Dramatique du *Jugement de Paris* qui
„ fut joüé à Anguyen le François à la naiffance du
„ fils du Prince de Condé & un Cartel avec des
„ ftances & fonnets pour les Tournois qui furent
„ faits à Valery en 1567. il étoit Precepteur du
„ Roy de Navarre & garde de fa Bibliotheque à
„ Vendôme. Il y a trois autres Tragedies de *Jeph-*
„ *té*, la 1re de Chrétien des Croix, la feconde de
„ Venel en 1676. & la troifiéme de M. Boyer
„ repréfentée avec fuccès en 1692.

Jephté. cxv. Opéra. La Tragedie eft de M. Simon
Pellegrin & la Mufique de M. Monteclair, ordinaire de l'Academie Royale de Mufique, donné au
Public le 28. Février 1732. C'eft la premiere fois
que l'on ait vû le Sacré paroître fur ce Théatre.

Le Jeune Vieillard. C. de Mrs. Le Sage & d'Orneval,
repréfentée le 25. Juillet 1722. à l'ouverture du
Théatre des Comediens Italiens à la Foire Saint
Laurent. Cette piece eft imprimée dans le V. volume du Théatre de la Foire.

Le Jeu de l' Amour & du Hazard. C. en trois Actes
de Profe, reçûë favorablement au Théatre Italien
au mois de Janvier 1730.

Le Jeu du Prince des Sots & Mere Sotte. 1511. par
P. Gringoire.

Je vous prends fans Verd. C. ornée de chants & de
danfes, elle eut un fort grand fuccès dans fa nou-

veauté au mois de Mai 1693. & fut donnée sous le nom du sieur Chammelé, quoi qu'elle soit véritablement de M. de la Fontaine.

Les Jeux Olimpiques ou le Prince Malade. Comedie heroïque en trois Actes de Vers. M. de la Grange passe pour en être l'Auteur. C'est le sujet d'Antiochus & de Stratonice, que l'Auteur a mis sous d'autres noms pour y pouvoir introduire les *Jeux Olimpiques* qui forment le principal divertissement de la piéce qui fut relevée par de belles décorations.

L'Illusion Comique. C. de M. Pierre Corneille en 1636. après l'effort qu'il avoit fait dans sa *Médée*, il retourna à son premier génie pour la Comedie libre & irreguliere ; il avoüe lui-même que cette piece est une galanterie extravagante qui ne vaut pas la peine d'être considerée ; cependant la nouveauté en rendit le succès favorable.

L'Illusion Grotesque ou le Feint Negromancien. C. de M. Néel representée en 1678.

L'Illustre Avanturier ou le Prince Travesti. C. de M. Marivaux, elle fut donnée au mois de Fevrier 1724. en trois Actes, depuis étendus en cinq & enfin reduits à trois, dans lequel état elle est imprimée. Cette piéce fut joüée au Théatre Italien sans avoir été annoncée : maniere nouvelle pour frauder les droits de la critique, dont l'invention ayant paru très sensée, à été suivie en d'autres piéces.

L'Illustre Bassa ou Ibrahim. T. de M. Scudery en 1643. in 4°. „ George Scudery natif du Havre „ de Grace, Gouverneur du Château de N. D. „ de la Garde en Provence, un des quarante de „ l'Academie Françoise, & frere de l'Illustre „ Mademoiselle Scudery, à été un des plus fe-

,, conds écrivains de fon tems. Outre fes piéces
,, dramatiques, il a compofé quantité de Poëfies
,, faifant le nombre de plus douze mille Vers. C'eft
,, cette fecondité qui a fait dire à M. Defpreaux,

Bienheureux Scudery dont la fertile plume
Peut tous les mois fans peine enfanter un Volume.
Tes écrits, il eft vrai, fans art & languiffans,
Semblent être formés en dépit du bon fens ;
Mais ils trouvent pourtant, quoi qu'on en puiffe
    dire,
Un Marchand pour les vendre & des Sots pour
    les lire.

,, M. Scuderi mourut le 14. May 1667. & fa fœur
,, à vécu quatre vingt quinze ans, n'étant morte
,, qu'au mois de Juin 1701. Cette Demoifelle
,, a compofé plufieurs vol. de Romans, des con-
,, verfations de morale qu'elle prefenta au Roy,
,, qui la gratifia d'une penfion de deux mille liv.
,, Les feize pieces dramatiques de M. Scudery,
,, font fuivant l'ordre qu'il les a compofées. *Lig-*
,, *damon. le Trompeur puni. l'Amour caché par*
,, *l'Amour. le Vaffal genereux. Orante. le Fils*
,, *fuppofé. le Prince Deguifé. la Mort de Cefar.*
,, *Didon. l'Amant liberal. l'Amour Tiranique.*
,, *Eudoxe. Andromire. l'Illuftre Baffa. Axiane.*
,, *Arminius.* On lui attribuë encóre les Tragedies
,, de *la Mort de Mitridate. Annibal. & Lucidan*
,, *ou le Heraut. & la Comédie des Comédiens.*
L'Illuftre Corfaire. C. de M. Mairet 1640.
Les Illuftres Ennemis. C. de M. Thomas Corneille.
C'eft une intrigue Efpagnole, qui comme pref-
que toutes fes pareilles a la Scene à Madrid.
L'Impatience. Ballet de M. Benferade divifé en

deux parties, & danfé par le Roy en 1661.

L'Impatient. C. de M. de Boiffy en cinq Actes & un Prologue en Vers, repréfentée au Théatre François en Janvier 1724. Il y a une Comedie Italienne de l'*Impatient*, qui fut repréfentée en 1717.

L'Impertinent malgré lui. C. en cinq Actes de Vers du même M. de Boiffy, elle fut repréfentée le 14. May 1729. l'Auteur la retira pour y faire des corrections, & ainfi rajuftée elle reparut le 30. fuivant.

L'Important de Cour. C. de M. l'Abbé de Bruys, repréfentée en 1693. au Théatre François où elle eut un fuccès favorable.

Les Importuns. C. de M. Malézieu joüée au Château de Sceaux, pendant le Carnaval de l'année 1707. la Comedie de la *Tarentole* eft du même Auteur.

„ Nicolas Malezieu Seigneur de Chatenay près
„ Sceaux, étoit Chancellier de la Principauté de
„ Dombes, Secretaire Général des Suiffes &
„ Grifons de France, Secretaire des comman-
„ demens de S.A.S. Monfeigneur le Duc du Mai-
„ ne, un des quarante de l'Academie Françoife
„ & honoraire de celle des Sciences, il mourut
„ le 4. May 1727. âgé de foixante feize ans &
„ fix mois.

L'Impofteur. Voyez le *Tartufe.*

Impromptus. „ Il y a plufieurs Comedies qui por-
„ tent ce titre, foit qu'elles ayent été compofées
„ avec précipitation ou à loifir, quoiqu'il en foit
ces Impromptus font.

L'Impromptu de la Folie. C. du fieur le Grand, joüée en Novembre 1725. C'eft une efpece d'Ambigu comique compofé d'un Prologue & de deux Comedies, l'une intitulée *les Nouveaux Debarquez*, l'autre *la Françoise Italienne* ; dans celle-ci la Demoiselle le Grand joüa fous l'habit d'Arlequin, & copia avec beaucoup d'art les graces de l'agréable Thomaffin. Le fieur Armand y joüa le rolle de Pantalon, & imita fi parfaitement le ton & les geftes de ce Comedien Italien qu'il étoit difficile de faire la difference de l'original & de la copie. Cette piéce étoit entremêlée de trois divertiffemens, dont le premier étoit la revûë du Regiment de la Calote faite par la Folie, les airs étoient du fieur Quinaut Comedien, & le Ballet du fieur Dangeville.

L'Impromptu de Garnifon. C. en Profe, repréfentée en Novembre 1693. Cette petite piece fut envoyée de Namur aux Comediens François, mais comme elle n'étoit pas en état de paroître au Théatre, le fieur Dancour la retoucha & la rendit telle qu'elle eft imprimée en fon Théatre.

— *De l'Hôtel de Condé* Petite C. de M. Montfleury 1664. C'étoit une réponfe à la critique que Moliere avoit fait des Comediens de l'Hôtel de Bourgogne dans fon Impromptu de Verfailles, Beauchateau & de Villiers y joüoient des rolles fous leurs noms propres.

— *De Livry.* C. Ballet joüée en Août 1715. devant Monfeigneur au Château de Livry. La Comédie n'eft pas imprimée mais feulement le fujet : Acteurs du Divertiffement ou Ballet étoient les fieurs Guerin. Poiffon pere. Sallé. La Voye. Ponteuil. Du Bocage. Fompré & Poiffon fils. Les Actrices étoient les Demoifelles Dancour. Des Broffes. Godefroy. Fompré. Sallé. & Mimi-Dancour : La Mufique étoit de M. Gillier.

— *De Surenne.* Com., Ballet du fieur d'Ancourt,

composée d'un Prologue, d'un Acte de Profe &
d'un divertissement qui furent joüés au Village de
Surefne dans une Fête donnée par S. A. E. M. le
Duc de Baviere.

L'Impromptu de Verfailles. C. de Moliere, repréfentée devant le Roy le 14. Oct. 1663. & à Paris le
4. Novem. fuivant; les Acteurs & Actrices de cet
Impromptu fous leurs propres noms, étoient Moliere, Brecour, la Grange, du Croify, la Thorilliere, Bejart & les Demoifelles du Parc, Moliere, Bejart, de Brie, du Croify & Hervé. Cette
piéce n'eft qu'une converfation fatyrique en Profe, dans laquelle Moliere fe donne carriere contre les Comediens de l'Hôtel de Bourgogne &
contre la Comedie du Peintre que M. Bourfaut
avoit fait contre lui, il y contrefaifoit fi bien les
Comediens de l'Hôtel de Bourgogne qu'il étoit
aifé de les reconnoître dans fon jeu, il n'y eut
que Floridor qu'il épargna. En effet ces Comediens n'avoient aucuns principes de leur art, tout
leur jeu confiftant dans une prononciation ampou-
lée & amphatique. On n'y reconnoiffoit ni fenti-
mens, ni paffions; cependant les Beauchâteau &
les Mondory étoient applaudis parce qu'ils fai-
foient pompeufement ronfler un vers; car il faut
convenir qu'avant Moliere le jeu des Comediens
en general étoit pitoyable. Depuis fa mort nous a-
vons vû fes principes s'affoiblir peu à peu, & fes
fucceffeurs fe livrer de nouveau à cette fureur & à
ces éclats dramatiques qu'il avoit corrigé, & dans
ces derniers tems le retour du vray, du naturel
& du pathetique eft dû à M. Baron & à Mademoifelle le Couvreur.

L'Impuiffance. Tragi-Comédie de M. Verronneau,
imprimée en 1637.

L'Incefte fuppofé. T. C. par la Cafe en 1639. cet Auteur a de plus donné la T C. de *Comane.*

L'Inconnu. Comedie heroïque de Mrs Thomas Corneille & de Vizé, elle fut reprefentée fur le Théatre de Guenegaud au mois de Novembre 1675. où elle eut un grand nombre de reprefentations dont 33. confecutives furent au donble. Les Fêtes galantes qu'un Grand Prince donnoit à Madame la Comtefse de . . . . fournirent l'idée de cette piece. M. Corneille trouva ces Fêtes fi ingenieufement imaginées , qu'en y mêlant une intrigue , il en compofa cette Comedie avec fon affocié.

Le fieur d'Ancourt fit en 1703. un nouveau Prologue & de nouveaux divertiffemens pour cette Comedie qui fut alors remife au Theatre. Les Actrices de ce nouveau prologue , étoient les Srs Poiffon & Ponteüil & les Demoifelles Duclos, Dufay , Dangeville , des Mares , & Mimy-d'Ancourt.

Au mois de Fevrier 1724. cette Comedie de l'*Inconnu* fut reprefentée au Palais des Thuilleries , avec un Ballet pour intermede , dans lequel le Roy & les jeunes Seigneurs de fa Cour danferent. Cette même piece fut encore reprefentée devant Sa Majefté avec tous fes agrémens en 1728.

L'Inconnuë ou l'Efprit follet. C. de M. l'Abbé de Bois-Robert en 1655. Cette piece de même que celle des engagemens du hazard de Thomas Corneille , étoit tirée du Calderon Poëte Efpagnol. Cette reffemblance d'intrigues faifoit apprehender à M Corneille qu'on ne le foupçonna d'avoir porté envie à la gloire de M. l'Abbé de Bois Robert : pour s'en difculper , il nous affure que quoique sa piece n'ait paru qu'après celle de l'Abbé Bois-Robert, cependant il l'avoit composé bien auparavant ; & qu'une forte raison l'avoit obligé à lui faire garder quelque tems le Cabinet.

L'Inconstance d'Ilas. Tragi-Comedie de M. Marechal en 1625.

L'Inconstance punie. Deux Comedies portent ce titre ; l'une de M. de la Croix en 1641. & l'autre du sieur Dorimond Comedien de Mademoiselle en 1661.

L'Inconstant ou *les trois Epreuves.* C. de M. Pellegrin en trois Actes de vers, joüée au Th. Ital. en Juillet 1727.

L'Inconstant vaincu. Pastorale toute en chansons en 1662.

Indegonde. T. de M. de Montauban.

L'Indienne amoureuse ou *l'heureux Naufrage.* T. C. de M. du Rocher imprimée à Paris en 1632.

L'Indiscret. T. de M. Quinaut : il y a anssi une petite Comedie de l'*Indiscret* de M. Voltaire laquelle fut représentée en Aoust 1725.

Inès de Castro. Ce sujet tiré de l'Histoire de Portugal, a été traité en une Tragedie par M. de la Mothe. Elle fut représentée le six Avril 1723. & eut un succès extraordinaire qui s'est parfaitement soutenu dans les differentes reprises qui en ont été faites ; cette Tragedie donna lieu à une infinité d'Ecrits pour ou contre, dont on peut voir un espece de catalogue dans le Mercure du mois d'Octobre 1723.

Les sieurs le Grand & Dominique donnerent une excellente Parodie de cette Tragedie, sous le titre d'*Agnès de Chaillot*, laquelle fut représentée sur le Theatre des Italiens, à la Foire, au mois de Juillet 1723.

L'Infidelle Confidente. T. de M. Pichou, imprimée en 1631. *Cet Auteur a aussi donné la Comédie des Folies de Cardonio, la Philis de Scire & Rosileon.*

Les Infideles fideles, par le Pasteur Calianthe ou F. Z. D. B. en 1603.

L'Ingrat. C. de M. Nericaut des Touches, en cinq Actes de vers, elle fut representée au mois de Janvier 1712.

L'Injustice punie T C. par du Theil, en 1641.

L'Innocent exilé. par M. Prouvais 1640.

L'Innocence découverte. 1636. par Auvray aussi Auteur de la Tragedie de *Dorinde.*

L'Innocent Malheureux. Voyez *Crispe.*

L'Innocente exilée. T. C. par Prouvais, imprimée en 1640. Voyez l'*Innocent exilé.*

L'Innocente Infidelité. Tragi-Comedie de M. Rotrou en 1637.

Les Innocens. Tragédie de Marguerite de Valois, Reine de Navare. „ Cette Sçavante Reine qui é- „ toit sœur de François I. & femme d'Henri d'Al- „ bret Roi de Navarre, a fait plusieurs autres pie- „ ces de Theatre Misteres & Farces. *la Nativité* „ *de J. C. l'Adoration des trois Rois. le Désert. la* „ *Farce de trop. Prou. Peu. Moins.* & autres qu'on „ peut voir dans du Verdier & la Croix du Mai- „ ne. Cette Reine mourut le 28 Decembre 1549 „ âgée de 59. ans.

Les Innocens Coupables. C. de M. de Brosse l'aîné 1645. „ Les autres pieces de cet Auteur, sont, „ *l'Aveugle Clairvoyant. les Songes des hommes* „ *éveillez. la Stratonice & Turnus.*

Ino & Melicerte. La Tragédie *d'Ino* fut une de celles qui firent remporter des Prix à Euripide ; il ne nous en reste pas le moindre fragment & l'on en ignoreroit même le sujet , si Hygin affranchi d'Auguste , n'avoit pris soin de nous le conserver dans sa quatriéme Fable : M. de la Grange a mis ce sujet en Tragedie qui fut représentée au mois de Fevrier 1713. & eut quatorze representations.

Instabilité des Felicités Amoureuses. De J. D. L. Sr de Blanbeausault en 1605. il a aussi donné la Comedie de la *Goute.*

L'Interessé ou *la Rapiniere.* C. de Jacques Robbe donnée en 1683. sous le nom supposé de Barquebois , elle est en cinq Actes de Vers , & a de fort beaux endroits , mais aussi elle en a de bien foibles,& contient un jeu plus propre pour le Théâtre des Italiens que pour celui des François : certaines gens qui se crurent interessés dans cette Piéce , employerent ce qu'ils pouvoient avoir de credit pour la faire défendre , ou du moins pour en empêcher la réüssiste ; mais malgré leur cabale l'on a vû peu de piéces de cette espece , qui ait eu une plus grande affluence d'auditeurs. On en a retranché plusieurs vers qui cependant se trouvent en quelques éditions.

L'Intrigue des Carosses à cinq sols. C. de M. Chevalier en 1663. Les Carosses à cinq sols par place furent établis à Paris en 1650. & durerent jusqu'en 1657. que commença l'établissement des Carosses loués par heure.

L'Intrigue des Filoux. C. de M. Létoille en 1648. on a une lettre de M. Ballesdens de l'Academie Françoise sur cette Comédie ; il y a une histoire des Filoux en trois volumes in 12.

Les Intrigues de la Loterie. C. de M. de Vizé en 1670.

Les Intrigues Amoureuses. C. de M. Gilbert imprimée à Amsterdam en 1667.   M

Jodelet. „ C'étoit le nom d'un excellent Comédien,
„ qui par ses manieres niaises & naïves mais spiri-
„ rituelles divertissoit beaucoup, malgré son dé-
„ faut de parler du nez. Les piéces qui furent
„ faites pour lui & sous son nom sont.

Jodelet Astrologue. C. de M. Douville en 1647.

Jodelet Dueliste ou *Souffleté.* Comédie de M. Scaron
en 1650.

— *Maître & Valet.* C. du même M. Scaron en
1645. Le sujet en est tiré d'une C. Espagnole intitulée, *Dom Juan d'Alvaredo.*

— *Prince.* Voyez *le Geolier de soi-même.*

Jonathas. Ce sujet tiré de l'Ecriture Sainte a été
mis en Tragedie par M. Duché pour être représentée à la Cour. Madame de Bourgogne s'y fit admirer dans un rolle qu'elle voulut bien y représenter en 1710. cette Tragedie fut imprimée à Paris, en 1700. in 4°.

Josaphat Roy de Juda. Ce sujet a été traité en deux
Tragedies, l'une par M. Magnon en 1646. &
l'autre par D. L. T. en la même année 1646.

Joseph. T. Sainte de M. l'Abbé Genest ; elle fut d'a-
bord représentée au Château de Clagny près Versailles. Madame la Duchesse du Maine y représenta le rolle d'Azanech femme de Joseph, qui
est le seul rolle de femme qui soit dans cette Tragedie. Baron le pere faisoit Joseph, M. Malezieu
le pere représentoit Judas, son fils aîné Ruben,
son cadet Benjamin, le Marquis de Roquelaure
Simeon, le Marquis de Gondrin Pharaon. La premiere représentation en fut donnée au public au
mois de Decembre 1710. On avoit une ancienne
Tragedie de Joseph le chaste donnée vers l'an
1603. par Nicolas de Montreux, sous le nom d'*O-
lenix de Mont-Sacre.* cet Auteur en à donné trois

autres qui font; *Cleopatre.* imprimée en 1598.
Ifabelle & Diane. Paftorale.

Jofias. 1556. par des Mafures. Une autre Tragedie de *Jofias* par M. Philone. Louis des Mafures vivant au milieu du XVI. fiécle. Outre cette Tragedie de *Jofias* en a donné trois autres *David Combatant. Triomphant & Fugitif.*

Jofué ou *le Sac de Jericho.* Tragedie de Pierre Nancel 1607.

Le Joueur. C. en cinq Actes de Vers par M. Renard. On peut dire que c'eft à la verfification près, ce que cet Auteur a fait de meilleur, cette piéce pouvant aller de pair avec quelques-unes de Moliere. M. Dufrefny revendiquoit cette piéce qu'il prétendoit que M. Renard lui avoit pris & l'avoit mis en Vers. M. Renard au contraire fe plaint dans fa préface d'une cabale contre fa piéce, fufcitée par les injuftes plaintes d'un Plaigiaire qui produifoit une autre piéce en Profe fous le même titre. Cette feconde Comédie *du Joueur* de M. Dufrefny en cinq Actes de Profe, fut joüée fur le même Théâtre François où celle de M. Renard avoit été joüée dès l'année 1695. leur fuccès fut fort different, & celle de M. Renard eft reftée en poffeffion du Théâtre.

  ,, Le perfonnage *du Joueur* étoit le rolle bril-
,, lant du fieur Beaubourg, qui fe nommoit Pier-
,, re Tronchon; il avoit époufé la fille de la De-
,, moifelle Beauval, grande Comédienne : il fuc-
,, ceda au fieur Baron quand celui-ci fe retira du
,, Théâtre en 1691. & fut long-tems goûté du
,, public, quoique fujet à confondre les plus
,, beaux endroits d'une piéce avec les moindres,
,, qu'il déclamoit avec un égal enthoufiafme : il
,, quitta le Théâtre au mois d'Avril 1718. & mou-

,, rut à Paris le 27. Decembre 1725. âgé de 63;
,, ans dans de grands sentimens de piété.

La Joueuse dupée. de M. de la Forge 1664.

La Joueuse. C. de M. Dufresny en cinq Actes de Prose. Elle n'eut que quatre ou cinq représentations au mois d'Octobre 1709. M. Dufresny avoit mis cette piéce en Vers, mais le manuscrit en fut brûlé à sa mort, ainsi elle n'est imprimée qu'en Prose.

Il y a aussi une C. des *Joueuses* par un Anonime.

Jovien. du P. Colonia 1696. qui a aussi composé les Tragedies de *Germanicus* & de *Juba*.

Iphigenie. T. par Sybille en 1550.

Iphigenie fille d'Agamemnon & de Clitemnestre. Ce sujet traité par Eschile, Sophocle & Euripide a aussi fourni de matiere à plusieurs Tragedies Françoises. La premiere est de M. Gaumin. La seconde de M. Rotrou en 1641. La troisiéme Tragedie d'*Iphigenie* est celle de Messieurs le Clerc & Coras en 1675. on fit cette épigramme à leur sujet.

> *Entre le Clerc & son ami Coras,*
> *Tous deux Acteurs rimans de compagnie,*
> *N'a pas long-tems sourdirent de grands ébats*
> *Sur le propos de leur Iphigenie;*
> *Coras lui dit, la piéce est de mon cru,*
> *Le Clerc répond, elle est mienne & non votre:*
> *Mais aussi-tôt que l'ouvrage a paru*
> *Plus n'ont voulu l'avoir fait l'un ni l'autre.*

Par malheur pour cette piéce l'*Iphigenie* de Racine l'avoit précedé de cinq ou six mois seulement, enfin la quatriéme est celle de Racine; c'est une de ses plus belles piéces & celle qui a le plus fait verser de pleurs, les plus graves ne les ayant pû retenir. Elle fut repréfentée en fa nouveauté en 1675. Les Comédiens firent afficher cette piéce pour le 9. Septembre 1718. & annoncerent qu'on y verroit quelque chofe d'extraordinaire qu'on n'avoit point encore vû & qu'on ne verroit peut-être jamais. C'étoit le rolle d'Agamemnon qui étoit rempli par la Thorilliere, & celui d'Achille par Poiffon : en effet fuivant le pronoftic de l'affiche cette mafcarade ne fut point repetée.

Iphigenie en Thauride. LXI. Opera-Tragedie. Cet Opera fut commencé, fçavoir les Vers par M. Duché & la Mufique par M. des Marefts ordinaire de l'Academie Royale de Mufique : le Prologue reftoit à faire avec la plusgrande partie du cinquiéme Acte & quelques endroits qui étoient reftés imparfaits, lorfque M. des Marefts fut obligé de fortir de France pour une affaire de galanterie, qui eut une fin bien funefte pour cet excellent Muficien, qui a donné les Opera de *Di-*
,, *don. Circé. Thagene & Carielée. les Amours*
,, *de Momus. Venus & Adonis. les Fêtes Galantes*
,, & cet Opera d'*Iphigenie* que Meffieurs Danchet & Campra fe chargerent d'achever : il fut repréfenté au mois de May 1704. & imprimé in 4°. L'Ordonnateur des jeux de Diane & d'Apollon forme le Prologue. *Voyez* l'Opera de Renaud.

Iphis & Jante. C. de M. Benferade en 1636.

Iris. T. C. attribuée à M. Quinaut. Il y a une Paftorale d'*Iris* de M. H. D. Coignée de Bourron en cinq Actes de Vers en 1620.

L'Irrefolu. C. de M. Nericaut Deftouches, en cinq Actes de Vers, repréfentée fans grand fuccès en 1713.

Ifabelle. ,, C'étoit le nom de Théâtre d'une jolie
,, Comedienne de l'ancienne troupe Italienne,

,, qui s'en retira pour contracter un mariage avan-
,, tageux avec M. de Turgis. `` Quelques piéces
Italiennes font fous le titre d'Ifabelle, il y en a
une Françoife intitulée, *Ifabelle Medecin*, qui
eft de M. Fatouville & qui fut joüée au mois de
Septembre 1685. Il y a encore une Paftorale
d'*Ifabelle* en 1595. d'Olenix de Mont-Sacré.

Ifidore ou *la Pudicité vengée*. 1645. par Abel de
Sainte Marthe.

Ifis. IX. Opera Tragedie dont les Vers font de M.
Quinaut & la Mufique de M. Lully. Cet Opéra
furnommé l'Opéra des Muficiens, fut repréfenté à
Saint Germain en Laye, puis à Paris en 1677. il
eft imprimé en dix parties féparées in 4°. Neptune,
Apollon & les Mufes font les entreparleurs du
Prologue : les Amours de Jupiter & de la Nim-
phe Jo, font le fujet du Poëme.

L'Ifle des Efclaves. C. de M. Marivaux en un Acte
& un divertiffement, repréfentée au Théâtre Italien au mois de Mars 1725.

L'Ifle de la Folie. C. des fieurs Dominique, Romagnefi & Lelio fils en un Acte & des divertiffemens. Gulliver voyageur imaginaire étoit le
principal perfonnage de cette piéce, qui conte-
noit une critique des nouveautés, tant litteraires
que théâtrales, fur tout de la Comédie de *l'Ifle de
la Raifon.*, elle eut de la réuffite au mois de Septembre 1727.

L'Ifle de la raifon. Voyez *les Petits Hommes*.

L'Ifle du Divorfe. Petite Comedie des fieurs Dominique & Romagnefi, joüée au mois de Septembre 1730.

Iffé. LXXI. Opera. Cette Paftorale héroïque eft tirée
de ce Vers d'Ovide.

Ut Paftor Macareïda luferit Iffen.

Comme Apollon deguifé en Berger trompa Iffé.
Cet Opera fut d'abord repréfenté en 1697. en
trois Actes feulement, & depuis en 1708. en
cinq : l'Auteur des paroles eft M. de la Motte,
& celui de la Mufique eft M. des Touches ; il eft
imprimé partition in 4°. Le Prologue eft le Jardin
des Hefperides rendu acceffible par Hercule.

„ Cet Opera eft le premier donné par M. des
„ Touches à prefent Surintendant de la Mufique
„ du Roy. Les autres de fa compofition font ;
„ 2. *Marthefie.* 3. *Omphale.* 4. *Le Carnaval &*
„ *la Folie.* 5. *Callirohée.* 6. *Telemaque.* 7. *Semi-*
„ *ramis.* 8. *Les Elemens.* 9. *Les Stratagemes*
„ *de l'Amour.*

La Parodie de cet Opera d'Iffé fous le titre
des Amours de Vincennes, eft du fieur Dominique, & fut joüée en Octobre 1719.

L'Italie Galante ou *les Contes.* C. de M. de la Motte
repréfentée au mois de May 1731. Ce font trois
Comedies féparées dans lefquelles cet Academi-
cien a accommodé au Théâtre & ramené aux bonnes mœurs & aux bien-feances trois Contes de
M. de la Fontaine, fçavoir ; l'Oraifon de Saint
Julien, qu'il avoit déja donné au public en 1726.
fous lé titre *du Talifman. le Richard de Minuto-*
lo. & le Magnifique. Ces Comedies font mêlées
d'intermedes & de divertiffemens ; cette derniere
Comedie *du Magnifique* a depuis été joüée fépa-
rement avec quelques additions & un divertiffement Chinois. Antoine Houdard de la Motte Parifien, étoit né le 17. Janvier 1672. jour de la
fête de Saint Antoine dont le nom lui fut donné ;
après fes Humanités & fes études de Droit, le
goût qu'il avoit pour la déclamation, en laquelle
il excelloit, lui fit repréfenter diverfes Comédies

de Moliere avec de jeunes gens de son âge. Ce fut dans ce tems, c'est à dire, en 1693. qu'il donna les *Originaux* au Théâtre Italien ; il embrassa ensuite l'état Ecclesiastique, & avoit même aspiré à la plus haute perfection par une retraite qu'il fit à l'Abbaye de la Trape, mais il quitta cet état en 1697. en laquelle année il donna son *Europe Galante*. Il a toûjours vécu dans le celibat, fut reçû à l'Academie Françoise en Fevrier 1710. en la place de M. Thomas Corneille & a continué de donner divers ouvrages que nous rapporterons ci-après: dans les douze dernieres années de sa vie il fut tout à fait aveugle & si accablé d'infirmités, qu'il ne pouvoit ni marcher ni se tenir de bout ; sa nourriture ordinaire étoit du pain, des legumes & du lait. Il mourut à Paris le 26. Decembre 1731. en la soixantiéme année de son âge, & fut inhumé à Saint André sa Paroisse, ses Poëmes ou Opera sont; ,, 1. *l'Europe Galante.* 2. *Issé.* 3.
,, *Amadis de Grece.* 4. *Marthesie.* 5. *le Triomphe*
,, *des Arts.* 6. *Canente.* 7. *Omphale.* 8. *le Carnaval*
,, *& la Folie.* 9. *la Venitienne.* 10. *Alcione.* 11.
,, *Semelé :* ses Tragedies sont ; *les Macabées. Ro-*
,, *mulus. Inès de Castro. & Oedipe :* outre cette
,, Comedie de l'*Italie Galante* représentée au
,, Théâtre François, il a donné au même Théâtre
,, *la Matrone d'Ephese.* & deux autres Comedies
,, avec M. B ... sçavoir *les trois Gascons. & le*
,, *Port de Mer ;* il a fait aussi pour le Théâtre Ita-
,, lien, *les Originaux. & l'Amante difficile ;* les
,, autres ouvrages de M. de la Motte sont ; deux
,, volumes d'Odes, l'Illiade d'Homere en vers,
,, un volume de Fables aussi en vers, des Refle-
,, xions sur la Critique, &c.

L'Italien marié à Paris. C, en cinq Actes de Prose

Françoise & Italienne avec un divertiſſement. C'eſt une traduction faite par le ſieur Lelio pere d'une Comédie Italienne du même titre joüée en 1716. Cette traduction qui fut repréſentée au mois de Novembre 1728. fut moins goûtée que l'original Italien.

L'Italienne Françoiſe C. de Meſſieurs D. R. & F. eſt compoſée d'un Prologue, de trois Actes & de divertiſſemens, elle fut repréſentée avec peu de ſuccès au Théatre Italien en Decembre 1725. C'étoit une ripoſte à la petite Comédie de la *Françoiſe Italienne de l'impromptu de la Folie.*

Juba. T. de M. de la Calprenede. M. Deſpreaux a dit de cette piéce,

Tout à l'humeur Gaſcogne en un Auteur Gaſcon.
Calprenede & Juba parlent le même ton.

Il y a une Tragedie de *Juba* plus moderne compoſée par le P. Colonia en 1695.

Judith. T. Sainte de M. l'Abbé Boyer; elle eut un grand concours d'auditeurs en ſa nouveauté en l'année 1695. Claude Boyer Abbé natif d'Alby fut reçû à l'Academie Françoiſe en 1666. & mourut le 22. Juillet 1698. à l'âge de quatre vingt ſix ans; pendant cinquante ans il travailla pour le Théâtre ſans que la mediocrité du ſuccès l'ait jamais rebuté, n'ayant été content du public qu'à ſa premiere & à ſes deux dernieres piéces. Ses ouvrages de Théâtre ſont; 1. *la Porcie Romaine.* 2. *la Sœur généreuſe.* 3. *Ariſtodeme.* 4. *Tyridate.* 5. *Ulyſſe dans l'Iſle de Circé.* 6. *Clotilde.* 7. *Federic.* 8. *la mort de Demetrius.* 9. *Policrite.* 10. *Oropaſte,* ou *le faux Tanaxare.* 11. *les Amours de Jupiter & de Semele.* 12. *la Fête de Venus.* 13. *le Jeune Marius.* 14. *Policrate.* 15. *le Fils Sup-*

posé. 16. *le Comte d'Essex.* 17. *Lisimene.* 18. *Aga-*
memnon, 19. *Artaxerce.* 20. *Jephté.* 21. *Judith,*
outre les paroles de l'Opéra de *Meduse*, on lui
donne encore la Tragedie de *Marate.*

Le Juge de soi-même , ou *l'Amour fantasque.* par
M. Fiot en 1682.

Le Jugement d'amour. C. de Hardy.

Le Jugement de Paris. T C. de M. Sallebray en
1639. Ce sujet a été aussi mis en Opera qui est
le XCXIV. c'est une Pastorale heroïque en trois
Actes qui fut représentée en 1718.les paroles sont
de Mademoiselle Barbier , cependant l'anecdote
du Théâtre les attribuoit à M. Pellegrin. ,, La
,, Musique étoit de M. Bertin maître de Clavecin
,, des Princesses d'Orleans , c'est le dernier Ope-
,, ra de ce Musicien , les autres de sa composition
,, sont , *Cassandre. Diomede , & Ajax.*

Le Jugement équitable de Charles le Bon Duc de
Bourgogne. T C. de M. Marechal 1645.

Jugurtha Roy de Numidie. T. de M. Pechantré. Sa-
luste a fait un Livre de la guerre de Jugurtha contre les Romains.

  ,, M. Pechantré étoit de Toulouse ; les applau-
,, dissemens que l'on donna aux chants qui lui fi-
,, rent remporter les trois prix des Jeux Floraux ,
,, lui firent naître l'envie de travailler pour le Théâ-
,, tre ; il vint à Paris pour executer ce dessein. La
,, premiere piéce qu'il donna au public fut la Tra-
,, gedie de *Geta*, qui reçût de grands applaudis-
,, semens , lesquels l'enhardirent à en faire la dé-
,, dicace à Monseigneur , qui pour lui marquer
,, l'estime qu'il faisoit de sa piéce lui donna des
,, marques de sa liberalité ; ainsi c'eût été un dom-
,, mage pour lui à tous égards s'il eût perdu la
,, gloire & le profit de cette Tragedie , comme

„ il pensa arriver. Voyez *Geta*. Cet heureux suc-
„ cès l'encouragea à continuer ; il donna deux
„ autres Tragedies, *Jugurtha & la mort de Ne-*
„ *ron*, cette derniere lui attira une plaisante avan-
„ ture que nous avons rapporté en son article : il
„ fit aussi pour le College d'Harcourt deux Tra-
„ gedies, sçavoir ; *Joseph vendu par ses freres &*
„ *le Sacrifice d'Abraham* : il venoit d'achever
„ l'Opera d'*Amphion & de Parthenopée* à la re-
„ serve du Prologue, lorsqu'il mourut au mois
de Decembre 1708.

Les Juives. Tragedie de Robert Garnier vers l'an
1568.

Le Jumeaux martirs. T. de Madame de Saint-Bal-
mon en 1650. il y a aussi une Comedie Italienne des *Jumeaux.*

La Juste vengeance. T C. par un Anonime.

La Justice d'amour. Pastorale de M. Borée en
1627.

<h2 style="text-align:center">L.</h2>

Les Lacenes. Voyez *la Constance.*

Le Laquais. C. de M. de la Rivey en 1579.

Laodamie. T. de Mademoiselle Bernard. Cette piéce qui est fort tendre fut représentée en 1688.

  „ Mademoiselle Bernard née à Rouen & pa-
„ rente de Messieurs Corneille, s'est faite con-
„ noître par deux Tragedies, celle ci qui n'est
„ point imprimée & l'autre intitulée *Brutus*, qui
„ a eu du succès tant à la représentation qu'à l'im-
„ pression.

Laodice Reine de Cappadoce. T. de M. Thomas
Corneille. Le sujet en est tiré du trente-septiéme
Livre de Justin. Ceux qui auront la curiosité de
l'y chercher connoitront ce que l'Auteur a ajoû-

té pour l'accommoder au Théâtre ; cette piéce est intriguée par le déguisement d'Ariarate fils de Laodice sous le nom d'Orante.

Saint-Laurent. Voyez *Saints.*

Laure persecutée. T C. de M. Rotrou en 1639.

Le Legataire universel. C. de M. Renard en cinq Actes de Vers ; elle fut représentée au commencement de l'année 1708. & eut vingt-deux représentations ; cette piéce est très divertissante, les deux derniers Actes sur tout font un plaisir infini : l'Auteur fit la critique de sa piéce en un Acte de prose qui fut joüée dans le même tems.

Lelio. Il y a plusieurs Comedies Italiennes sous le titre de *Lelio* qu'on peut voir dans le catalogue de Briasson.

„ Cet Acteur qui a quitté le nouveau Théâtre
„ Italien se nomme Louis Riccoboni & est Mode-
„ nois, ce fut lui qui fut chargé de former en
„ Italie une troupe Italienne qu'il amena en Fran-
„ ce en 1716. quoique les graces Françoises
„ manquassent à cet Acteur, son air sombre ser-
„ voit à peindre les passions tristes & outrées ;
„ jamais personne ne les a mieux caracterisés &
„ avec plus de vraissemblance. *Samson. la Vie est*
„ *un Songe. Timon Misantrope* & tant d'autres
„ pareilles pieces qu'il joüoit d'une maniere inimi-
„ table en font des preuves incontestables ; aussi
„ est il homme d'esprit & a donné grand nombre
„ de piéces Italiennes, dont le dialogue est toû-
„ jours aisé & animé : il a aussi donné un recueil
„ des anciennes piéces Italiennes avec l'art de
„ déclamer en vers Italiens : il demanda à se reti-
„ rer avec sa femme & son fils au mois de Mars
„ 1729. ce qui lui fut accordé en lui conservant
„ & à sa femme une pension de mille livres à cha-

,, cun ; il ſe retira à la Cour de M. le Duc de
,, Parme, qui lui accorda l'Intendance de ſa Mai-
,, ſon, mais la mort de ce Prince a produit ſon
,, retour, ſinon au Théâtre, du moins en Fran-
,, ce : nous avons fait mention ailleurs de ſa fem-
,, me Flaminia & de ſon fils.

Licoris. par un Anonime.

Lidere. Comédie de Hardy.

Ligdamon & Lydias, ou *la Reſſemblance.* T C. in
8°. 1631. C'eſt la premiere piéce de Théâtre de
M. Scudery, qui dans ſa Préface pour demander
grace pour ce coup d'eſſai, ſe donne pour ce qu'on
appelle un homme au poil & à la plume. ,, J'ai
,, paſſé, dit-il, plus d'années parmi les armes que
,, d'heures dans mon cabinet & beaucoup plus uſé
,, de meches en arquebuſe qu'en chandelle, de-
,, ſorte que je ſçai mieux ranger les Soldats que
,, les paroles, & mieux quarrer les bataillons que
,, les periodes. « Sans cette Préface auroit-on
crû que M. Scudery eût été un ſi brave Capitaine
en ſa jeuneſſe.

Liſandre & Calliſte. Tragi-Comedie de M. du Ryer
in 8°. 1632.

La Liſimene. par de Coſte en 1632. *la Liſimene.* de
Rotrou.

La Liſimene, ou *l'Hureuſe tromperie.* T C. de M.
l'Abbé de Boiſrobert 1633.

Liſimene, ou *la Jeune Bergere.* Paſtorale de Claude
Boyer en 1672.

Les Loix d'amour. C. par M. de Souhait en 1599.

Le Lot ſuppoſé. C. en trois Actes de Vers, par M.
du Freſny au Théâtre François.

La Lotterie. C. du ſieur d'Ancour en trente-deux
Scenes de Proſe, joüée au mois de Juilllet 1697.
Ce qui donna occaſion à cette petite Comédie,

fut la Lotterie du sieur Fagnani Marchand bro-chanteur, laquelle quoique toute composée de lots ou billets noirs, fut cependant plus lucrative pour celui qui la fit que pour ceux qui y mirent.

La Lotterie de Scapin. C. en trois Actes très longs en Prose. Cette piéce se trouve dans une nouvelle allegorique intitulée Moliere aux Champs Elizées, imprimée à Lyon en 1694. avec une lettre de Cardan écrite des Champs Elizées.

Lubin, ou *le Sot vangé.* petite Comedie du sieur Poisson l'ancien, elle est en Vers de quatre pieds en 1661.

Lucelle. T C. en Prose Françoise en trois Actes, par Loys le Jars Secretaire du Roy en sa Chambre, imprimée à Paris en 1580.

Lucidan, ou *le Heraut d'Armes.* par Scudery.

Lucrece, ou *l'Adultere punie.* T. de Hardy en 1628. il y a trois autres Tragedies de Lucrece ; la premiere de M. Chevrau en 1637. la seconde de M. Ryer en 1638. & la derniere est intitulée *la Mort de Lucrece.* par un Anonime.

Lucrere. T. de Nicolas Filleul 1566. ,, Cet Auteur ,, a de plus composé une Tragedie d'*Achilles* & ,, la Comédie des *Ombres* & d'autres poësies en-,, tr'autres les *Nayades* en quatre églogles ; il a ,, aussi donné plusieurs poësies Latines sous le ,, nom de *Nicolaus Fillellius Quercetanus.* Il étoit ,, de Rouen & vivoit vers les années 1565. & 1580.

Le Lutin amoureux. C. en trois Actes joüée au Théâtre Italien en 1722. Cette même piéce sous le titre de *Spinette Lutin amoureux* avoit été joüée en 1697. sur l'ancien Théâtre Italien.

Lyncée. T. de M. l'Abbé Abeille représentée en 1678. sur le Théâtre de l'Hôtel de Bourgogne. Voyez *Hypermenestre.*

Lyon Marchand. 1541. par Barthelemy Anceau.

M.

La Machabée. ce sujet tiré de l'Ecriture Sainte a été traité en deux Tragedies par Jean Virey sieur du Gravier en 1596. l'une sous le titre, *la Machabée,* ou *Martyre des sept freres.* & l'autre sous celui de *la Victoire des Machabées sur Antiochus.*

Les Machabées. T. de M. de la Motte, représentée pendant le Carême de l'année 1721. l'Auteur n'ayant pas jugé à propos de se découvrir dans les premieres représentations ; le merite de cette piéce mit en cervelle les critiques, & plusieurs connoisseurs s'imaginerent qu'au moins les trois premiers Actes ne pouvoient être que de feu M. Racine.

Une chose extraordinaire qu'on vit dans l'execution de cette piéce, fut le rolle d'un enfant, qui fut rempli & bien executé par le vieil Baron en tocquet & en manches pendantes, quoique ce Comédien eût alors soixante dix ans. Sur la fin de la même année, c'est-à-dire, au mois de Decembre, il fut donné une autre Tragedie des *Machabée,* ou *Antiochus.* de la composition de M. l'Abbé Nadal.

Madame Artus. C. en cinq Actes du sieur d'Ancour, c'est la seule piéce qu'il ait composé en Vers Alexandrins. Plusieurs personnes connuës étoient caracterisées dans cette Comédie 1708.

Madame Jobin. Voyez *la Devineresse.*

Mademoiselle de Sçai au Bord... C. satyrique par P. Corneille de Blessebois en 1676. qui a aussi donné *Eugenie & la Corneille.*

Madonte. T. par M. Dauvray 1631.

La Magie sans magie. C. de M. Lambert joüée à l'Hôtel de Bourgogne en 1660.

Le Magnifique. Voyez *l'Italie galante.*

Maguelone. T. de Sylvius en 1673.

Mahomet second Empereur des Turcs. T. de M. de Chateaubrun en 1714.

La Maison de campagne. C. du sieur d'Ancour en trente-trois Actes de Prose joüée au mois d'Août 1688.

Le Malade imaginaire. C. de Moliere en trois Actes de Prose mêlés de danse & de Musique, dont les airs étoient de M. Charpentier. Elle fut representée pour la premiere fois sur le Théâtre du Palais Royal le dix Fevrier 1673. on prétend que le troisiéme intermede qui est la céremonie burlesque de la reception d'un Médecin en Latin Macaronique, n'étoit pas de Moliere, mais d'un Médecin de ses amis nommé M. Mauvillain. ,, Cette ,, Comédie est la derniere de cet illustre Auteur, ,, qui dans une de ses représentations fut suffoqué ,, d'un crachement de sang dont il mourut quel- ,, ques heures après le 17. Fevrier 1673. âgé ,, selon les uns de cinquante-un ans six mois & se- ,, lon d'autres de cinquante-trois ans : comme la ,, vie de M. Moliere par M. de Grimarest est im- ,, primée à la tête de ses œuvres, nous nous con- ,, tenterons d'observer que son vrai nom étoit ,, Jean Baptiste Pocquelin, & qu'il étoit fils d'un ,, Tapissier valet de chambre du Roy, & de rap- ,, porter les vingt-neuf piéces imprimées en son ,, Théâtre suivant leur ordre chronologique. *l'E-* ,, *tourdy. le Dépit amoureux. les Précieuses ridi-* ,, *cules. le Cocu imaginaire. l'Ecole des maris. l'E-* ,, *cole des femmes. la Critique de cette piéce. la* ,, *Princesse d'Elide. le Mariage forcé. l'Amour* ,, *Medecin.*

„ *Medecin. le Mifantrope. le Medecin malgré lui.*
„ *le Sicilien. Amphitrion. l'Avare. George-Dandin.*
„ *le Tartufe. le Pourceaugnac. le Bourgeois Gen-*
„ *tilhomme. les Fourberies de Scapin. Pfiché. les*
„ *Femmes fçavantes. Dom Garcie de Navarre.*
„ *le Feftin de Pierre. l'Impromptu de Verfailles.*
„ *Melicerte. les Amans Magnifiques. la Comteffe*
„ *d'Efcarbagnas. & le Malade Imaginaire.*

„ La mort de Moliere apporta du changement
„ aux Théâtres ; la Salle du Palais Royal que fa
„ Troupe occupoit depuis l'année 1661. fût ac-
„ cordée à M. Lully pour y repréfenter fes Ope-
„ ra , & les Comédiens du Roy de la Troupe
„ de Moliere ayant fait fupprimer le Théâtre du
„ Marais , s'accommoderent au mois de Juillet de
„ la même année 1673. du Théâtre de la rue
„ Mazarine vis-à-vis celle de Guenegaud , qui
„ auparavant fervoit aux repréfentations des Ope-
„ ra. Sept ans après , c'eft-à-dire , en 1680. il
„ fut fait encore un autre changement aux Théâ-
„ tres , par la réunion de la Troupe Françoife
„ de l'Hôtel de Bourgogne à cette Troupe du
„ Roy de la rue Mazarine , & les deux Troupes
„ réunies continuerent leurs repréfentations fur
„ ce Théâtre de la rue Mazarine , mais s'y trou-
„ vant trop ferrés , & manquant de la plus grande
„ partie des lieux qui leur étoient néceffaires ; ils
„ acheterent le jeu de Paulme de l'Etoile & quel-
„ ques maifons voifines en la rue des Foffez Saint
„ Germain , où ils ont fait bâtir un Théâtre &
„ tous les accompagnemens dont ils peuvent avoir
„ befoin , ils vinrent l'occuper en l'année 1688.
„ & y ont continué leurs repréfentations jufqu'à
„ ce jour.

La Malade fans maladie. C. de M. Dufreny en cinq

Actes de Profe ; quoique cette piece n'ait point été repréfentée, elle eft imprimée dans les Oeuvres de cet Auteur , on en eft redevable aux Comédiens François qui en poffedoient le manufcrit dans leur dépôt.

Les Mal-affortis. C. du même M. Dufrefny en deux Actes & un divertiffement , elle n'eut point de fuccès au Théâtre Italien où elle fut joüée en May 1693.

Manlius. 1645. par M. le Vayer de Boutigny auffi Auteur de la Tragedie du *Grand Selin.* un autre *Manlius* par Madame de Villedieu en 1662.

Manlius Capitolinus. T. de M. de la Foffe en 1698. c'eft la meilleure des quatre de cet Auteur ; on a dit de cette piéce que M. Corneille l'auroit pû avoüer fans faire préjudice à fa réputation ; cependant la critique ne l'épargna pas , & l'Auteur dans fa Préface donne pour toute réponfe à fes Cenfeurs , l'approbation dont le public a honoré fon ouvrage.

Manlius Torquatus. T. de M. Fauré en 1662.

Manto la Fée. LXXXVI. Opera en cinq Actes, dont les Vers font de M. *Meneffon qui a fait auffi les paroles de l'Opéra des Plaifirs de la Paix & de celui d'Ajax.* la Mufique de cet Opera de *Manto* eft de M. Batiftin ; il fut repréfenté en 1711. & imprimé partition in 4°. le Prologue eft la fin de l'enchantement de Merlin qui s'étoit enfermé pour plaire à fa Maîtreffe. Cette piece eft intriguée comme la plûpart des autres Opera ; Manto aime le Prince de Licaris qui n'a point de retour pour elle à caufe de l'amour qu'il a pour la Princeffe Ziriane laquelle de fon côté aime Iphis & en eft aimée, cet Iphis eft fils de Manto , mais inconnu , parce que Merlin l'a enlevé à fa mere le jour de sa naiſſance par le moyen de l'anneau qui le rend inviſible ; c'eſt cet anneau qui fait le denouement, c'eſt-à-dire la reconnoiſſance d'Iphis.

Marc Antoine. le Vieil Robert Garnier avoit traité ce ſujet en une Tragedie dès l'année 1568. M. Mairet en fit une autre en 1637. il y a auſſi un *Marc Antoine*, ou *Cleopatre.* de la Torilliere pere du dernier mort.

Le Marchand dupé. C. joüée ſur l'ancien Théâtre Italien en Septembre 1688. il n'y a point de rolle d'Arlequin dans cette piece par la raiſon que nous avons déja marquée.

Marguerite de France. T C. par G. G. 1641.

Le Mariage d'Amour. Paſtorale d'Iſaac du Ryer in 8°. 1610. Cet Iſaac du Ryer qui vivoit au commencement du dix-ſeptiéme ſiécle , a encore donné *les Amours contraires & la Veugeance des Satyres.*

Le Mariage de Bachus. T. de M. de Vizé joüée ſur le Théâtre du Marais en 1672. On y trouve comme dans Amphitrion , du comique mêlé au grand ſerieux ; la Muſique en fut compoſée par M. Lully ; mais à la repriſe qui en fut faite en 1685. pour ſe reſtraindre au nombre des voix preſcriptes, on fit faire de nouveaux airs par M. de la Loüette éleve de M. Lully. ” Par Arrêt du Conſeil du ” 30. Avril 1673. le nombre des voix de la Co- ” médie fut fixé à deux & celui des violons à ſix ” au lieu de ſix voix & de douze violons , que les ” Comédiens avoient avant ce reglement.

Le Mariage de Cambyſe. T C. de M. Quinaut en 1656.

Le Mariage fait & rompu. Voyez *le Faux Damis.*

Le Mariage forcé. C. de Moliere. C'eſt un Acte de Proſe dont la Scene n'eſt pas marquée & où les

perſonnes viennent au hazard ſans que rien les
amene , ainſi cette piece auroit difficilement paſſé ſi elle avoit été joüée par d'autres Comédiens
que ceux de Moliere , elle fut repréſentée pour
la premiere fois au Louvre le 29. Janvier 1664.
faiſant partie d'une grande fête , où fut repréſentée *la Princeſſe d'Elide* , elle fut donnée au public
le 15. Novembre ſuivant. Cette piece a été miſe
en Vers par un Anonime en 1674.

Le Mariage imprevû. C. en Proſe de M. . . . .

Le Mariage d'Orondate & de Statira , ou *la Conclufion de Caſſandre.* T C. de M. Magnon.

Le Mariage mal aſſorti. C. en trois Actes de M.
Sainville , cette piece n'a pas été repréſentée.

Le Mariage de rien. C. de M. Montfleury , ou de
Jacob Avocat , en Vers de huit Sillables , joüée
en 1661.

Le Mariage par Lettres de change. petite Comédie
de M. Dalençon joüée en Juillet 1720. Le ſujet
eſt tiré d'un hiſtoriette du Mercure du mois de
vrier 1719.

Le Mariage précipité. C. en trois Actes de Proſe ,
repréſentée le 20. Mars 1713. à Utrech pendant
le Congrès. C'étoit Madame du Noyer qu'on
avoit eu intention de joüer en cette piece : ceux
qui ſeront curieux des avantures de cette Dame
pourront s'en inſtruire par ſes Mémoires & Lettres imprimées en cinq volumes in 12. à la fin deſ-
quels eſt cette Comédie.

Le Mariage ſans Mariage. C. de M. Marcel en
1672.

Les Mariages inopinés. C. en Proſe de M. . .

Mariane. Ce ſujet a été traité ſous ce titre , ou ſous
celui d'*Herode.* les Tragedies intitulées *Mariane* ,
ſont au nombre de ſix.

La premiere de Hardy en 1624.

La seconde de M. Tristan en 1636. De toutes les Tragedies de cet Auteur c'est celle qui a
merité de plus grands applaudissemens : les efforts
que le Comédien Mondory fit dans la représentation du personnage d'Herode, le firent tomber
dans une espece d'apoplexie qui lui couta la vie.

La troisiéme aussi intitulée *la Mort des enfans
d'Herode.* est de M. de la Calprenede & fut representée en 1639.

La quatriéme est sans nom d'Auteur & n'a pas
été representée.

La cinquiéme est celle de M. Voltaire qui ne
fut représentée qu'une seule fois sous ce titre le
6. Mars 1724. mais l'Auteur l'ayant corrigée la
donna au mois d'Avril de l'année suivante sous le
titre d'*Herode & de Mariane.* Le succès qu'elle
eut après ces corrections dut consoler M. Voltaire de la premiere disgrace de sa piece puis qu'on
n'en a guere vû de si generalement applaudie,
aussi elle ne manqua pas d'être parodiée sous le
titre du *Mauvais menage.* petite Comédie en Vers
du sieur le Grand, laquelle fut joüée sans anon-
ce & avec succès au Théâtre Italien au mois de
May 1725.

La sixiéme & derniere Tragedie de Mariane est
de M. l'Abbé Nadal : cette piece est imprimée,
quoiqu'elle n'ait eu que quatre représentations au
mois de Fevrier 1725.

Le grand nombre de Tragedies de *Mariane*
donna occasion à un Opera Comique de la composition de M. Fuzelier, intitulé *les Quatre Mariamnes.* & cet Opera Comique occasionna à son tour
une petite Comédie de M. Piron, qu'il intitula *les
huit Mariamnes,* entendant parler de celles de

Meſſieurs Triſtan , Voltaire , Nadal & de l'Anonime , & y ajoûtant les quatre de l'Opera Comique ci-deſſus , qui étoit la critique de ces quatre
Marianes : comme c'étoit un double emploi l'é-
quité du Parterre ne trouva pas bon que ces quatre prétenduës Marianes en vinſſent groſſir le nombre. Au moyen de notre Catalogue M. Piron auroit pû faire entrer en danſe au moins une demie
douzaine de Marianes ſans multiplier les êtres ſans
neceſſité.

Marie Stuart Reine d'Ecoſſe. Nous avons deux Tragedies ſous ce titre , l'une de M. Regnault imprimée en 1638. & l'autre de M. Bourſaut. Le
malheur de cette Reine ſembla s'étendre ſur ces
pieces : cependant celle de M. Bourſaut lui valut
cent Louis d'or , que lui donna M. le Duc de S.
Agnan en reconnoiſſance de la dedicace qu'il lui
en avoit fait.

Les Maris infideles. T C. de D. V. 1665.

Marius. Tragedie de M. Boyer en 1669. une autre de M. Decaux en 1716.

Marius & Scilla. T. de M. Molard jeune homme
de la Ville de Marſeille , cette piece n'a pas été
repréſentée , mais imprimée en 1716.

Le Marquis ridicule , ou *la Comteſſe faite à la hâte.*
C. de M. Scaron en 1656.

Le Marquis d'Ancre , ou *la Victoire du Phœbus Fran-
çòis contre le Pyton de ce tems.* Tragedie ſans nom
d'Auteur.

Marſidie Reine des Cimbres. T. de Madame de Gomez , cette piece n'a pas été repréſentée.

Marthesie premiere Reine des Amazones. XLVIII.
Opera-Tragedie dont le Poëme eſt de M. de Lamotte & la Muſique de M. Deſtouches , repréſenté en 1699. & imprimé partition in 4°. Cybel-

le, Jupiter, Junon & Neptune forment le Prologue. Le sujet de la piece est tiré de l'Histoire des Amazones, lesquelles Marthesie engagea à se retirer de la domination des hommes.

Les femmes à sa voix lasses de nous ceder,
Déja sures de plaire voulurent commander.

Mais cette Princesse ayant defait & fait prisonnier Argapise Roy des Scithes en devint amoureuse, ce qui étoit contrevenir à la principale loy de son nouvel institut.

Martin Braillard. Voyez *Trigaudin.*

Le Mari curieux. C. en un Acte de Prose par M. d'Alainval, reçûë favorablement au mois de Juillet 1731.

Le Mari Joueur & la Femme Bigote. Scenes Italiennes en Musique, représentées sur le Théâtre de l'Opéra au mois de Juin 1729. Malgré le peu de convenance de ces Scenes avec nos Opera elles ne laisserent pas d'être fort applaudies ; le sieur Bistorin Florentin représentoit le Joueur sous le nom de Bajoque, & la Demoiselle Ungarelli de Bologne représentoit Serpille femme de Baïoque & Bigote.

Le Mari retrouvé. petite Comédie du sieur d'Ancour représentée en Octobre 1698. Le Procès de M. de la Pivardiere qui faisoit alors l'entretien de tout Paris, fournît ce sujet au sieur d'Ancour qui sçavoit saisir les histoires courantes pour les mettre au Théâtre.

Le Mari sans femme. C. de M. Montfleury, cette piece qui est en cinq Actes de Vers avec des intermedes, est un peu libre de même que presque toutes les autres de cet Auteur, elle fut representée en 1663. & a été reprife plufieurs fois.

La Mafcarade. en forme de Ballet de la compofition de M. Benferade , ce Ballet fut danfé au Palais Cardinal en 1651. C'eft le mariage de Caffandre à la Cour du Roy Guyon ; outre les Seigneurs qui danferent avec le Roy , les fieurs Moliere , Robichon, Lambert & Lallun eurent l'honneur d'y danfer. Jodelle a auffi compofé une piece intitulée *la Mafcarade.*

La Matrone d'Ephefe. fujet tiré de Petrone ; chaque Théâtre a fa *Matrone d'Ephefe* , le Théâtre François en a une de M. de Lamotte, elle fut joüée en 1702. l'ancien Théâtre Italien en avoit une qui avoit pour titre *Arlequin Grapignan.* de M. Fatouville , elle étoit en trois Actes & fut joüée au mois de Mai 1682. l'Opera Comique en a auffi une en trois Actes de M. Fufelier laquelle fut joüée en 1714.

Maurice Empereur d'Orient. T. de M. Romain en 1606.

Le Maufolée T C. de M. Maréchal en 1642.

Maximien Empereur. T. de M. Thomas Corneille Maximien ce Cruel perfecuteur des Chrétiens , après avoir quitté l'Empire s'en repentit , & entreprit de l'enlever à fon gendre qui avoit époufé fa fille Faufte.

Le May. petite Comédie avec des divertiffemens par M. Fufelier , joüée au Théâtre Italien au mois de May 1719.

Le Mauvais menage. Voyez *la Mariane* de M. Voltaire.

La Mechante femme. Voyez *la Médée* de M. de Longepierre.

Le Médecin malgré lui. C. de Moliere en trois Actes de Profe, repréfentée pour la premiere fois le fix Août 1666. la Scene y eft incertaine, Moliere la compofa des fragmens des petites pieces qu'il avoit joüé dans les Provinces.

Le Médecin de Chaudray. petite Comédie du fieur d'Ancour quoi qu'elle ne foit pas dans le recueil de fes pieces : elle fut repréfentée en 1698. c'étoit une vaudeville du tems par la vogue où étoit alors un Médecin Paifan du Village de Chaudray au Diocefe de Seez en Normandie.

Le Médecin de Robe. C. par un Anonime en 1692.

Le Médecin du tems. C. joüée à Fontainebleau par les Italiens le 31. Août 1679. jour du mariage de la Reine d'Efpagne.

Le Médecin de Village. C. en un Acte de Profe de M. . . . elle fut joüée à la fin d'Août 1704. les airs étoient de M. Gilliers.

Le Médecin volant. petite C. en Vers de M. Bourfaut en 1665. cette piece eft tirée d'une Comédie Italienne très-ancienne intitulée, *Arlequino Medico Volante.*

Medée. Jean de la Perufe en 1555. Scevole de Sainte Marthe auffi en 1555. Claude Binet en 1577. donnerent chacun une Tragedie de Medée, Pierre Corneille en 1636. commença par la fienne à s'élever au deffus de ce qu'il avoit fait jufqu'alors ; enfin M. de Longepierre donna en 1694. fa Medée qui eut peu de fuccès , quoique le principal rolle fût rempli par la célebre Chammelé, mais à la reprife qui en fut faite au mois de Septembre 1728. La Demoifelle Balicour fit fi bien valoir le rolle de Médée qu'elle attira de plus nombreufes affemblées.

La Parodie de cette derniere Tragedie fous le titre de la *Méchanie Femme.* fut donnée par les fieurs Dominique & Lelio fils lors de cette reprife au mois d'Octobre 1728.

Medée. XXXI Opera-Tragedie de M. Thomas Corneille, mise en Musique par M. Charpentier, représentée en 1694. & imprimée partition in 4ᵃ. la Victoire, Bellone & la Gloire forment le Prologue : cet Opera est de la composition de M. Charpentier grand Musicien qui ne cedoit à personne dans la Musique Latine, mais qui n'a pas également réüssi dans la Françoise, il étoit éleve du Carissimi.

Medée & Jason. LXXXI. Opera, la Tragedie est de
,, M. de la Roque aussi auteur des paroles de
,, l'Opera de Theonée, il est Chevalier de l'or-
,, dre Militaire de Saint Louis, a été Gendarme
,, de la Garde du Roy, & travaille actuellement
,, au Mercure de France qu'il donne tous les
,, mois au Public & qui s'est bien perfectionné
,, en ses mains. La Musique de cet Opera de Medée est de M. Salomon, il fut représenté en 1713. & imprimé in 4º. Le sujet du Prologue est l'Europe rassurée par Appollon & Meipomene, qui lui annoncent que ses maux vont finir par le retour de la Victoire qui vient de se declarer pour les Drapeaux de la France.

Les amours de Jason & de Creüse fille de Creon Roy de Corinthe, traversées par Medée femme de Jason font le sujet du Poëme. Cet Opera eut un grand succès, qui s'est soutenu en la reprise qui en fut faite au mois de May 1727. en laquelle elle eut trente-une représentations.

La Parodie de cet Opera sous le même titre de Medée étoit des sieurs Dominique Romagnesi & Lelio fils, & fut représentée en Octobre 1728.

Le Medisant. C. de M. Nericaut Destouches en cinq Actes de Vers, représentée en 1715. Ce
,, fut dans une des représentations de cette piece

,, donnée le 28. Janvier 1730. que Marie An-
,, ne Dangeville âgée de 14. ans debuta par
,, le rolle de suivante ; elle avoit brillé au Théâ-
,, tre dès sa plus tendre jeunesse par ses talens
,, pour la Comédie & la danse ; son frere fut aussi
,, reçû dans la Troupe au mois de Juin suivant,
,, ils sont enfans de la Balle, leur pere étant le
,, sieur Dangeville Danseur de l'Opera, leur mere
,, sœur de Mademoiselle Desmares, dont le
,, public ne perdra pas si-tôt le souvenir, & leur
,, oncle le sieur Dangeville connu par les rolles
,, de naïveté, dont il s'acquite avec un art d'au-
,, tant plus grand qu'il paroît plus naturel.

Medus Roy des Medes. LV. Opera dont la Tragedie est de M. de la Grange & la Musique de M.
Bouvard, il fut donné au public en 1702. & n'a
été imprimé que par extrait in 4o. La Fortune dans
son Temple forme le Prologue.

Meduse. XL. Opera dont la Tragedie est de Claude
Boyer & la Musique de M. Gervais Maître de la
Musique de feu M. le Duc d'Orleans & depuis de
celle de la Chapelle du Roy. *C'est son premier
Opera qui a été suivi de ceux d'Hypermenestre &
des Amours de Prothée.* Cet Opera de Meduse fut
représenté en 1697. & n'est point imprimé en Musique, des Bergers font le Prologue.

La Megere amoureuse. Voyez *le Poëte Basque.*

Meleagre. Ce sujet tiré du huitiéme Livre des Metamorphoses, a été traité en quatre Tragedies & un
Opera, les Tragedies ont été données par Hardy, par M. Benserade en 1641. par M. de la
Grange en 1699. & par M. de Boursaut, cette
derniere fut composée en cinq Actes de Vers
liriques avec un Prologue pour être mise en
Musique & représentée devant le feu Roy au

Château de Maintenon, ce qui ne fut pas exécuté : il y a une ancienne Tragi-Comédie intitulée,
la Fatalité de Meleagre, par M. Boiſſin de Gallardon qui fut imprimée en 1618. l'Opera de
Meleagre eſt le LXXIII. la Tragedie eſt de M.
Joly & la Muſique de M. *Batiſtin qui a donné de-*
puis deux autres Opera Manto la Fée & Polydore,
celui-ci fut repréſenté au mois de May 1709. &
imprimé partition in 4°. le Prologue eſt la diſpute au ſujet de la Muſique entre la France & l'I-
talie.

Melicerte. C. Paſtorale heroïque en Vers de M. Moliere, elle fut repréſentée pour la premiere fois
devant le Roy à Saint Germain en Laye avec le
Ballet des muſes au mois de Decembre 1666.
cette piece ne fut point imprimée du vivant de
Moliere, V. *Mirtil.*

Ce ſujet de *Melicerte* a été mis en Opera dont
les Vers étoient de M. Guerin & la Muſique de
M. de la Lande Surintendant de celle du Roy qui
ne fut point goûtée : *outre cet Opera M. de la Lan-*
de a fait la Muſique des Ballets de la Jeuneſſe &
de Trianon & de l'Opera des Elemens, qu'il com-
poſa conjointement avec M. Deſtouches ; les excel-
lens Motets qu'il a compoſé pour la Chapelle du
Roy, ſont les Muſiques qui lui ont fait le plus
d'honneur.

Meliſſe. par un Anonime.

Melite. c'eſt la premiere Comédie de P. Corneille. M. Bayle dit, que M. Corneille ne ſon-
geoit à rien moins qu'à la poëſie, lorſqu'il lui arriva une petite avanture galante qu'il accommo-
da au Théâtre en ajoûtant quelque choſe à la verité, & qu'il fut comme étonné de ſe voir Auteur d'une Comédie d'un genre nouveau & fort

different de ce comique bas & de ce serieux obs-
cur qui regnoit alors, cette piece fut joüée en
1625. & imprimée en 1630. Hardy qui étoit
l'Auteur banal du Théâtre & associé pour une
part avec les Comédiens, répondoit à ceux qui
lui apportoient son contingent des représentations de Melite (bonne farce) parce que cette
part se trouvoit bien augmentée par le succès de
cette piece, qui fut si grand, qu'il s'établit une
nouvelle Troupe de Comédiens parce qu'on vit
que le Théâtre alloit être plus frequenté qu'il n'a-
voit été jusqu'alors.

Melize. Pastorale comique avec un Prologue face-
tieux de M. *du Rocher qui a aussi donné l'Indienne
Amoureuse*; cette Melize fut imprimée à Paris en
1634. in 8°.

Melusine. cette Fée moitié femme & moitié serpent
qui est comme l'on sçait la fable de l'origine de
l'illustre Maison de Luzignan, a fourni à M. le
Brun le sujet d'une Tragedie qui n'a pas été representée, & à M. Fuselier le sujet d'une Comédie en trois Actes avec des divertissemens qui
fut joüée au Théâtre Italien en Decembre 1719.

Les Menechmes. c'est-à-dire, ressemblans à soi-même , on sçait que Plaute a fait une Comédie des
Menechmes, M. Rotrou en fit une vers l'an 1636.
en laquelle il a copié plusieurs traits de celle de
Plaute , M. Renard en a donné une autre en
1706. en cinq Actes de Vers & un Prologue ,
cette piece est fort théâtrale & très divertissante.

Le Menteur. C. de M. Pierre Corneille en 1644.
cette excellente Comédie est en partie une traduction de celle de *Lopé de Vega*, ou plutôt de
Jean d'Alarcon : ce sujet Espagnol sembloit si
beau à M. Corneille , qu'il disoit qu'il auroit don-

né ses deux plus belles pieces pour en être l'inventeur.

La suite du *Menteur* est une autre Comédie du même Monsieur Corneille donnée en 1645. non pas immediatement après le *Menteur*, mais après la Tragedie de *Pompée*, cette suite du *Menteur* est aussi tirée de *Lopé de Vega*; comme cette piece a des rapports à celle du *Menteur*, il est difficile de l'entendre qu'on n'ait vû ou lû la premiere; le succès de celle-ci ne fut pas si avantageux que celui du *Menteur* : cependant dans une reprise qui en fut faite par les Comédiens du Marais quatre ou cinq ans après sa nouveauté, elle eut un succès très heureux.

Les Menteurs qui ne mentent pas. C. de M. Boursaut 1664. d'abord en cinq Actes, reduits depuis à trois.

Le Mercure Galant. Voyez *la Comédie sans titre.* joüée au Théâtre François : il y a une autre Comédie du *Mercure Galant* qui fut joüée sur l'ancien Théâtre Italien au mois de Janvier 1682. elle est de M. Fatouville & en trois Actes.

La Mere coquette. Voyez *les Amans broüillés.*

La Mere Rivalle. C. en trois Actes par M. de Beauchamps, elle ne fut joüée qu'une fois au Théâtre Italien au mois de May 1719.

Merlin (*les amours de*) C. de Rosidor Comédien en 1671.

Merlin Dragon. petite Comédie par un Anonime.

Merope. Tragedie de M. le Marquis de Maffey illustre sçavant de Verone; quoique cette piece n'ait été joüée à Paris qu'en Italien d'abord gratis, ensuite pour le prix ordinaire de l'entrée; cependant comme il en a paru trois differentes traductions en François nous croyons devoir la rapporter en ce Catalogue : cette Tragedie fut imprimée pour la premiere fois en 1710. & depuis il s'en est fait en Italie ou dans les Païs étrangers plus de douze éditions, jamais Tragedie n'a eu un applaudissement si universel & ne la mieux mérité, il en a paru des traductions en François, en Allemand en Anglois & en Castillan : outre cette Tragedie le Marquis de Maffey a composé *Cerimanie* Comédie, & la *Fida Ninfa Drame*, mise en Musique, il a encore donné *Il Théâtro Italiano* qui est un recueil des plus belles Tragedies qui ayent été représentées sur les Théâtres d'Italie, on peut voir le Catalogue des autres ouvrages de M. Maffey dans le premier volume du Mercure du mois de Juin 1731.

Merouée. T. de M. Billard de Courgenay en 1620. ce sujet est tiré de l'Histoire de France.

La Metamorphose amoureuse. C. du sieur le Grand en un Acte de Prose joüée au Théâtre François au mois d'Août 1710.

La Métamorphose des yeux de Philis. Voyez *les Yeux de Philis.*

Les Metamorphoses. C. par un Anonime.

La Metempsicose. C. du sieur d'Ancour ; cette piece représentée en 1718. est en trois Actes avec des Intermedes & un Prologue en Vers libres qui roule sur la situation du Théâtre François qui venoit d'obtenir la destruction des Théâtres de la Foire. Le sujet de la piece est Jupiter qui sous le nouveau, mais plus sûr deguisement d'un Financier, veut mettre Corine de moitié d'une infidélité qu'il veut faire à Junon, qui de sa part & aussi sous le masque, ne manque pas de traverser ces nouvelles amours : les Comédiens étoient les premiers à décrier cette piece à cause de leur mefintelligence avec l'Auteur leur Camarade, & ils n'eurent pas de peine à y réüffir.

Le Meurtre d'Abel par Caïn. T. par Thomas le Cocq en 1580.

Mezetin Grand Sophi de Perfe. C. de M. de Lofme de Montchenay, repréfentée fur l'ancien Théâtre Italien au mois de Juillet 1689. il n'y avoit point de rolle d'Arlequin dans cette piece par la raifon que nous avons marqué ailleurs.

„ Mezetin Comédien de l'ancien Théâtre Ita-
„ lien fe nommoit Angelo Conftantini de la Ville
„ de Verone, il étoit frere d'Octave tous deux
„ enfans de Gradelin ; Mezetin fut reçû dans l'an-
„ cienne Troupe des Comédiens Italiens en l'an-
„ née 1680. il y joüa d'abord fous le mafque
„ d'Arlequin du tems même de l'ancien Domini-
„ que : depuis il inventa le perfonnage de Me-
„ zetin qu'il a toûjours joüé à vifage découvert
„ jufqu'au mois de May 1697. que le Théâtre
„ Italien fut fermé, après quoi ces Comédiens
„ s'étant difperfés, Mezetin alla à Brunfvick,
„ où ayant trouvé une Troupe Italienne, il y joüa
„ le même rolle de Mezetin. Le Roy de Pologne
„ qui avoit entendu parler de fes talens l'en reti-
„ ra en 1699. pour l'attacher à fon fervice & lui
„ accorda le titre de Noble avec les charges de
„ fon Camerier Intime, Tréforier de fes menus
„ plaifirs & Garde des bijoux de fa Chambre, lef-
„ quelles Mezetin exerça pendant près de trente
„ ans : tout Paris qui le croyoit mort, fut fur-
„ pris de le voir reparoître fur le nouveau Théâ-
„ tre Italien le 5. Fevrier 1729. Le fieur Lelio
„ fils compofa un Prologue pour le produire au
„ Public qui courut en foule le voir pendant le
„ peu de tems qu'il joüa fur ce Théâtre.

Mirame.

Mirame. T C. de M. Defmarefts en 1629. une partie du fujet & des penfées étoit du Cardinal de Richelieu ; auffi témoigna-t il des tendrefles de Pere pour cette piece, dont la repréfentation lui couta près de trois cens mille écus , & pour laquelle il fit bâtir cette grande falle de fon Palais qui fert encore aujourd'hui aux repréfentations de l'Academie Royale de Mufique.

Mirtil & Melicerte. Paftorale de Moliere finie par M. Guerin fils du Comedien en 1699.

Mirtille Bergerie. par Adradan en 1602.

Le Mifantrope. C. de Moliere en cinq Actes de Vers , elle fut repréfentée pour la premiere fois fur le Théâtre du Palais Royal le 4. Juin 1666. on trouvoit que ce *Mifantrope* ne reffembloit pas mal à M. le Duc de M *** qui étoit un vrai fagot d'épines , & à Moliere lui même qui étoit un peu hypocondre : la Lettre imprimée à la tête de cette piece en fait obferver toutes les beautés , cependant à caufe de fon férieux elle ne fut pas autrement goûtée dans les commencemens , ce qui obligea Moliere de la regaillardir à la quatriéme repréfentation par fon fagotier. Une Anecdote fur un endroit de cette piece eft , que les Faux Devots irrités de la Comédie du *Tartufe* , firent courir dans Paris un Livre contenant une fatyre terrible contre Moliere ; c'eft à cette occafion qu'il fait dire à fon *Mifantrope* les Vers fuivans.

> *Et non contens encor du tort que l'on me fait ,*
> *Il court parmi le monde un Livre abominable.*
> *Et de qui la lecture eft même condamnable.*
> *Un Livre à mériter la derniere rigueur , &c.*

Les Myfteres. c'étoit une efpece de poëme dramatitique fort grossier & fort irregulier , dont le sujet toûjours pieux étoit tiré ou de l'Ecriture Sainte ou de la Legende des Saints ; au commencement les représentations s'en donnoient dans les Eglises & faisoient partie des céremonies Ecclesiastiques ; dans la suite elles furent données sur l'échafaut en divers endroits de Paris ; enfin les Confreres de la Passion établis en l'Eglise de la Trinité rue Saint Denis à Paris , obtinrent des Lettres Patentes du Roy Charles VI. en l'année 1402. qui leur accorderent le droit de faire représenter ces Mysteres , ce qu'ils firent en certains jours & dans des lieux particuliers , mais ayant obtenu une salle dans l'enclos de la Maison de la Trinité , ils y donnerent leurs représentations jusqu'en l'année 1545. que par Arrêt du Parlement cette salle leur fut ôtée & destinée à loger les pauvres ; alors ces Confreres chercherent un autre lieu , & l'Hôtel de Bourgogne se trouvant une Maison sans Maître depuis la mort de Charles le Hardy dernier Duc de Bourgogne , tué au siege de Nancy ; ces Confreres acheterent en 1548. cet Hôtel , ou pour mieux dire la place & les masures qui en restoient , où ils firent bâtir le bâtiment qui subsiste rüe Françoise , sur la porte duquel se voyent encore les instrumens de la Passion , & le Parlement leur permit d'y continuer leurs représentations , à la reserve du *Mystere de la Passion* & autres Mysteres , avec défenses à tous autres de s'immiscer en ces choses ; ce sont les termes de l'Arrêt de 1548. Comme la direction des Comédies & Farces ne convenoit guere à des Confreres de la Passion , ils loüerent dans la suite cet Hôtel de Bourgogne à des Comédiens François & Italiens , qui étoient obligés de se

fervir de ce lieu fans pouvoir joüer ailleurs, &
ces Confreres s'y referverent une loge ; mais en
l'année 1676. le revenu de cette Confrerie ayant
été réuni à l'Hôpital Général, cet Hôtel continua de fervir de Théâtre aux deux Troupes des
Comédiens Italiens & François jufqu'au 21. Octobre de l'année 1680. que la Troupe Françoife
de l'Hôtel de Bourgogne fut réunie à celle des
Comédiens du Roy, qui du Palais Royal étoit
venu s'établir dans la ruë Mazarine vis-à-vis la ruë
de Guenegaud ; ainfi ce Théâtre de l'Hôtel de
Bourgogne refta à la feule Troupe des Comédiens Italiens qui y continuerent leurs repréfentations jufqu'au mois de May 1697. que le feu
Roy fit fermer leur Théâtre ; enfin dans la minorité du Roy, ce même Théâtre après avoir été
fermé près de vingt ans, fut accordé en 1716. à
la nouvelle Troupe des Comédiens Italiens qui
l'occupe aujourd'hui.

Le nombre des anciens Myfteres eft fi grand,
qu'il feroit ennuyeux de rapporter tous les écrits
qui furent publiés ou repréfentés fous le nom de
Myftere, les principaux font.

Le Myftere du Vieil Teftament par perfonnages, joüé à Paris & imprimé en 1506. par
Jean Petit.

Le Myftere de la vengeance de la mort N. S.
J. C. & la deftruction de Jerufalem. le tout par
perfonnages, imprimé à Paris in folio par le même Jean Petit. .

Le Myftere de la Conception & Nativité de la
glorieufe Marie Vierge avec le mariage d'icelle,
la Nativité, Paffion, Refurrection & Afcenfion
de N. S. J. C. joüé à Paris l'an de grace 1507.
imprimé in folio par Jofeph de Marnef.

La Conception à personnages, cette moralité qui a été long-tems représentée à Paris sur le Théâtre de l'Hôtel de Flandres, pouroit bien être de Loüis Choquet fameux Poëte François vers le milieu du XV. siécle, Auteur des Comédies des Actes des Apôtres, de l'Apocalipse de Saint Jean Zebedée & de plusieurs autres Mysteres ; celui-ci de la *Conception* fut imprimé in 4°. en Gotique à Paris chez Alain Lotrian, sur Loüis Choquet. *Voyez* le Dictionnaire de Bayle.

Le Mystere des trois Rois. par Dabundance en 1544.

Les Actes des Apôtres. par Arnoul & Simon Greban en 1450.

Le Mystere, Quod secundum legem debet mori, par Dabundance en 1544.

Le Mystere & beau miracle de Saint Nicolas. à vingt-quatre personnages, imprimé à Paris in 4°. par Pierre Sergent , &c.

Ces représentations des Mysteres servoient aussi de fêtes pour les entrées & mariages de nos Rois. Alain Chartier dans son Histoire de Charles VII. parlant de l'entrée de ce Roy à Paris en l'an 1437. dit que tout le long de la ruë Saint Denis à un jet de Pierre l'un de l'autre , étoient dressez des échafauts richement tendus où étoient représentés par personnages. *l'Annonciation. la Nativité de N. S. sa Passion. sa Resurrection. la Pentecôte & le Jugement.* Ce dernier Mystere , dit-il , se trouvoit bien placé , car il se joüoit devant le Châtelet où est la Justice du Roy , & emmy la Ville il y avoit plusieurs autres jeux de divers Mysteres qu'il seroit trop long à raconter , & la venoient des gens de toutes parts crians , Noël , Noël.

Il y avoit une autre espece de Mysteres où la Religion n'avoit aucune part & qui servoit aux Fêtes de nos Rois ; il y en a un beau de cette espece en manuscrit , intitulé » *Mystere.* là ou la ,, France se presente en forme d'un personnage ,, au Roy Charles VII. pour le glorifier des gra- ,, ces que Dieu à fait pour lui & qu'il a reçûës ,, en sa cause durant son regne , & parlent ensem- ,, ble en forme de Dialogue : puis les Barons du ,, Roy parlent l'un après l'autre chacun en deux ,, couplets. « Les Seigneurs de la Cour de Charles VII. y sont denommés.

Jean Alais , qui comme l'on sçait voulut avoir sa sepulture dans le ruisseau de la ruë Montmartre près une des portes de l'Eglise de S. Eustache en expiation d'un denier d'octroi qu'il avoit obtenu sur chaque panier de poisson , étoit Maître & chef des Joueurs de moralités & farces , il en avoit lui même composé plusieurs qui furent recités publiquement sur l'échafaut , quelques-unes desquelles ont été imprimées.

Mitridate. Ce Roy du Pont à fourni de sujet à trois Tragedies , la premiere de M. de la Calprenede en 1634. la seconde de M. Scudery , la troisiéme de M. Racine ; cette derniere fut joüée à l'Hôtel de Bourgogne en 1673. on y estime surtout la force avec laquelle cet illustre Auteur a exprimé les sentimens de *Mitridate* , son courage , sa haine contre les Romains , sa politique, sa dissimulation & sa jalousie.

,, Le sieur de la Thorilliere fils qui avoit été ,, reçû dans la Troupe sans y avoir debuté , pa- ,, rut pour la premiere fois en cette Tragedie ,, dans le rolle de Xiphares au mois de Juillet ,, 1722. son pere étoit Pierre le Noir de la Tho-

„ rilliere cet excellent Comédien le dernier qui
„ restoit de la Troupe de Moliere & qui mourut
„ le 18. Septembre 1731. âgé de soixante &
„ quinze ans sa mere étoit Catherine Biancolelli
„ fille du grand Dominique, célébre Actrice de
„ l'ancien Théâtre Italien connuë sous le nom de
„ Colombine, son ayeul étoit le sieur le Noir de
„ la Thorilliere, qui d'Officier de Cavalerie de-
„ vint grand Comédien & succeda à Juenen de
„ la Fleur dans les rolles de Roy & de Païsan,
„ celui-ci mourunt vers l'an 1670. ainsi notre
„ nouvel Acteur qui commence à se faire goûter
„ dans les rolles à manteau se touve bien allié au
„ Théâtre, non seulement en ligne directe com-
„ me nous venons de marquer, mais encore en
„ collaterale, étant neveu des deffunts sieurs
„ Baron & d'Ancour à cause de leurs femmes
„ Louise & Therese le Noir sœurs de son pere.
„ *Voyez* la Gazette.

La Misaille à Tauri par Doutet en 1662.

La Mode. C. en un Acte avec des divertissemens
de M. Fuselier, elle avoit servi de Prologue à la
Comédie de l'*Amour maître de Langue* ; l'Auteur
en l'augmentant en fit une piéce qui fut joüée en
May 1719.

Les Mœurs du tems. de M. Palaprat.

Moliere aux Champs Elisées. par M. Bordelon en
1694.

Les Momies d'Egypte. C. de Messieurs Renard &
Dufreny, représentée au Théâtre Italien au mois
de Mars 1696. C'étoit en quelque sorte la suite
de la Comédie de la Foire Saint Germain, la Scene continuant d'être dans les boutiques de cette
Foire.

Momus. Opera. Voyez *les Amours de Momus.*

Momus Fabuliste. petite Comédie de M. Fuselier, représentée en 1719. Les Fables legeres les traits saillans & vifs de cette piece qui contient d'ailleurs une fine critique des Fables de M. de Lamotte, exciterent la curiosité du Public à en decouvrir l'Auteur qui ne voulut pas d'abord se faire connoître, & le Public fâché d'avoir pris le change en l'attribuant à tout autre qu'à son véritable Auteur, eut l'injustice de vouloir le méconnoître lorsqu'il jugea à propos de se déclarer apres avoir long-tems joüi du plaisir de l'*incognito*, au reste quelques autres pieces de cet Auteur pouvoient rendre cette méprise excusable.

Momus exilé. Voyez *les Elemens.* Opera.

Le Monde qui tourne le dos à chacun. 1544. par d'Abundance.

Montezume dernier Roy du Mexique. T. de M. Ferrier, représentée au mois de Fevrier 1702. *C'est la derniere Tragedie de cet Auteur qui en a donné deux autres sçavoir. Adraste. & Anne de Bretagne, il a aussi fait plusieurs traduction conjointement avec M. l'Abbé Abeille.*

Montgomery. T. par M. Gerband Gentilhomme de Bresse ; cette Tragedie contient le recit des troubles de la France depuis la mort funeste du Roy Henry second jusqu'en l'an 1573.

Montmouth. T. de M. Vaernewych en 1702. quelques-uns vouloient l'attribuer à M. de la Fontaine parce qu'elle se trouve au nombre de ses pieces dans un petit recueil imprimé en Hollande, très-fautif sur le nom des Auteurs des pieces y contenuës.

Le Morfondu. Comédie de Jean de la Rivey vers l'an 1597

La Mort d'Agis. T. par Guerin du Bouscal en 1642.

La Mort d'Annibal. Voyez *Annibal* de Thomas Corneille.

—— *D'Asdrubal.* on donne cette Tragedie à Montfleury le Comédien, & en effet étant imprimée en 1647. elle ne peut guere être de son fils l'Avocat.

—— *De Brute & de Porcie*, ou *la Vengeance de la mort de Cesar.* T. de M. Guerin du Bouscal en 1637.

—— *De Cesar.* nous avons deux Tragedies sous ce titre, l'une de M. Scudery imprimée en 1636. in 4°. l'autre de Mademoiselle Barbier en 1710.

—— *De Demetrius*, ou *le Retablissement d'Alexandre Roy d'Epire.* Tragedie de M. Claude Boyer en 1661.

—— *Des enfans de Brute.* par un Anonime en 1648. cette Tragedie quoique fort chargée selon l'usage de ce tems, n'est pas sans quelque mérite, il y en a deux éditions. Mademoiselle Bernard ni M. de Voltaire n'en ont rien pris dans leur Brutus.

—— *Des enfans d'Herode.* Voyez *Mariane.*

—— *D'Henry IV.* Tragedie par M. Billard de Courgenai en 1610.

—— *De Pompée.* outre une ancienne Tragedie sous ce titre donnée par M. Chaulmer en 1638. Pierre Corneille donna la sienne en 1644. il est extraordinaire qu'elle porte le titre de Pompée qui n'y parle pas ; cependant il ne laisse pas d'en être le Heros, puisque sa mort est la cause unique de tout ce qui s'y passe. Le stile en est plus élevé que celui des autres Poëmes de M. Corneille ; ce sont sans contredit les Vers les plus pompeux qu'il ait jamais fait.

—— *De Promodon*, autrement *Policrite*, ou *l'Exil de Nerée.* T. de M. N.

La *Mort de Roger*. T. imitée de l'Ariofte, par M. de Meliglofle en 1603 cet Auteur à donné une autre Tragedie intitulée *la Rodomontade*, toutes deux imprimées avec fes Poëfies & les Amours de Catherine Scelles à Paris en 1605. in 8°.

— *De Seneque*. Tragedie de M. Triftan imprimée en 1645. in 4°.

Le Mort vivant. C. de M. Bourfaut qui la donna en 1662. en fa plus grande jeuneffe, elle eft en trois Actes de Vers & tirée d'une ancienne Comédie Italienne qui porte le même titre.

Les Morts vivans. Tragi-Comédie de M. Douville en 1647.

Les Mots à la mode. petite Comédie en Vers de M. Bourfaut, repréfentée en 1664. une brochure des Mots à la mode qui fe vendoit chez Barbin & qui eut un grand cour, infpira à l'Auteur la penfée de faire cette Comédie, qui eft une critique des manieres affectées de parler de ce tems & du ridicule des modes regnantes. Cette jolie bagatelle fit plaifir quelque tems.

Le Moulin de Javelle. petite Comédie du fieur d'Ancour joüée au mois de Juillet 1696. Ce Moulin étoit une Guinguette renommée pour les Matelotes, laquelle étoit à l'écart dans la plaine de Grenelle fur le bord de la Seine, où l'on prétendoit qu'étoit arrivée l'avanture qui fait le fujet de cette petite piece.

Le Muet infenfé. de le Loyer imprimée en 1576. il a fait auffi *Erotopegnie*, ou *le Paffetems d'Amour & la Néphelococugie*.

Le Muet. C. de M. Palaprat en focieté avec M. l'Abbé de Bruys en cinq Actes de Profe en 1691. l'idée de cette piece eft tirée de l'Eunuque de Terence avec les corrections des chofes qui euffent pû choquer nos mœurs.

Les Mufes. Ballet dont les Vers font de M. Ben-ferade & la Mufique eft de M. Lully.

Il y a auffi un Opera Ballet des *Mufes* qui eft le LXIX. des Opera, dont les paroles font de M. Danchet & la Mufique de M. Campra; il fut repréfenté en 1703. & imprimé in 4°. les perfonnages du Prologue font, les Mufes, Bachus, Cerès & Apollon. Le Ballet eft compofé de quatre entrées, fçavoir; la Paftorale, la Satyre, la Tragedie & la Comédie : après quelques repréfentations il fut fubftitué une nouvelle Paftorale d'Amarillis à celle de Palemon, qui avoit été donnée d'abord.

Muftapha. T. de M. Mairet ; c'eft la mort de cet Empereur des Turcs qui fait l'action principale de cette Tragedie.

Muftapha & Zeangir. T. de M. Belin Secretaire de Madame de Bouillon ; on difoit que cette illuftre Ducheffe avoit grande part en cette piece, qui fut repréfentée au commencement de l'année 1705.

N.

La Naiffance d'Amadis. Voyez *Amadis de Gaule.*

La Naiffance de Venus. XXXIX. Opera, dont les paroles font de M. l'Abbé Pic & la Mufique de M. Colaffe, repréfenté en 1696. imprimé in 4°. le Tems, les Mois & les Graces forment le Prologue.

Ce même fujet *de la Naiffance de Venus* avoit déja été mis en Ballet, qui fut danfé par le Roy en 1665. les Vers étoient de M. de Benferade & la Mufique de M. Lully.

Les Napolitaines. Nous avons deux anciennes Comédies fous ce titre, la premiere d'*Adrien d'Am-*

boife Conſeiller au Parlement de Rennes , qui a fait pluſieurs autres Comédies & Tragedies , en-tr'autres , Holopherne ; ſes œuvres furent impri-mées chez Abel Langelier en 1584. La ſeconde Comédie des *Napolitaines* eſt de Thierry Timo-fille Picard ; cette piece eſt aſſez facetieuſe ſur un Pariſien & un Eſpagnol , elle fut imprimée chez le même Langelier en la même année 1584.

Nathalie , où la Gencroſité Chrétienne. T. de M. Mont-Gaudier, imprimée en 1657.

Le Naufrage , ou la Pompe funebre de Criſpin. petite Comédie de M. de la Font joüée au Théâtre François au mois de Juin 1710.

La Demoiſelle Flaminia a auſſi fait une Comé-die Françoiſe intitulée le *Naufrage* , tirée du Mercator & du Rudens de Plaute ; cette piece qui eſt en cinq Actes fut joüée en Fevrier 1726. au Théâtre Italien ou elle eut un mediocre ſuccès.

„ Cette Demoiſelle Flaminia Comédienne du
„ Théâtre Italien, ſe nomme Helene Ballette,
„ de la Ville de Ferrare, elle eſt femme du ſieur
„ Lelio ,ſœur du ſieur Mario & couſine germai-
„ ne de la Demoiſelle Silvia ; elle ſe retira du
„ Théâtre avec ſon mari au mois de Mars 1729.
„ & y remonta à la fin de Novembre 1731.
„ elle joüe ſes rolles avec précipitation mais
„ avec intelligence , entrant admirablement dans
„ les differens caracteres , dont elle exprime
„ non-ſeulement les ſentimens, mais en produit
„ encore d'autres d'elle même très convenables
„ au ſujet ; ſon eſprit & ſes talens lui ont mérité
„ d'être admiſe en quatre Academies d'Italie, qui
„ ſont celles de Rome , de Ferrare, de Boulo-
„ gne & de Veniſe ; entre toutes ſes connoiſſan-
„ ces celle de ſon mérite ſemble ne lui être pas
„ échapée.

Le Naufrage au Port à l'Anglois. Voyez *Port à l'Anglois.*

Le Negligent. C. de M. Dufresny en cinq Actes de Prose joüée au Théâtre François & imprimée à Paris en 1728. Le sieur Lelio à donné aussi une petite Comédie Italienne du *Negligent* en 1721.

Le Negromant. C. en Prose du sieur de la Taille de Bondaroy 1568. ce sujet est tiré de l'Arioste.

Neon. du P. Moran en 1705.

La Nephelococugie, ou *la Nuée des Cocus.* Comédie imitée de celle d'Aristophane par Pierre de la Rivey, ou plutôt par Pierre le Loyer Conseiller au Presidial d'Angers, imprimée en 1579.

Neron. (*la mort de*) Tragedie de M. Pechantré ; il fut neuf ans à la composer, & la fit représenter dans le Carême de l'année 1703. Il courut alors une histoire ou un conte au sujet de cette Tragedie ; on disoit que M. de Pechantré ayant laissé sur la table d'une petite Auberge un papier ou il y avoit au haut quelques chiffres, & où au dessous étoit écrit, *Ici le Roy sera tué* ; le Traiteur à juste prix, déja frapé de la phisionomie & de la distraction de notre Poëte, crut devoir porter cet écrit au Commissaire du quartier, qui de sa part persuadé qu'en pareille matiere on ne doit rien negliger, lui dit que si l'Inconnu revenoit manger chez lui, il ne manquât pas de l'en faire avertir ; il y revint en effet quelques jours après, & à peine le pauvre Pechantré commençoit à exploiter sa portion, qu'il se vit envelopé par une troupe d'Archers, & le Commissaire lui ayant produit la preuve Litterale de son crime de Leze-Majesté ; ah Monsieur ! s'écria alors notre Auteur, que j'ai de joye de retrouver ce papier que je cherche depuis plusieurs jours, c'est la Scene où j'ai dessein de placer la mort de Neron dans une Tragedie à laquelle je travaille ; ainsi la personne & l'innocence de M. Pechantré furent parfaitement reconnuës.

Les Nicandres. Voyez *les Menteurs qui ne mentent pas.*

Nicomede. T. de M. Corneille l'ainé en 1657. cette piece étoit une de celles pour qui cet illustre Auteur avoit le plus d'amitié ; la grandeur de courage y est combattu par la Politique & n'oppose à ses artifices qu'une prudence généreuse , sans que l'amour y ait aucune part : les représentations en furent heureuses.

Niobé. par Jacques de la Taille en 1573.

La Niobie. par M. Frenicle 1632.

Nithetis. Ce sujet est tiré de l'Histoire des Rois de Perse d'Herodote, & a fourni la matiere à deux Tragedies, la premiere de Madame de Villedieu en 1663. la seconde de M. Danchet qui fut représentée d'abord au mois de Fevrier 1723. l'Auteur y ayant fait depuis quelques corrections , la remit au Théâtre au commencement de l'année suivante & elle eut un grand succès.

Nitocris Reine d'Egypte. T. de M. du Ryer en 1650. le sujet est tiré d'Herodote.

Les Nobles de Province. C. du sieur Hauteroche 1678.

La Noce interrompuë. C. de M. Dufresny en un Acte de Prose représentée au Théâtre François en 1699. le sieur d'Ancour l'a inserée mal à propos dans ses œuvres.

Les Nôces d'Antilesine. par le Pasteur Monopolitain.

Les Nôces de Gamache petite C. avec un divertissement de M. Fuselier , elle fut représentée sur le Théâtre des Italiens à la Foire Saint Laurent en Septembre 1722. avec une autre petite piéce intitulée , *le Vieux monde* , ou *Arlequin Somnabule*.

Les Nôces de Pelée & de Thetis. Ballet de M. Benserade , il fut dansé par le Roy en l'année 1654, les Princesses & Dames y danserent , & le jeune de Rassent Page du Roy un des bons Danseurs de la Cour eut aussi l'honneur d'y danser. Voyez *Thetis & Pelée* , Opera.

La Nôce de Village mascarade. de M. Benserade , il y a aussi une Comédie du sieur Brecour sous ce titre de l'année 1666.

Les Nôces de Vaugirard , ou *les Naïvetez champetres*. Pastorale de L. C. D. en 1638. cette piéce est dediée à ceux qui veulent rire.

Le Nouveau Marié. petite Comédie de M. Montfleury , c'étoit une des trois petites piéces de l'Ambigu comique.

Le Nouveau monde. C. en trois Actes de Vers libres avec un Prologue & des intermedes , représentée au Théâtre François au mois de Septembre 1722. & imprimée à Paris en 1723. l'Auteur auroit dû être engagé à se faire connoître par le succès de sa piece , qui contient l'idée d'un monde d'où Jupiter avoit banni l'Amour , & où cependant ce petit Dieu s'introduit souverainement , la Musique des Intermedes est du sieur Quinaut Comédien , & le Ballet du sieur Dangeville Danseur de l'Opera , dont le fils fit l'Amour & sa jeune fille dansa & chanta dans le Ballet. Voyez *le Divorce de l'Amour & de la Raison*.

La Nouveauté. C. du sieur le Grand en un Acte & un Prologue joüée en Janvier 1727. cette petite piece après avoir été corrigée fut goûtée ; l'Opera de Caracalla en Mufique fans paroles & les habits du fiécle paffé y firent un bon effet, c'eft en quelque forte la derniere piece de cet Auteur.

,, Marc Antoine le Grand, Comédien du Roy
,, reçû dans la Troupe Françoife au mois d'Oc-
,, tobre 1702. étoit fils d'un Maître Chirurgien
,, de Paris, il avoit la voix belle & fonore ; fans
,, taille Majefteufe, & au défaut d'autres il re-
,, préfentoit les Rois & dans le comique il joüoit
,, les rolles de Païfans & ceux à manteau, ainfi
,, il étoit très utile à fon Théâtre, non-feulement
,, par la diverfité des rolles qu'il repréfentoit,
,, mais encore par les nouveautés qu'il lui four-
,, niffoit étant homme d'efprit, plaifant & enten-
,, dant bien le Théâtre, fur tout pour les fujets qui
,, n'étoient pas trop élevés : il ne fe contenta pas
,, d'être utile au Théâtre François, il travailla
,, auffi pour les autres Théâtres de Paris & de
,, Province, il mourut le fept Janvier 1728. dans
,, la cinquante-fixiéme année de fon âge après
,, avoir reçû les Sacremens de l'Eglife. Voici le
,, Catalogue des pieces de fa compofition.

Pieces du fieur le Grand joüées au Théâtre François au nombre de dix-fept,

SçAVOIR.

La Femme fille & veuve. l'Amour diable. la Foire S. Laurent. la Famille extravagante. la Métamorphofe amoureufe. l'Ufurier Gentilhomme. l'Aveugle clair voyant. le Roy de Cocagne. Plutus. Cartouche. le Galant Coureur. le Ballet des vingt-quatre heures. l'Ami de tout le monde. le Triomphe du tems. la Chaffe du Cerf. la Nouveauté & les Amazones modernes cette derniere en focieté avec M. Fufelier.

Piéces joüées sur le Théâtre Italien.

Belphegor. le Fleuve d'Oubli. les Amours aqua-
tiques. le Mauvais menage & le Chevalier errant.
de plus il a fait pour le même Théâtre en societé
avec le sieur Dominique, *Agnès de Chaillot. le*
Depart des Comédiens Italiens & le Cahos.

Piéces joüées sur les Théâtres de la Foire ou des Provinces.

Les Animaux raisonnables. le Caffetier. Poli-
phéme. l'Epreuve reciproque. la ruë Merciere. la
Chute de l'Opera de Phaeton. la Fille Precepteur.
les Comédiens de campagne, & le Carnaval de
Lyon. Les œuvres du sieur le Grand sont imprimées en quatre volumes in 12.

La Nouvelle Actrice. petite C. qui fut imprimée
en 1723. sans avoir été représentée, on l'attribuë au sieur Poisson fils, c'étoit une satyre contre la Demoiselle le Couvreur, laquelle ne donna aucune atteinte au mérite de cette Actrice;
,, elle se nommoit Adrienne le Couvreur, étoit
,, fille d'un Chapelier de Fismes, petite Ville
,, près des Reims, où elle nâquit en 1690. étant
,, venuë à Paris, le sieur le Grand lui donna les
,, premieres leçons & lui fit représenter quelques
,, pieces dans des maisons bourgeoises, ensuite
,, elle alla joüer sur les Théâtres de Strasbourg
,, & Nancy, d'où étant revenuë à Paris, elle y
,, debuta au mois de May 1717. par le rolle de
,, Monime dans Mitridate, depuis par un jeu
,, rempli d'intelligence & de naturel, elle s'est acquit

,, quis la réputation de la plus excellente Actrice
,, qui aye parut au Théâtre François; elle mou-
,, rut le 20. Mars 1730. laissant deux filles, dont
,, l'ainée a été mariée au sieur Francœur Auteur
,, de l'Opera de Pirame.

La Nouvelle Colonie, ou *la Ligue des femmes*. C.
de M. Marivaux, elle ne fut joüée qu'une seule
fois au Théâtre Italien le 18. Juin 1719.

Les Nouvelistes. C. du sieur Hauteroche en trois
Actes joüée à l'Hôtel de Bourgogne en 1678.

La Nuit. Balet dont les Vers étoient de M Benserade & la Musique de M. Lully, il fut dansé par
le Roy en 1653. & étoit divisé en quatre parties
ou veilles, la premiere représentoit le Soir depuis six heures jusqu'à neuf par des entrées de
Chasseurs las & revenans de la chasse, des Ban-
dits qui volent un Mercier, des Marchands qui
ferment leurs boutiques; la deuxiéme veille depuis neuf heures jusqu'à minuit représentoit la Comédie muette d'Amphitrion, la représentation de
quelques Ballets, &c. la troisiéme depuis minuit
jusqu'à trois heures. représentoit les amours de
la Lune, des entrées d'Astrologues, de Loups
Garoux, d'Ardans & du Sabbat; la quatriéme
jusqu'à six heures du matin représentot differens
songes, l'étoile du point du jour & l'entrée de
l'aurore.

O.

L'Obstacle imprevû, ou *l'Obstacle sans obstacle*. C.
en cinq Actes de Prose de M. Nericaut Destouches représentée au mois d'Octobre 1717. le public fit à cette piece un accueil moins favorable
qu'à la plus part des autres de cet Auteur

Les Occasions perduës. T C. de M. Rotrou en 1635

P

Octavie. deux Tragedies portent ce titre, l'une par un Anonime & l'autre par *Roland Briffet*, *dont le Théâtre tragique imprimé à Tours en 1589. in 4°. contient Hercule Furieux. Thiefte. Agamemnon. Octavie & Baptifte. On lui attribuë encore les Traverfes d'amour.*

Oedipe. outre la Tragedie d'*Oedipe* compofée par Jean Prevoft en 1605. & celle compofée par M. de Sainte Marthe en 1614. quatre de nos habiles Auteurs dramatiques, fçavoir, Meffieurs Corneille, de la Motte, Voltaire & le Pere F*** ont compofé des Tragedies d'*Oedipe* d'après celles de *Sophocles & de Seneque.*

L'Oedipe de M. Corneille parut en 1659 plufieurs années après fa Tragedie de *Pertharite*, la mauvaife fortune de cette précedente piece l'avoit fi fort degoûté du Théâtre qu'il voulut fe reduire au filence ; mais comme il n'eft pas aifé d'être Poëte & ne pas faire des Vers, fon chagrin s'étant tourné en devotion, il entreprit de mettre l'Imitation de Jefus-Chrift en Vers ; il ne l'avoit pas encore achevée que l'amour du Théâtre fe reveillant peu à peu, il écouta avec moins de repugnance les propofitions que lui fit M. Fouquet de fe rengager au dramatique, c'eft ce qui produifit l'*Oedipe* dont le fuccès le vengea bien de l'infortune de *Pertharite* & lui attira de nouveaux bienfaits du Roy.

L'Oedipe de M. de Voltaire fut repréfentée au mois de Novembre 1718. & eut de ces fuccès extraordinaires fi peu communs au Théâtre, & cela fans le fecours des épifodes & des Scenes tendres, & privée d'ailleurs d'un grand Acteur qui n'auroit pas manqué de la faire valoir, je veux dire le fieur Ponteuil, qui mourut en ce tems & dont nous parlerons à la fin de cet article.

La Parodie de cette Tragedie sous le titre d'*Oedipe travesti*, fut donnée par le sieur Dominique à son Théâtre au mois d'Avril 1719.

,, C'est par cette Tragedie d'*Oedipe* que Fran-
,, çois Marie Arrouet de Voltaire a commencé
,, sa carriere dramatique, il la fit imprimer avec
,, une critique des Oedipes de Sophocle, de Cor-
,, neille & de la sienne : les Tragedies qu'il a
,, donné depuis sont, *Artemire. Herode & Ma-*
,, *riane. Brutus. Eriphile & Zaïre*, outre la pe-
,, tite Comédie *de l'Indiscret*. il s'étoit déja fait
,, connoître par son *Henriade*, ou *Poëme de la Li-*
,, *gue*, & il vient tout nouvellement montrer
,, qu'il n'est pas moins bon Historien par la vie
,, de Charles XII. Roy de Suede.

,, Le sieur Ponteuil Comédien qui mourut quel-
,, que tems avant les représentations de cette pie-
,, ce se nommoit Nicolas-Etienne le Franc, il
,, étoit d'une bonne famille Bourgeoise de Paris
,, & fils d'un Notaire au Châtelet de cette Ville,
,, qui outre une bonne éducation lui laissa un bien
,, qui permettoit le choix d'un état civil, mais
,, les impressions qu'il reçût dès le ventre de sa
,, mere en déciderent autrement, & le firent naî-
,, tre Comédien, sa Mere qui lors de sa grossesse
,, logeoit sur le quay de la Megisserie, où en ce
,, tems les Bateleurs & Charlatans dressoient des
,, échaffauts les Fêtes & Dimanches pour y jouer
,, leurs Farces & debiter leurs drogues au peuple,
,, ne pouvant se vaincre sur l'envie de voir ces
,, Bateleurs, passoit les après-dinées entieres aux
,, fenêtres de son appartement pour les observer ;
,, l'empreinte de ces objets dans ses sens déter-
,, minadès-lors la vocation de son fils, vocation

,, fi marquée que dès l'enfance & dans le tems de
,, fes premieres études, il ne s'occupoit que de
,, jeux de Théâtre & de marionettes : mon té-
,, moignage peut être crû en cela, car ayant été
,, camarade de college avec le jeune le Franc,
,, que dès-lors nous appellions notre Comédien,
,, j'ai fouvent affifté à fes Farces & je n'en ou-
,, blierai jamais une qui penfa nous être funefte :
,, en une piece de fa façon le Signor Polichinelle.
,, ayant reçû une malle des nouvelles de Flan-
,, dres, s'affeyoit deffus pour parler au Courier
,, & comme c'étoit un tour qu'on joüoit à Poli-
,, chinelle & qu'au lieu de lettres c'étoit de l'ar-
,, tifice qui étoit dans la malle à laquelle le feu
,, ayant été mis, il prit aux décorations de car-
,, ton & de papier, brûla les meubles du jeune
,, Comédien & la fumée penfa nous étouffer
,, nous autres jeunes écoliers qui n'avions pas la
,, force de nous faire faire jour dans la preffe
,, pour fortir : dans la fuite notre Comédien a
,, toûjours fuivi fon attrait, il joüa d'abord la
,, Comédie dans les petites pieces qui fe repré-
,, fentoient en ce tems à l'Hôtel de Soiffons, il
,, alla enfuite la joüer en Pologne où il fe maria ;
,, puis de retour à Paris il fut reçû dans la Trou-
,, pe Françoife en 1703. malgré les remontran-
,, ces de fa famille & les obftacles que voulut
,, y apporter fa fœur femme de M. Thomin Com-
,, miffaire au Châtelet : au refte la nature qui eft
,, un bon maître en avoit fait un excellent Co-
,, médien, il étoit grand, d'une affez belle fi-
,, gure à un œil près dont il louchoit un peu,
,, avoit une voix fonore & repréfentoit égale-
,, ment bien les Rois & les Païfans ; rolles qui
,, quoique très oppofés fe font prefque toûjours

„ trouvés réunis dans les mêmes Comédiens,
„ enfin on peut dire que Ponteuil est un des pre-
„ miers Acteurs qui ait rendu au Théâtre le na-
„ turel de la déclamation qui y étoit assez ignoré
„ quand il y monta.

L'Oedipe. imprimé en 1723. & non représentée est
du R. P. F.

L'Oedipe. de M. de la Motte ; fut représentée au
mois de Mars 1726. le mérite de cette piece est
assez connu pour nous dispenser d'en parler, M.
de la Motte a mis depuis cette Tragedie en Prose, celle en Vers fut parodiée sous le titre du
Chevalier errant en un Acte de Vers par M. le
Grand sous le nom de M. G. C. cette parodie
fut joüée sans grand succès au Théâtre Italien le
30. Avril 1726.

Il a paru depuis quatre autres Tragedies d'*Oedipe* de la composition de M. de la Tournelles
Commissaire des Guerres, elles se vendent à Paris chez differens Libraires ; l'une de ces Tragedies est la premiere de toutes celles d'*Oedipe* dans
laquelle soient mises en œuvre les lamentations
de ce Prince, que Sophocles avoit employé dans
son cinquiéme Acte ; il n'est pas encore tems de
nous recrier sur le grand nombre des Tragedies
d'*Oedipe*, l'Auteur de ces quatre dernieres nous
en prometant encore incessamment trois autres
sur le même sujet.

Ombre de Moliere, ou *les Fragmens.* C. du sieur
Brecour Comédien de la Troupe du Roy : quoique cette piéce ne soit pas de M. Moliere elle
est cependant imprimée à la fin de ses œuvres
pour ne pas suprimer une piece de Théâtre qui est
toute à la gloire de cet illustre Auteur & qui a
tant de rapport avec plusieurs personnages de ses
Comédies.　　　　　　　　　　　　P iij

L'Ombre de son Rival. C. de Crosnier en 1683.

Les Ombres. Comédie en cinq Actes de M. Filleul en 1566.

Omphale, ses avantures, son combat, sa perte, son retour, son mariage. par Grandchamp en 1636.

Omphale. LIV. Opera, la Tragedie est de M. de la Motte & la Musique de M. Destouches, il fut représenté avec succès sur la fin de l'année 1701. & imprimé partition in 4°. le Prologue est formé par l'Amour, Junon, la Jalousie, les Graces & les Plaisirs.

La Parodie de cet Opera sous le titre d'*Hercule filant*, en trois Actes, fut donnée par M. Fuselier au Théâtre Italien au mois de Mai 1721.

Les Opera. C. de Saint Evremond. M. de Saint Evremond à fait trois Comédies, *les Academistes. Sir politique. & celle-ci.*

L'Opera de campagne. C. en trois Actes avec un Prologue de M. Dufresny, représentée à l'ancien Théâtre Italien au mois de Juin 1692. Voyez *l'Union des deux Opera.*

L'Opera de Village. C. du sieur d'Ancour en quatorze Scenes de Prose joüées au mois d'Août 1692. Il arriva une plaisante avanture à une des représentations de cette piece, M. le Marquis de S.... sortant d'un grand & long diné où le vin avoit été versé amplement, vint voir cette nouveauté, & comme il y a un endroit où l'on chante, les vignes & les prez seront *sablés*, ce Seigneur s'imaginant qu'on le nommoit donna en plein Théâtre un soufflet à d'Ancour.

L'Operateur Barry. C. du sieur d'Ancour en un Acte, un Prologue & un divertissement représentée au mois d'Octobre 1702. il n'y a que le Prologue qui ait rapport au Docteur Barry qui étoit un fameux Charlatan du commencement du dix-septiéme siécle ; la piece est une espece de de petite farce , telle que cet Empirique en faisoit repréfenter fur fon Théâtre qui étoit au Château Gaillard au bout de la rue Guenegaud vers l'endroit où eft à prefent l'abrevoir.

L'Opiniatre. C. de M. l'Abbé de Bruys en trois Actes de Vers , elle fut favorablement reçûë du public au mois de May 1722.

L'Oracle de Delphes. C. heroïque de M. de Moncrif de Paradis en trois Actes de Vers alexandrins repréfentée le 17. Decembre 1722. après avoir été joüée quatre fois on en fit ceffer les repréfentations à caufe de certaines gayetés contre la Religion Payenne , toute Religion devant être traitée religieufement , M. de Moncrif a auffi donné *la Magie fans magie.*

Orante. Tragedie de M. Scudery en 1635.

L'Orbeche & Oronte. Tragedie de M. Edouard du Monin en 1585.

Orefte & Pilade. T. de M. de la Grange en 1698. quoique M. de la Grange n'eût pas encore vingt ans lorfqu'il donna cette piece elle n'eft cependant pas fa premiere , elle eut un grand fuccès & fut interrompuë par la maladie & la mort de Mademoifelle Chammelée qui y joüoit le rolle *d'Iphigenie.*

Cette illuftre Comédienne mourut au Village d'Auteuil au mois de Juillet 1698. elle avoit joué fur trois Théatres & a été celebrée par M. Defpreaux dans fon Epitre à M. Racine , & par M. de la Fontaine dans les Prologues de Belphegor & de Philemon.

Les Originaux , ou *l'Italien.* C. en trois Actes de M. de la Motte , elle fut joüeé fur l'ancien Théâtré Itaien au mois d'Août 1693. les airs étoient de M. Maſſe.

Orion. cix. Opera, les trois premiers Actes de ce Poëme ſont de M. de la Font & les deux derniers de M. Pellegrin, la Muſique eſt de M. la Coſte Maître de chant de l'Academie Royale de Muſique, il fut repreſenté au mois de Fevrier 1728. & eut quatorze repreſentations. *Ce fut dans ce tems là que M. de Francine qui depuis long-tems avoit la direction de l'Opera, ayant demandé à s'en démettre, le Roy lui accorda une penſion conſidérable ſur les revenus de l'Opera & en donna la direction à M. Ceſtouches.*

Oromaſe Prince de Perſe, de M. Louis Cadet en 1650.

Orondale, ou *les Amans diſcrets*. Tragi-Comédie par Guerin du Bouſcal en 1645.

Oropſie, ou *le Faux Tonaxare*. Tragedie de Claude Boyer en 1663.

Orphée & Euridice. Ce ſujet a fourni deux Tragedies & autant d'Opera, les deux Tragedies ſont, l'une en 1640. de M. Chapoton qui eſt encore Auteur de la Tragedie de *Coriolan*, & l'autre de M. Lepine, cette derniere porte pour titre, *le Mariage d'Orphée, ſa deſcente aux Enfers, & ſa mort par les Bacchantes en 1648.*

Orphée & Euridice. Opera qui eſt regardé comme le premier qui ait été joüé en France, c'étoit une Tragi-Comédie en Vers Italiens : le Cardinal Mazarin voulant introduire en France les Opera d'Italie, fit venir des Muſiciens de dela les Monts qui repreſenterent cet Opera pendant le Carnaval de l'année 1647 au Palai Royal en preſence de leurs Majeſtés ; le P. Meſ neſtrier dans ſon Traité des Balets expoſe la conduite de cette piece , les differens changemens de Théâtres , les vols & les Machines qui y parurent , dont la nouveauté & la magnificence furprirent tous les Spectateurs , car toutes ces inventions avoient été jufqu'alors inconnuës en France.

L'autre Opera d'*Orphée* en trois Actes eft le xxv. les paroles font de M. du Boulai & la Mufique de M. Louis Lully , il fut repréfenté en 1690. & imprimé in folio , le Prologue eft entre Venus & l'Hyver.

Orphife, ou *la Beauté perfecutée*. Comédie de M. des Fontaines en 1637

Ofman, ou *la Mort du Grand Ofman*. T. de M. Triftan imprimée à Paris in 12. en 1656.

Oftorius. Tragedie par D. P. 1659.

Othon. T. de M. Corneille l'ainé en 1665. le fujet eft pris de Tacite & quoiqu'il y ait beaucoup d'Invention , la fidelité de l'Hiftoire y eft fidélement gardée , c'eft une des bonnes pieces de cet illuftre Auteur qui en travailla les Vers avec un grand foin & refit le troifiéme Acte jufqu'à trois fois , auffi difoit-il que cet Acte lui avoit couté plus de douze cent Vers; il y a peint la corruption de la Cour des Empereurs du même pinceau dont il avoit peint les vertus de la Republique.

L'Ouvrage d'un moment , ou le Galant Coureur. C. du fieur le Grand en un Acte de Profe avec un divertiffement dont la Mufique eft du fieur Quinaut, cette piece fut joüée au mois d'Août 1722.

P.

Les Païfans de qualité , & les debuts avec la Paro-

die de D. Micco. C. par les sieurs Dominique &
Romagnesi.

Palemon. Pastorale de N. Frenicle en 1632. cet
Auteur a encore donné l'*Entretien des Bergers
& Niobie.*

Palene. il y a deux Tragi-Comedies de *Palene* l'une
de M. l'Abbé d'Aubignac & l'autre de M. l'Abbé
de Boisrobert, cette derniere est imprimée en
1640. sous le titre de *la Belle Palene.*

Pandore. petite C. de M. de Sainte-Foy jeune Officier de Cavalerie âgé de 20. ans, elle fut représentée au Théâtre François au mois de Juin
1721. & fut fort bien reçûë du public, les airs
étoient du sieur Quinaut ; *M. de Sainte Foy a
depuis donné au Théâtre Italien, le Philosophe
dupé par l'Amour. la Veuve à la mode & la contraste de l'Amour & de l'Hymen.*

Pandoste, ou *la Princesse malheureuse.* T. en Prose
en deux parties par M. *Puget de la Serre en* 1630.
*cet Auteur a encore donné les Tragedie du Sac de
Carthage. de Thomas Morus. de Pirame. de
Sainte Catherine & la Tragi-Comédie de Climene.*

Les Paniers. petite Comédie du sieur le Grand
joüée dabord à la Fête de Chantilly au retour
du Sacre du Roy, puis sur le Théâtre François
à la fin de Fevrier 1723. la mode des Jupes
enflées dits Panniers, dont la grandeur fut pous-
sée à une dimension extraordinaire, donna occasion à cette petite piece.

Pantagruel. Comédie de M. de Montauban.

Pantalon. comme ce recueil ne contient que des
pieces Françoises, on pourra avoir recours au
Catalogue qui se vend chez Briasson Libraire
pour voir les pieces Italiennes qui portent le nom
de Pantalon, on se contentera de dire ici » que

» le dernier Comédien qui foutenoit ce rolle en
» la nouvelle Troupe Italienne étoit de Venife
» & fe nommoit Pierre Albhorget, il joüoit fous
» le mafque en habit de Noble Venitien, fon
» jeu étoit naturel, plein d'action & dans le vrai
» goût de fon Païs, il mourut le 4. Janvier
» 1731. âgé d'environ 55. ans, il fut enterré à
» Saint Euftache fa Paroiffe, fa veuve à époufé
» le viel Docteur Comédien de cette Troupe.

Pantenice Princeffe traveftie. T. de M. de Sainville
non repréfentée.

Panthée. nous avons fix Tragedies intitulées *Panthée,* la premiere par Magdelaine & Catherine
des Roches du nom de Neveu mere & fille imprimée à Poitiers en 1571. la feconde de Hardy
en 1624. la troifiéme de Julien de Guerfens en
1630. la quatriéme de Durval en 1639. la cinquiéme de Billard de Gourgenai en 1610. la fi-
xiéme de M. Triftan; cette derniere fut repréfentée en 1638. & fuivit la *Mariane* du même Auteur, qui avoüe que l'aînée a plus de beauté que
la cadette, mais il s'en excufe fur ce qu'il l'avoit
compofé dans les intervales d'une maladie, &
que deplus elle fe fentit de la difgrace arrivée à la
Troupe du Marais par l'apoplexie dont fut atta-
qué le celebre Mondery, qui auroit fait valoir
Arafpe dans cette Tragedie comme il avoit fait
Herode dans l'autre, cette Tragedie fe trouve
dans le recueil des meilleures pieces de Théâtre
des anciens Auteurs.

Panurge à marier. C. de M. Autreau, elle fut repréfentée au Théâtre Italien le 21 Novembre 1720. en trois Actes avec un Prologue &
des divertiffemens, à la feconde repréfentation
ces trois Actes furent reduits à un, & depuis

l'Auteur a travaillé à la corriger en entier & la même augmentée d'un Acte nouveau, mais elle n'a pas encore paru avec ces corrections M. Montauban a fait une ancienne Tragedie *des Avantures de Panurge.*

Le Parasite. C. de M. Tristan, elle fut représentée au Louvre avec applaudissement en 1654. il est extraordinaire qu'aucun Auteur n'ait depuis traité ce sujet qui paroit si propre au Théâtre.

„ François Tristan prétendoit descendre de
„ Tristan Lhermite Grand Prevôt sous le regne
„ de Louis XI. il nâquit au Château de Souliers
„ dans la Marche, fut élevé chez Scevole de
„ Sainte Marthe, fut ensuite Gentilhomme or-
„ dinaire de Gaston de France Duc d'Orleans :
„ le jeu étoit la passion dominante de Tristan qui
„ reçût à diverses fois de M. le Duc de Saint
„ Agnan plus de mille pistoles sans trouver ja-
„ mais de quoi se faire un habit honnête : pour
„ s'instruire de la Genealogie & de la jeunesse
„ de cet Auteur, il faut lire les deux volumes
„ de son Page disgracié, il fut reçû à l'Acade-
„ mie Françoise en 1649. & mourut du Poul-
„ mon en l'Hôtel de Guise le 7. Septembre
„ 1655. il fit lui même son Epitaphe en ces Vers.

Ebloüi de l'éclat de la splendeur mondaine,
Je me flattai toûjours d'une esperance vaine,
Faisant le chien couchant auprès d'un grand Sei-
    gneur,
Je me vis toûjours pauvre & tachai de paroître,
Je vécus dans la peine attendant le bonheur
Et mourus sur un coffre en attendant mon Maître.

„ Ses pieces de Théâtre sont, 1. *Mariane.*

„ 2. *Panthée*. 3. *la Folie du Sage*. 4. *la Mort*
„ *de Seneque*. 5. *la Mort de Crispe*. 6. *la Mort*
„ *du Grand Ofman*. 7. *Amarillis*. 8. *le Parafite*.
„ quelques-uns lui donnent encore la Tragedie
„ de Bajazet, outre ces pieces dramatiques, on
„ a de cet Auteur trois volumes de Poëſie, l'Of-
„ fice de la Vierge en Vers François, la Crome-
„ ne, ou l'Hiſtoire Orientale, le Page diſgracié
„ & quelques autres ouvrages.

Le Pariſien. C. du ſieur Chammelé en cinq Actes
de Vers, elle fut repréſentée au mois de Fevrier
1682. & eut quatorze repréſentations alternati-
ves avec la *Zelonide* de M. l'Abbé Geneſt : la
forte de réuſſite que cette Comédie eut dans ſa
nouveauté fut dûë à la ſingularité d'un rolle de
femme tout Italien qui étoit joüé avec beaucoup
de grace & de fineſſe par la veuve du celebre
Moliere alors femme du ſieur Guerin Datrichi
ce Comédien ſi naturel pour les rolles à caracteres,
à manteau & de grands Confidens qui eſt mort
depuis quelque tems après avoir long-tems langui
d'une paraliſie.

La Pariſienne, petite C. du ſieur d'Ancour joüée
en 1694. elle eſt dediée à M. le Duc Daumont
que l'Auteur remercie de lui avoir procuré l'honneur de travailler aux divertiſſemens du Roy.

Le Parnaſſe. Ballet executé dans la Cour de marbre du Château de Verſailles le 5. Octobre 1729.
à l'occaſion de la naiſſance de Monſeigneur le
Dauphin, ce Ballet eſt compoſé de divers fragmens tant des anciens que des modernes, choiſis & ajuſtés par M. de Blamont Surintendant de
la Muſique du Roy, les danſes & entrées étoient
de la compoſition de M. Blondy.

La Parodie, petite Comédie de M. Roy joüée ſans

ſuccès le 23. May 1723. c'étoit une ſatyre ou-
trée contre les Auteurs ſes confreres, il y a auſſi une petite piece intitulée *la Parodie.* de M.
Fuſelier repréſentée au Théâtre Italien en 1723.
cette derniere étoit une critique des Tragedies
de Nitetis & d'Inès de Caſtro.

Parthenie. T. de Baltaſar Barro en 1642.

Le Parvenu, ou *le Mariage rompu.* C. de M. Deſchamps en trois Actes avec des divertiſſemens
repréſentée au Théâtre Italien en Fevrier 1721.
cette piece n'eſt pas imprimée.

Paſithée. T C. de Pierre Torterel, Ecuyer ſieur
d'Aves, en 5. Actes de Vers en 1615. les autres pieces de cet Auteur ſont, *Ariſtene. Guillaume d'Aquitaine. Philiſtée Sainte Agnès. la Comédie de Gillette & l'Amour triomphant.* Cet auteur parle ainſi de ſa Patrie en un Egrame.

Il faut Lecteur que je te die

Que je demeure en Normandie.

Le lieu de ma nativité

Eſt près Falaiſe, du côté

Où le Soleil commence à luire

A l'oppoſite du Zéphire.

Paſquin & Marforio Medecins des mœurs. C. de
Meſſieurs Dufreſny & Dominique le fils en trois
Actes, elle eut un grand ſuccès à l'ancien Théâ-
tre Italien en Fevrier 1697.

Le Paſſetems d'amour. de M. le Loyer 1576.

Le Paſteur fidel. d'Antoine Giraud Lionnois en
1623.

Le Paſtor Fido. Paſtorale de M. Pellegrin en trois

Actes de Vers & un Prologue , elle eut le sort de presque toutes les autres Pastorales, c'est-à-dire, peu de succès au Théâtre François où elle fut joüée au mois de Septembre 1726. on sçait que ce sujet est tiré du Poëme du Cavalier Guarini que les Italiens font passer pour une Tragi-Comédie, quoique ce soit une espece d'idille ou de Bergerie.

Simon Pellegrin Auteur vivant à donné au Théâtre François trois Tragedies, sçavoir ; Polidore. la Mort d'Ulisse & Pelopée. & les Comédies, du Pere interessé. du Pastor Fido, &c. les Poëmes ou Opera de sa composition sont, Thelemaque. le Jugement de Paris. Renaud, ou la suite d'Armide & Jephté. il a aussi donné plusieurs pieces à l'Opera Comique, outre ses Cantiques, Noëls, Pseaumes & Chansons spirituelles en Vers.

Les Passions égarées. T C. de Richemont Banchereau Avocat, aussi Auteur de l'*Esperance glorieuse.*

La Pastorale. par Bonnin en 1561.

La Grande Pastorale. on assure qu'il y avoit dans cette piece plus de cinq cens Vers de la façon du Cardinal de Richelieu, qui cependant ne la fit point imprimer par la raison curieuse que M. Pelisson nous explique dans son Histoire de l'Academie Françoise.

La Pastorale. en Vers de la composition de, *M. l'Abbé Perrin ci-devant Introducteur des Ambassadeurs auprès de Gaston de France Duc d'Orleans, cet Abbé a aussi fait les Vers des Opera d'Ariadne & de Pomone,* la Musique de cette Pastorale étoit de M. Cambert ; elle fut d'abord executée au Village d'Yssy chez M. de la Haye en 1659. & quoiqu'il n'y eut ni machines ni danses, elle fut si generalement applaudie, que le Cardinal Mazarin en fit donner plusieurs représentations devant le Roy au Château de Vincennes; ce qui parut de plus nouveau fut des concerts de flutes, ce qu'on n'avoit pas encore entendu sur aucun Théâtre depuis les Grecs & les Romains : après les Opera d'Italie, cette piece peut être regardée comme l'idée primordiale de nos Opera François.

La Pastorale de Calidie, ou *la Celidée*. de M. Raissiguier en 1635,

La Pastorale heroïque. chantée à la fête donnée par les Ambassadeurs d'Espagne au nom de Sa Majesté Catholique en l'Hôtel de Bouillon en rejouissance de la naissance de Monseigneur le le Dauphin & représentée sur le Théâtre de l'Opera le Lundi & le Mardi gras de l'année 1730.

La Pastorale sacrée. en 1662. par Cotin.

Pausanias. T. de M. Quinaut, ce sujet est tiré de Cornelius Nepos qui a écrit la vie de ce Général des Lacedemoniens ; cette piece n'eut point de réussite en 1666.

Le Pedagogue amoureux. Comédie de M. Chevalier en 1665.

Le Pedant joüé. C. en Prose de M. Cirano de Bergerac en 1654. Voyez *Boniface.*

„ Cet Auteur d'un caractere singulier étoit
„ Gentilhomme Gascon , il fut regardé comme
„ le Démon de la bravoure, parce qu'il ne se pas-
„ soit presque point de jours qu'il ne se battit en
„ duel ; après avoir été cadet aux Gardes & avoir
„ servi dans une compagnie de Gendarmerie au
„ siege de Mouson où il reçût un coup de mous-
„ quet au travers du corps, il s'attacha à M. le
„ Duc d'Arpajon ; un soir en se retirant de
„ l'Hôtel

,, l'Hôtel de ce Seigneur, il reçût par accident
,, un coup d'une piece de bois dont il mourut
,, en l'année 1655 en la trente-cinquiéme année
,, de son âge : ses principaux ouvrages sont plu-
,, sieurs Lettres, l'Histoire comique des Etats
,, de la Lune, une pareille Histoire de ceux du
,, Soleil, les Entretiens pointus, un fragment
,, de Phisique ; n'ayant donné que deux pieces de
,, Théâtre, la Tragedie de *la Mort d'Agripine*
,, en 1654. & la Comédie du *Pedant joüé*.

Les Peines & les plaisirs de l'Amour. Pastorale en
1672. c'est le second Opera, c'est-à-dire celui
qui fut donné après Pomone ; le Marquis de
Sourdeac sous prétexte des avances qu'il avoit
fait, s'empara de la recette des deniers, loüa un
jeu de Paume vis-à-vis la ruë de Guenegaud &
pour se passer du sieur Perrin eut recours au sieur
Gilbert qui composa les Vers de cette piece :
l'Auteur de la Musique, celui des danses, l'inventeur des machines & les Acteurs furent les
mêmes que dans Pomone, excepté que Mademoiselle Brignolle y joüa un rolle de Climene,
cet Opera n'est point imprimé en Musique.

La Pelerine amoureuse. C. de M. Rotrou en 1637.

Pelopée. T. de M. Simon Pellegrin reçüë à l'assemblée des Comédiens le 2. Decembre 1731.

Penelope. T. de M. l'Abbé Genest, cette piece a eu
beaucoup plus de succès dans une réprise qui en
fut faite sur la fin du mois d'Août 1722 qu'elle
n'en avoit eu dans sa nouveauté sur le Théâtre
de Guenegaud, où elle ne fut joüée que huit fois
en Janvier 1684. un Prélat qui a écrit contre la
Comédie a trouvé cette piece si chatiée & si remplie de sentimens de vertu, qu'il a témoigné qu'il
ne craindroit point de permettre & d'approuver

Q

même cette Tragedie de *Penelope* : quoique cette piece eût été joüée dès l'année 1684. cependant elle n'a été imprimée à Paris qu'en 1723. & même par neceſſité pour reparer une édition defectueuſe qui s'en étoit faite en Hollande ſous le nom de M. de la Fontaine.

Le Pere de bonne foy. en un Acte joüé au Théâtre Italien en 1719.

—— *Intereſſé.* Comédie de M. Pellegrin.

—— *Partial.* de M. C.... en trois Actes en 1718.

—— *Prudent & équitable.* en 1712.

—— *Prudent,* ou *Criſpin fourbe.* C. non repréſentée de M. Marivaux.

Periandre. T C. de Boiſrobert.

Perſée & Demetrius. T. de M. Thomas Corneille, l'action de cetteTragedie roule ſur la jalouſie & la haine de ces deux freres enfans de Philippes Roy de Macedoine.

Perſée. XIV. Opera , la Tragedie eſt de M. Quinaut & la Muſique de M. Lully , imprimée , puis gravée in folio , il fut repréſenté d'abord à Paris , puis à la Cour en 1688. la Vertu & la Fortune forment le Prologue , Mademoiſelle Blaquette y rempliſſoit le rolle de Caſſiope , & Mademoiſelle Deſmatins y fit ſon eſſai pour la danſe , & le chant auquel elle s'eſt attachée depuis avec tant de ſuccès : la Parodie de cet Opera en trois Actes preſque toute en Vaudevilles eſt de M. Fuſelier , elle fut joüée au Théâtre Italien au mois de Decembre 1722.

Il y a une Comédie intitulée *Perſée Cuiſinier,* repréſentée ſur l'ancien Théâtre Italien , ç'étoit une raillerie du ſieur *du Meſnil Grand Acteur de l'Opera, qui comme l'on ſçait avoit paſſé de la cuiſine de Lully au Théâtre de l'Opera qu'il quit-*

*ta enfuite pour être Gouverneur des enfans de M.
de P . . . . . il rentra une feconde fois à l'Opera en
1686.*

Perfelide, ou *la Conftance d'amour.* T C

La Perfienne, ou *la Délivance d'Andromede.* T. de
Jean Boiffin de Gallardon, *qui a de plus donné
Meleagre. les Urnes vivantes*, ou *les Amours de
Phelidon. & les Tragedies des martyres de Saint
Euftache. de S. Vincent & de Sainte Catherine.*

Perfide, ou *la Fuite d'Ibrahim Baffa.* T. de M.
des Fontaines, repréfentée en 1644.

Pertharite Roy des Lombards. T. de M. Corneille
l'ainé en 1653. cette piece qui auroit pû faire
hohneur à un Poëte du commun, fut l'écueil du
Grand Corneille : on ne pût fouffrir un mari qui
vouloit racheter fa femme en cedant un Royaume, & ce bon mari n'ayant ofé fe montrer en
public que deux fois, cet échet degouta M.
Corneille du Théâtre & l'y fit renoncer, comme
il le marque dans nne petite preface affez chagrine.

Les Pecheurs illuftres. T. de *Pierre Marcaffus en
1633. cet Auteur a auffi donné la Faftorale d'E-
romene & une traduction de l'Argenis du Barclay
en 1622.*

Le Petit rafoir des ornemens mondains. par Philippes
Bofquier en 1588.

Les Petits hommes, ou *l'Ifle de la raifon.* C. de M.
Marivaux en trois Actes & un Prologue. Cette
piece qui eft tirée des Voyages de Guliver ne fut
repréfentée que quatre fois au Théâtre François
en Septem. 1727. cependant elle a été imprimée;
l'Auteur convient de bonne foy dans la Preface
que le public a eu raifon de la condamner.

Les Petits Maîtres. il y a deux C. fous ce titre
par des Anonimes, la premiere eft intitulée *les*

Petits Maîtres de la campagne, ou *le Vicomte de Genicourt* , & fut joüée en 1696. la seconde Comédie des *Petits Maîtres* fut joüée en 1701.

Phaeton. xv. Opera, les Vers sont de M. Quinaut & la Musique de M. Lully, il fut représenté devant le Roy, ensuite à Paris en 1683. imprimé, puis gravé, Mademoiselle Fanchon Moreau commença à chanter dans le Prologue de cet Opera & à une des reprises faite en 1721. Mademoiselle le Maure commença à y chanter le rolle d'Astrée : le sujet de cet excellent Prologue est le retour de l'âge d'Or, l'Opera de Phaeton est le premier que le Roy ait honoré de sa présence au mois de Novembre 1721.

Il y a trois Parodies de *Phaeton*, la premiere joüée sur l'ancien Théâtre Italien ; la seconde de Messieurs L... & M... en une Acte de Vaudevilles joüée sur le nouveau Théâtre en Decembre 1721. la troisiéme intitulée *Arlequin Phaeton*, des sieurs Dominique & Romagnesi aussi en un Acte mêlé de Vaudevilles & de divertissemens joüée sur le même Théâtre en Fevrier 1731.

Phaeton. C. heroïque de M. Boursaut en cinq Actes de Vers libres ; l'Auteur qui l'avoit travaillée avec soin , s'en promettoit encore plus d'honneur que de son *Esope*, & les Comédiens en pensoient de même ; mais le succès ne répondit pas à leurs idées avantageuses ; lors qu'elle fut représentée en 1691. il y a trois anciennes pieces qui portent le titre de *Phaeton*, la premiere est une Bergerie tragique par Jean Bellaud en 1574. la seconde fut imprimée en 1625. sans nom d'Auteur ; la troisiéme est une Tragedie de Tristan de Vozelle en 1639.

Phalente. Tragedie de M. de la Calprenede en
1641. „ cet Auteur ſe nommoit Gautier de Co-
„ ſtes Chevalier Seigneur de la Calprenede . il
„ nâquit au Château de Toulgou à deux lieuës
„ de Sarlat en Perigord , vint à Paris vers l'an
„ 1630. & entra en qualité de Cadet dans le Re-
„ giment des Gardes , il compoſa alors le Ro-
„ man de Silvandre ; de l'argent qu'il en tira il
„ s'habilla d'une façon bizarre , & lors qu'on lui
„ demandoit le nom de ſon étoffe, il répondoit que
„ c'étoit du Silvandre ; il devint enſuite Officier
„ au même Regiment des Gardes , puis en 1650.
„ il fut fait Gentilhomme ordinaire de la Chambre
„ du Roy , ſes Romans lui ont acquis plus de ré-
„ putation que ſes Tragedies ; lorſqu'il étoit dans
„ le Regiment des Gardes il compoſa ſa *Caſſan-*
„ *dre* qu'il finit vers l'an 1640. ſa *Cleopatre* fut
„ achevée vers l'an 1645. l'un & l'autre Ro-
„ mans en douze volumes in 8°. il fit ſon Phara-
„ mon avec moins de précipitation & avec plus
„ d'art , il n'en avoit fait imprimer que ſept vo-
„ lumes lorſqu'il mourut , M. de Vaumoriere
„ compoſa le reſte : ſes pieces de Théâtre ve-
„ nuës à notre connoiſſance ſont , *Clariante. le*
„ *Comte Deſſex. Edouard. Hermenegilde. Brada-*
„ *mante. Jeanne Reine d'Angleterre. Juba. la*
„ *Mort de Mitridate. Phalente. la ſuite de Ma-*
„ *riane & la Mort des enfans de Brute.* il mou-
„ rut au Grand Andely ſur Seine vers l'an 1661.
„ d'un coup de tête que lui donna ſon cheval.

Phedre & Hypolite. Ce ſujet a été traité par Euripide
& le jeune Seneque , & en notre langue par deux
de nos anciens Auteurs Garnier & Gilbert & par
deux de nos dramatiques modernes , Pradon &
Racine , ces deux dernieres pieces furent joüées

dans le même tems en l'année 1677. la *Phedre*
de M. Pradon fembla faire chanceller celle de M.
Racine, qui foupira en fecret d'avoir été durant
quelque tems aux prifes avec un tel adverfaire ;
mais enfin la prévention ceda au jugement & le
vaincu fembla fe confoler de la victoire de fon
competiteur, en difant de ne nous point allarmer
de voir des fautes dans uue piece qui ne lui avoit
coûté que trois mois, puifqu'on en trouvoit
dans celle qu'on avoit été deux ans à travailler
& à polir ; un Anonime donna dans ce tems une
differtation fur ces deux Tragedies ; M. Racine
avoit une tendreffe particuliere pour la fienne &
la donnoit pour la meilleure de fes pieces : Mademoifelle des Houlieres ayant fait le Sonnet fi
connu contre la *Phedre* de Racine; lui & Defpreaux
l'attribuerent mal à propos à M. le Duc de Nevers,
ce qui leur caufa de terribles inquietudes.

Le Phenix, ou *la Femme fidelle*. C. de M. de Lofme de Montchenay jöüée avec grand fuccès fur
l'ancien Théâtre Italien au mois d'Octobre 1691.

Le Phenix, ou *la fidelité mife à l'épreuve*. petite C.
en Vers libres, repréfentée au Théâtre Italien en
Novembre 1731. cet ouvrage qui eft le coup
d'effai de fon Auteur a été affez bien reçû pour
l'engager à continuer·

Philamire. T C. en 1563. par Claude Rouillet.

Philandre. C. de M. Rotrou vers l'an 1636.

Philanire, par un Anonime en 1577.

Le Philantrope. Il y a une ancienne Comédie en
Profe fous ce titre de M. de l'Eglefiere, la moderne auffi intitulée *l'Ami de tout le monde* eft
du fieur le Grand, il la donna au mois de Septembre 1723. en trois Actes de Vers qu'il a depuis reduits à un ; quoique le caractere de *Philan-*

trope fut mêlé de ceux du *Patient & du Complai-
sant*, cependant il fut goûté & parut nouveau
au Théâtre ; la Musique du divertissement étoit
du sieur Quinaut.

Philinte, ou *l'Amour contraire*. Pastorale de M.
de la Morelle. *cet Auteur a encore donné Endimion*, ou *le Ravissement*.

La Philis de Scire. Pastorale de Simon du Cros
imitée de l'Italien de Bonarelli, imprimée en
1629. il y en a une seconde du sieur Pichou en
1631. outre la Philis de Chevalier en 1609.
l'Abbé de Torches a traduit la *Philis de Scire*,
il a aussi traduit *l'Aminte du Tasse & le Pastor fido*.

Philistée. Pastorale de Pierre Troterel sieur d'Aves
en cinq Actes de Vers en 1615.

Philomele. LXV. Opera, la Tragedie est de M. Roy
& la Musique de M. de la Coste représentée au
mois d'Octobre 1705. imprimée partition in 4°.

Le Prologue est ente Venus, Mars, un Berger & une Bergere ; le sujet de la piece est pris
du quatriéme Livre des Métamorphoses;cet Opera a été repris dans les années 1709. & 1723.
à la derniere reprise M. Piron en donna une Parodie au Théâtre Italien en un Acte de Vaudevilles qui ne fut pas goûtée.

*Cet Opera de Philomele est le premier de M.
Roy, qui en a depuis donné dix autres, sçavoir ;
Bradamante. Hypodamie. Creuse. Callirohée. Ariadne. Semiramis. la Princesse d'Elide. les Elemens.
les Stratagemes de l'Amour & le Ballet des Sens,
ses trois Comédies qui sont les Captifs. la Parodie
& les Anonimes ayant été les moins heureuses ne
sont point imprimées, les autres Poësies & ouvrages de M. Roy sont imprimé dans un volume in 4°.*

La Philosophe à la mode. Drame comique du R. P.

du C . . . . ſes autres Drames ſont, *Gregoire*, ou *les Incomoditez de la Grandeur*. *Euloge*, ou *le danger des Richeſſes*. *l'Enfant Prodigue*, &c. ſes œuvres diverſes ſont imprimées en un volume in 8°. en 1716.

Le Philoſophe dupé par l'Amour. petite Comédie de M. de Sainte Foy, joüée au Théâtre Italien au mois d'Octobre 1726. la Cour en parut plus contente que la Ville.

Le Philoſophe marié, ou *le Mari honteux de l'être*. Comédie de M. Nericaut Deſtouches, repréſentée en 1727. cette piece en cinq Actes de Vers eſt tout à fait dans le goût de la bonne Comédie & fut univerſellement applaudie : le ſieur
,, Quinaut l'aîné ne contribua pas peu à ſa gran-
,, de réuſſite ; le public connoît ſes talens pour
,, les pieces à caracteres : le ſieur Dufreſne ſon
,, frere cadet eſt un excellent Acteur pour le
,, grand tragique ; ce dernier a épouſé Mademoi-
,, ſelle de Seine, qui ayant été reçûë à Fontai-
,, nebleau le 16. Novembre 1724. reçut de la
,, magnificence de Sa Majeſté un habit de Théâ-
,, tre qui revenoit à plus de huit mille livres &
,, dans lequel il entroit neuf cent onces d'argent.
,, Ces deux freres avoient trois ſœurs, l'aînée
,, nommée Mademoiſelle de Neſle morte depuis
,, quelques années, étoit une des plus gratieu-
,, ſes Comédiennes qu'on eût vû au Théâtre,
,, la ſeconde nommée Mademoiſelle Quinaut
,, perſonne très aimable, a quitté la Comédie ;
,, la troiſiéme nommée Mademoiſelle de Freſne
,, actuellement au Théâtre y debuta le 14. Juin
,, 1718. & y joüe parfaitement les rolles comi-
,, ques chargez la Demoiſelle Balicourt leur
,, proche parente qui debuta en Novembre 1727.

,, remplace de grandes Actrices dans le tragique,
,, ainſi cette famille ſemble née pour la Scene
,, dont elle eſt le ſoutien & l'ornement.

Le Philoſophe trompé par la Nature. C. de M. de S.
Jorry en trois Actes avec des divertiſſemens joüée
au Théâtre Italien en 1719.

Les Philoſophes amoureux. C. de M. Nericaut Deſtouches ; cette piece qui eſt en cinq Actes de
Vers fut joüée le 26. Novembre 1729. &
après cette unique repréſentation, l'Auteur la retira pour la faire imprimer.

Philoſtrate & Polymneſte. (*les Amours de*) T C.
par un Anonime en 1545.

Philoxene. T. d'Antoine du Verdier en 1567.

Phocion. T. de M. Campiſtron ; Phocion étoit un
Capitaine Athenien celebre par ſa probité & par
le refus qu'il fit des preſens d'Alexandre.

Phraate, ou *le Triomphe des vrais amis.* Tragedie
de Hardy en 1623.

Pigmalion. Tragedie de M. de L. G. en 1646.

Pirame & Thisbé. nous avons trois Tragedies ſous
ce titre.

La premiere de Theophile imprimée en
1622. elle eut un grand ſuccès & on ſe piquoit
de la ſçavoir par cœur : cette piece avec la Silvie
de Mairet, les Bergeries de Racan & l'Amaranthe de Gombaud rendirent le Théâtre plus celebre , & les Poëtes ne firent plus de difficulté de
laiſſer mettre leurs noms aux affiches des Comédiens ce qu'on n'avoit pas encore vû.

La ſeconde Tragedie de Pirame eſt de M. Puget de la Serre imprimée en 1630.

La troiſiémé eſt de M. Pradon , c'eſt la premiere qu'il ait donné au Théâtre. S'il en faut
croire l'Auteur elle eut l'approbation du public ,

quoiqu'il avouë qu'il s'y eſt plus attaché à plaire qu'à ſuivre les regles d'Ariſtote.

Pirame & Thisbée. CVII. Opera, le Poëme eſt de M. de la Serre & la Muſique de Meſſieurs de Rébel le fils & Francœur le cadet, repréſenté au mois d'Octobre 1726. & gravé en Muſique: Venus & la Gloire réunis pour rendre les mortels heureux font le ſujet du Prologue, la Muſique de cet Opera étoit ſi excellente qu'on étoit tenté de douter que les deux jeunes Muſiciens l'euſſent compoſée ſans l'aide & le ſecours de grands Maîtres ; la décoration ſuperbe du Palais de Ninus fit l'admiration de tout Paris , elle étoit du ſieur Servandoni Italien arrivé en France depuis quelque tems ; *dans les trois dernieres repréſentations de cet Opera Mademoiſelle Petitpas parut dans le rolle de Thisbée au mois de Janvier* 1727.

La Parodie de cet Opera fut donnée au Théâtre Italien par les ſieurs Romagneſi & Lelio fils.

Pirandre, ou *l'Heureuſe tromperie..* T C. de M. de Boiſrobert.

Pirithoüs Roy des Lapithes. CII. Opera, dont le Poëme eſt de M. de la Serre & la Muſique de M. Mouret repréſenté en Janvier 1723. & gravé en Muſique ; le Prologue eſt entre l'Europe & Belonne qui reveille l'ardeur martial des peuples prêts à reprendre les armes, l'Europe adreſſe ſes plaintes à Jupiter qui lui envoïe l'Amour & l'Hymen pour lui annoncer que le beau nœud dont il veut unir les peuples de la Seine & du Tage, éterniſera cette paix qui fait l'objet de ſes deſirs : l'allegorie de ce Prologue étoit convenable au tems.

Le ſujet de la Tragedie eſt tiré du onziéme

Livre des Metamorphofes d'Ovide. La Mufique en étoit neuve & goûtée des connoiffeurs.

La Place Royale, ou *l'Amoureux extravagant*. C. de M. Corneille l'aîné en 1635. on peut dire que cette piece & les cinq précedentes du même Auteur font fort au-deffous de ce qu'il a fait depuis mais fort au-deffus de ce que le Théâtre avoit alors de plus beau.

Les Plaideurs. C. de M. Racine en 1668. c'eft la feule piece comique de cet illuftre Auteur qui nous apprend qu'il l'a tiré des Guefpes d'Ariftophane Poëte Grec, mais l'on peut dire que la copie furpaffe infiniment l'original, cependant aux deux premieres repréfentations les Acteurs furent fifflés & n'oferent hazarder la troifiéme ; mais un mois après les Comédiens étant à la Cour en rifquerent une repréfentation ; le feu Roy naturellement ferieux ne pût s'empêcher d'y rire & la Cour n'eut pas befoin de complaifance pour l'imiter. Un vieux Confeiller des Requeftes fit grand bruit au Palais contre cette Comédie accufant fon Auteur d'avoir mal parlé des Juges. Un Procès que M. Racine eut à l'âge de 22. ans pour le Prieuré regulier de l'Epinay donna occafion à cette piece ; une derniere anecdote fur cette Comédie, eft que M. Corneille dans fon *Cid* ayant dit de Dom Diegue.

Ses rides fur fon front ont gravé fes exploits.

M. Racine qui fentit le foible de ce Vers le releva dans fes *Plaideurs* par la Parodie d'un Sergent, dont il dit.

Ses rides fur fon front gravoient tous fes Exploits.

Cette bagatelle mit M. Corneille fort en colére.

,, L'illuftre M. Racine fe nommoit Jean, il
,, nâquit à la Ferté Milon dans le Valois en l'an
,, 1640. fut Tréforier de France en la Généralité
,, de Moulins, Secretaire du Roy & Gentilhom-
,, me ordinaire de Sa Majefté, fut reçû à l'A-
,, cademie Françoife en 1673. & choifi par le
,, feu Roy pour travailler à fon Hiftoire : la vie
,, de M. Racine étant imprimée à la tête du re-
,, cueil de fes pieces, nous nous contenterons de
,, marquer fa mort qui arriva le 22. Avril 1699.
,, il voulut être enterré à Port Royal des Champs
,, où fa jeuneffe avoit été élevée ; lors de la de-
,, molition de cette Abbaye fon corps fut tranf-
,, porté en l'Eglife de la Paroiffe Saint Etienne
,, du Mont à Paris, où il eft enterré à côté de
,, la tombe de M. Pafcal : fes pieces de Théâtre
,, fuivant l'ordre qu'il les a compofées font, *la*
,, *Thebaïde. Alexandre. Andromaque. les Plai-*
,, *deurs. Britannicus. Berenice. Bajazet. Mitri-*
,, *date. Iphigenie. Phedre & Hypolite. Efter.*
,, *Athalie.* fes œuvres imprimées à Amfterdam en
,, 1722. font en trois volumes in 12. l'édition
,, de Paris de 1713. n'a que deux volumes.

Les Plaintes du Palais, ou *la chicane des plaideurs.*
C. de Jacques Denis Avocat en 1679.

Les Plaifirs. Ballet de M. de Benferade, ce Ballet
eft divifé en deux parties, dont la premiere contient les délices de la campagne, & la feconde
les divertiffemens de la Ville, il fut danfé par le
Roy & les Seigneurs de fa Cour en 1655.

Les Plaifirs de la campagne. XCVII. Opera-Ballet,
dont les paroles font de Mademoifelle Barbier &
la Mufique de M... repréfentée en 1719.

Les Plaifirs de l'Ifle enchantée. ces fêtes galantes &
magnifiques furent données par le Roy en fon

Château de Versailles au mois de May 1664. elles étoient de l'invention de M. le Duc de Saint Agnan de même que plusieurs autres données en ce tems, on trouve la description de ces plaisirs de l'Isle enchantée dans le troisiéme Tome des Oeuvres de Moliere, ils consistoient en une course de bague, une collation ornée de machines, la Comédie de la Princesse d'Elide, le Ballet du Palais Dalcine, un feu d'artifice & autres divertissemens continués pendant plusieurs jours.

Les Plaisirs de la paix. LXXXVII. Opera dont les Vers sont de M. Mennesson & la Musique de *M. Bourgeois qui avoit déja donné l'Opera des Amours deguisés,* celui-ci fut représenté au mois d'Avril 1715. le Prologue est entre l'Hyver & Venus; le Ballet qui est une allegorie sur la paix est divisé en trois entrées, composée chacune, d'une Comédie & d'un intermede; la premiere est l'Assemblée, la seconde les Buveurs, la troisiéme le Jaloux puni, ou la Serenade.

Plusieurs qui n'ont point de conscience. en 1544. par d'Abundance: Jean d'Abundance qui vivoit vers l'an 1540. & 50. est Auteur de plusieurs Mysteres, entr'autres *de celui des trois Rois* & de celui *Quod secundum legem debet mori,* ses autres pieces imprimées en 1544. sont, *le Gouvert d'humanité. le Monde qui tourne le dos à chacun. & cette piece de Plusieurs qui n'ont point de conscience.*

Plutus. C. en trois Actes du sieur le Grand représentée au Théâtre François en Novembre 1719.

Le Poëte Basque C. du sieur Poisson l'Ancien dans laquelle est enchassée la petite piece de la *Megere amoureuse* en 1669.

Le Point d'honneur. Voyez *l'Arbitre des differens.*

Policrate. C. heroïque de Claude Boyer en 1670.

Policrite. T C. du même M. Boyer en 1662. il y en a un autre de M. Gillet en 1642.

Polieucte. Tragedie sainte de M. Corneille l'aîné en 1643. les plus graves se sentent l'œil moüillé aux représentations de cette Tragedie, lesquelles sont ordinairement données à la cloture & à l'ouverture du Théâtre François & sont accompagnées d'un compliment que fait un des Comédiens en habit de Ville ; quelques devots n'approuvent pas que ces pieux sujets soient mis sur la Scene, disant que la fin du Poëme dramatique étant de plaire aux gens du monde, il faut que la devotion de ces saints du Théâtre soit un peu galante d'ailleurs le premier Concile de Milan défend de représenter sur le Théâtre la vie & le martyre des Saints.

Polipheme. ce sujet est tiré du Ciclope d'Euripide, le sieur Lelio pere en avoit fait une Tragedie Italienne en cinq Actes que le sieur le Grand a mis en François en y ajoutant des divertissemens, elle fut représentée en 1722. il y a une ancienne Comédie Italienne de Polipheme par Horter.

Polixene. Nons avons trois Tragedies de Polixene ; la premiere de Billard de Courgenai en 1610. la seconde de M. Moliere le tragique qui vivoit vers l'an 1620. il composa diverses autres pieces de Théâtre qui ne sont pas venuës à notre connoissance, sa *Polixene* qui étoit sa meilleure piece fut apparemment souvent représentée à la Cour, ce qui se prouve par cette Epigrame de M. Racan sur cette Tragedie.

> *Belle Princesse tu te trompes*
> *De quitter la Cour & ses pompes*

Pour rendre ton defir content ;
Celui qui t'a fi bien chantée
Fait que l'on ne t'y vit jamais tant
Que depuis que tu l'a quittée.

La troifiéme Tragedie de Polixene eft de M. de la Foffe repréfentée en 1696. ce fut fon coup d'effai qui peut paffer pour un coup de Maître : Monfeigneur le Dauphin voulant venir voir le Théâtre des Comédiens, demanda cette piece, qui reçut de la brillante Cour qui accompagnoit ce Prince, d'auffi grands applaudiffemens que ceux que le public lui avoit deja donnés : elle ne fut pas également goûtée dans la reprife qui fut faite en 1718.

Polixene & Pirrhus. LXVIII. Opera, la Tragedie en cinq Actes eft de M. de la Serre & la Mufique de M. Colaffe, repréfentée au mois d'Octobre 1706. & imprimée in folio, le Prologue repréfente la fondation de la Ville d'Athenes par Minerve & Neptune : le fujet de cette Tragedie eft que Polixene fille de Priam & captive de Pirrhus fils d'Achilles, aime fon vainqueur & en eft aimée, elle fe donne la mort pour obéir à l'Oracle de Colchos & pour vaincre un amour oppofé à fon devoir : cet Opera n'eut pas de fuccès, c'eft le premier de la compofition de *M. de la Serre Auteur vivant, qui a compofé les paroles des Opera de Diomede. Polidore. Pirrithoüs. Pirame & Thisbé. & de Tarzïs & Zelie. il a auffi donné une Tragedie intitulée Artaxercés.*
Polydore fils de Priam tué par Polymneftor pour profiter de fes tréfors, ce fujet a été mis en Opera & en Tragedie.

La Tragedie eft de M. Pellegrin & fut repréfentée avec fuccès en 1705.

L'Opera de *Polydore* le XCIX. dont les Vers font de M. de la Serre & la Mufique de M. Bateftin, il fut r eprefenté en 1720.

Pomone. M. l'Abbé Perrin ci-devant Introducteur des Ambaffadeurs auprès de S. A. R. Gafton de France Duc d'Orleans ayant en 1669. obtenu des Lettres Patentes du Roy pour l'établiffement des Opera en France, après les effais d'*Orphée & de Ercole amante* & de quelques petites pieces de fa façon, donna au public cet Opera qui eft le premier qui ait paru en langue Françoife & celui par lequel nous avons commencé à compter en ce recueil le nombre des Opera, les Vers étoient du même Abbé Perrin & la Mufique de M. Cambert Maître de la Mufique de la Reine-Mere & Organifte de l'Eglife Saint Honnoré, cette Mufique n'a pas été imprimée.

Les danfes étoient de la compofition de M. Beauchamps Surintendant des Ballets du Roy.

Les machines furent conduites par M. le Marquis de Sourdeac, fort entendu en ces fortes de chofes & affocié avec M. l'Abbé Perrin dans ce nouvel établiffement des Opera.

Les repetitions de ce premier Opera furent faites dans la Gallerie de l'Hôtel de Nevers, en laquelle étoit auparavant la Biblioteque du Cardinal de Mazarin, & les repréfentations publiques en furent données au mois de Mars de l'année 1671 fur le Théâtre qu'on avoit fait dreffer dans un jeu de Paume de la ruë Mazarine vis-à-vis celle de Guenegaud, lequel Théâtre de Guenegaud a depuis été cedé aux Comédiens après la mort de Moliere : ces repréfentations durerent treize mois entiers ; Mademoifelle de Cartilly qui n'a pas paru depuis, y reprefentoit *Pomone :*

pour

pour remplir les autres rolles on avoit fait venir
de Languedoc plusieurs Musiciens , entr'autres
les sieurs Beaumavielle & Rossignol basse-tailles,
Clediere & Tollet haute-contes , & Mirale taille.

La Pompe funebre. Pastorale de Charles Vion Da-
libray en 1634. cet Auteur a encore donné *le
Torismond. la Reforme du Royaume d'Amour &
le Soliman.*

Pompée. Tragedie de M. Chaumer. Voyez *la Mort
de Pompée* de Pierre Corneille.

Porcie. Robert Garnier composa en 1568. une
Tragedie de *Porcie,* ou *des Guerres civiles de Rome.*
Voyez *la Mort de Brute* ; depuis Boyer l'Ancien donna une Tragedie intitulée *la Porcie Romaine.* c'est sa premiere piece de Théâtre qui
attira tout Paris lors de ses premieres représentations en 1646. Cet Ancien Boyer a encore
donné *Tiridate. Aristodeme. Porus. Ulysse dans
l'Isle de Circé. Celimene & Demetrate.*

Le Port de Mer. petite C. de M^{rs}· B . . . & la Motte,
cette piece suivie d'une fête marine fut repré-
sentée en 1704 ; M. le Duc de Mantouë qui
étoit alors à Paris , eut le plaisir d'y voir danser
un de ses Sauteurs qui passoit pour un des plus
habiles dans cet exercice.

Le Port à l'Anglois , ou *les Nouvelles debarquées.*
C. en trois Actes & un Prologue & des divertissemens dont la Musique est de M. Mouret ;
elle fut représentée au mois d'Avril 1718 , c'est
la premiere piece Françoise qui ait été joüée sur
le nouveau Théâtre Italien & la premiere de la
composition de M. Autreau ; le merveilleux succès qu'elle eut , fixa à Paris ces Comédiens qui
méditoient leur retour en Italie , parce que leur
Théâtre étoit devenu desert par l'épuisement de

leurs pieces Italiennes plusieurs fois reprises : les autres pieces de M. Autreau Peintre sont, *l'Amante capricieuse. les Amans ignorans. Panurge à marier. la Fille inquiete* ou *le besoin d'aimer. Democrite prétendu fou & le Chevalier Bayard.*

Le Portrait. Deux petites Comédies portent ce titre, l'une de M. Dufresny & l'autre de M. de Beauchamps ; cette derniere fut joüée au mois de Janvier 1727. au Théâtre Italien, où elle eut un brillant succès, elle est imprimée à Paris in 8°. Outre cette piece M. de Beauchamps a donné au même Théâtre, *la Soubrette. Arlequin amoureux par enchantement. le Jaloux. les Effets du dépit. les Amans réunis. le Bracelet.* Il a aussi composé les Vers du Ballet des *Thuilleries*; il a de plus donné au public en 1721. une traduction en Vers des Lettres d'Eloyse & d'Abaillard & autres ouvrages.

Le Portrait du Peintre, ou *Elomire*. C. de M. Bourfaut en un Acte de Vers représentée à l'Hôtel de Bourgogne en 1663. c'est la critique de l'*Ecole des femmes* de Moliere, qui y repliqua vivement dans son *Impromptu de Versailles.*

Les Portugais infortunés. T. Sainte par Nicolas Chrétien sieur des Croix en 1608.

Porus Roy des Indes. T. de M. Boyer en 1648.

Pourceaugnac. Comédie-Ballet de Moliere, laquelle fut représentée à Chambord pour un divertissement du Roy au mois de Septembre 1669. elle est en trois Actes de Prose mêlés de danses & & de Musique Françoise & Italienne, elle fut donnée au public sur le Théâtre du Palais Royal pour la premiere fois le 15. Novembre de la même année 1669.

La mascarade de *Pourceaugnac* qui se joüe sur

le Théâtre de l'Opera, est prise des extraits de cette Comédie dont la charmante Musique est de M. de Lully.

La Précaution inutile. C. de Mr. de Fatouvîlle joüée à l'ancien Théâtre Italien en Mars 1692.

Les Précieuses ridicules. C. de Moliere. Cette piece en un Acte de Profe & joüée au petit Bourbon en 1659. enleva l'estime du public & fut mise au double à la feconde représentation ; c'est la premiere que M. Moliere ait fait imprimer, & celle qui le mit dans cette reputation qu'il a si bien foutenu & augmenté depuis.

Les véritables Précieufes. par Somaife, qui a fait auffi le *Procès des Précieufes*, imprimée à Amfterdam en 1660. & dediée à M. Habert Maître des Requêtes.

Priam. par M. Bertrand en 1611.

Le Prince Corfaire. T. de M. Scaron, c'est fa derniere piece imprimée en 1662.

„ Paul Scaron étoit d'une bonne famille de
„ Paris, originaire de Montcallier en Piémont.
„ où l'on voit dans l'Eglife Collegiale une Cha
„ pelle fondée fur la fin du XIII. fiécle par
„ Louis Scaron qui y a un tombeau de marbre
„ blanc avec fes armes. Notre Poëte fut d'a
„ bord Chanoine de la Cathedrale du Mans, &
„ étant tombé à l'âge de 27. ans dans une para
„ lifie qui lui ôta l'ufage de fes membres, fa
„ maifon devint frequentée par nombre de gens
„ d'efprit & de qualité qui le vifitoient pour
„ foulager fes maux & rejoüir fon efprit na
„ turellement agréable, il s'attacha au genre d'é
„ crire que nous appellons burlefque, où il a ex
„ cellé auffi-bien en Profe qu'en Vers : il avoit
„ une Terre près d'Amboife qu'il vendit fix

,, mille écus à M. Nublé Avocat, fur le feul dé-
,, tail qu'il lui en fit; mais M. Nublé ayant été
,, voir ce bien jugea qu'il valoit davantage &
,, donna à M. Scaron deux mille écus de fuple-
,, ment, trait généreux que nous avons cru
,, devoir rapporter. Outre les pieces de Théâtre
,, en Vers que nous rapporrerons ci après, il a
,, compofé en Vers burlefques l'Eneïde travefti,
,, le Tiphon, ou la Gigantomachie en cinq chants,
,, & en Profe le Roman Comique, des nouvelles
,, Efpagnoles traduites en François, & un vo-
,, lume de Lettres, fans parler de plufieurs au-
,, tres pieces de petits Vers qui ont été recueil-
,, lis en un volume à part, dont la plus remar-
,, quable eft la Requête au Cardinal de Riche-
,, lieu fur l'exil de fon pere Confeiller en la
,, Grande Chambre du Parlement, M. Scaron
,, mourut le 14. Octobre 1660. fes pieces de
,, Théâtre font, *Jodelet*, ou *le Maître Valet. Jo-*
,, *delet Duelifte. Dom Japhet d'Armenie. l'Heri-*
,, *tier ridicule. le Gardien de foi-même. le Mar-*
,, *quis ridicule. l'Ecolier de Salamanque. la Fauffe*
,, *apparence. le Faux Alexandre. le Prince Cor-*
,, *faire. & les Boutades du Capitan Matamor.*

Le Prince deguifé. TC. de M. Scudery in 8°. 1636.

—— *Fugitif.* Poëme dramatique de Baltazard Baro
in 4°. 1649.

—— *Hermogene.* Voyez *Hermogene.*

—— *Jaloux*, ou *Dom Garcie de Navarre.* C. de Moliere en cinq Actes de Vers ; elle eft tirée d'une
piece de Cicognini fous le même titre ; elle fut
repréfentée le quatre Fevrier 1667 fur le Théâtre du Palais Royal, où elle n'eut point de fuccès, auffi M. Moliere ne la fit-il point imprimer
de fon vivant.

Le Prince de Noisy. C. de M. Daigueberre en trois Actes avec autant d'Intermedes & un Prologue représentée en Novembre 1730 ; cette piece sembloit ne pas convenir au Théâtre François, le sujet étant tiré de ces Fables merveilleuses hors du vrai-semblable & fondé sur un glaive enchanté ayant la vertu d'écrire de lui-même tout ce qu'on veut sçavoir.

—— *Généreux.* C. en trois Actes du sieur Dominique joüée en Province en 1710. cette piece est imprimée.

—— *Nécessaire.* par Jean de Taille en 1568.

—— *Rétabli.* T C. de M. Guerin de Bouscal en 1645. Cet Auteur a de plus donné *Orondate. la Mort d'Agis. celle de Brute. Cleomene. l'Amant liberal. le Fils desavoué. Dom Quichote. la Suite de Dom Quichote & Sancho Pensa.*

—— *Travesti.* Voyez *l'Illustre Avanturier.*

La Princesse, ou *l'Heureuse Bergere.* de M. Basire en 1627. il a aussi donnné *Arlette.*

La Princesse de Cleves. Voyez *Germanicus.*

—— *D'Elide.* C. de Moliere tirée d'une piece d'Augustin Moreto Poëte Espagnol intitulée , *Rebut pour rebut.* Cette piece fut représentée dans une grande fête que le Roy donna aux Reines & à toute la Cour au mois de May 1664 , tout y fut trouvé excellent , Prose & Vers ; elle fut également bien reçûë à Paris où elle fut représentée au mois de Novembre de la même année 1664, il n'y a que le premier Acte & la premiere Scene du second qui soient versifiés , le reste est en Prose qui se ressent des ordres pressans que Moliere recevoit de Sa Majesté ; à une reprise qui fut faite de cette piece au mois de Fevrier 1722. le sieur Quinaut Comédien fit la Musique du qua-

triéme & cinquiéme Intermede , laquelle fut goûtée même à côté de celle de Lully de qui étoient
les Chants & la Simphonie des autres Intermedes.

Ce même sujet de la *Princesse d'Elide* a fourni
de matiere & de titre à un Opera qui est le cx.
en trois Actes & un Prologue , dont la Scene est
sur le Théâtre même de l'Opera , ce Prologue est
entre l'Amonr , Polimnie & Terpsicoré , les paroles sont de M. Roy & la Musique de M. de
Villeneuve Maître de Musique de la Cathedrale
d'Aix : cet Opera fut représenté au mois de Juillet 1728.

Le Procès de la Femme Juge. petite Comédie de M.
Montfleury en un Acte de Vers.

Le Procès des Comédiens , ou *l'Ombre de Dominique*.
par Dominique son fils , joüée en Province en
1713. cette piece est imprimée.

„ Le sieur Dominique Acteur de la Troupe
„ Royale des Comédiens Italiens , y soutient plu-
„ sieurs rolles à visage découvert , hors celui de
„ Trivelin qu'il joüe masqué & en habit biguarré ;
„ après avoir long-tems joüé sur les Théâtres des
„ Foires & en Province, il debuta au Théâtre Ita-
„ lien au mois d'Octobre 1717 sous l'habit de
„ Pierrot qu'il a depuis quitté ; il est fils de Domi-
„ nique Biancolelly ce celebre Arlequin qui mou-
„ rut en 1688 , & qui outre ce fils Comédien a
„ laissé un autre fils & une fille ; le fils Chevalier
„ de l'Ordre Militaire de S. Louis , Capitaine au
„ Regiment Royal des Vaisseaux , Directeur des
„ Fortifications de Provence , mourut à Toulon
„ le cinq Decembre 1729. à la veille d'être
„ nommé Brigadier des Armées du Roy étant le
„ plus ancien des Ingenieurs. La fille nommée
„ Catherine Biancolelly Actrice de l'ancien Théâ-

„ tre Italien, connuë foùs le nom de Colombine
„ avoit époufé le fieur de la Thorilliere Acteur
„ du Théâtre François.

„ Les pieces Françoifes & imprimées du fieur
„ Dominique font : fçavoir celles joüés en Pro-
„ vince, *le Prince Généreux. l'Ecole Galante. la*
„ *Femme fidele. Arlequin Gentilhomme par ha-*
„ *zard. la Fauffe Belle-mere. les Salinieres, & le*
„ *Procès des Comédiens ou l'Ombre de Dominique :*
„ celles joüées au Théâtre Italien & auffi impri-
„ mées font, *l'Oedipe travefti. Agnès de Chaillot.*
„ *le Retour de Fontainebleau. la Fille raifonnable.*
„ outre la Parodie de *Medée* qu'il a compofé
„ en focieté avec les fieurs Romagnefi & Lelio
„ fils, *l'Ifle de la Folie, & le Bolus,* en focieté
„ avec le fieur Romagnefi.

„ Les autres pieces non imprimées & Opera
„ Comiques qu'il a compofé feul ou en focieté,
„ font repanduës dans le prefent recueil.

Le Procès des Sens. C. de M. Fufelier en un Acte
de Vers, trepréfentée au Théâtre François le 16.
Juin 1732. C'eft une critique de l'Opera des *Sens*
lefquels perfonifiés font des courtes analyfes des
entrées de ce Ballet ; c'étoit une nouveauté fur
un Théâtre qui n'avoit encore rien donné dans
ce goût ; l'Auteur n'eut pas lieu de fe repentir
de cet effai que le public voulut bien aplaudir.

Le Procès des Théatres. Comédie des fieurs Lelio
pere & Dominique joüée en Novembre 1718.

Procris, ou *la Jaloufie infortunée.* T. de Hardy en
1624. Voyez *Cephale.*

Le Procureur arbitre. C. en un Acte de Vers par
le fieur Poiffon fils ci-devant Comédien, elle
fut joüée au mois de Fevrier 1728. & fut géné-
ralemeut aplaudie, fon fuccès ne manqua pas de

lui mériter une Parodie fous le titre d'*Arlequin arbitre*, par un Auteur qui ne voulut pas fe demafquer, cette Parodie fut joüée au mois de Juillet 1728.

Progné. par Jacques de la Taille en 1573.

Les Promenades de Paris. C. prefque toute en Vers par M. Mongin joüée au Théâtre Italien au mois de Juin 1695. cette piece a beaucoup de bon, mais eft peu propre au Théâtre.

Les Promenades du Cours & des champs Elizées. Comédie imprimée in 12.

Proferpine. XII. Opera, dont les Vers font de M. Quinaut & la Mufique de M. Lully, cet Opera eft imprimé en diverfes façons & fut repréfenté à Fontainebleau en 1680. dans le tems de l'arrivée de Madame la Dauphine de Baviere, les décorations en furent fuperbes & les habits magnifiques. La Paix dechainée par la Victoire fait le fujet du Prologue dans lequel chanta Mademoifelle Louifon Moreau : dans la piece Mademoifelle Rochois commença à fe diftinguer dans le rolle d'Arethufe, & le fieur du Menil dans celui d'Alphée.

Ce fujet de *Proferpine* a auffi été traité en Tragedie par Hardy & Claveret. Voyez *le Raviffement de Proferpine.*

Prothée. Voyez *les Amours de Prothée.*

Les Praverbes. Ballet de M. Benferade danfé par le Roy en 1654, la Scene changeoit à tous les Proverbes.

La Prude du tems. C. de M. Palaprat.

Pfiché. Ce fujet à été mis en Ballet, en Comédie & en Opera. Le Ballet de *Pfiché* eft de M. Benferade, il fut danfé par le Roy en 1656. & eft divifé en deux parties, dans la premiere font repréſentés les délices du Palais de l'Amour & dans la ſeconde l'Amour lui-même y divertit ſa belle *Pſichée* par la repréſentation des merveilles qu'il produit.

La Comédie de *Pſichée* fut repréſentée devant le Roy dans la Salle des machines du Palais des Thuilleries durant le Carnaval de l'année 1670. & fut donnée au public ſur le Théâtre du Palais Royal le 24. Juillet 1671 : M. Quinaut compoſa les paroles qui s'y chantent, à la reſerve de la Plainte Italienne, M. Moliere regla le plan & la diſpoſition de la piece, où il s'eſt plus attaché à la pompe du ſpectacle qu'à l'exacte regularité ; quant à la verſification il n'eut pas le tems de la faire ſeul, l'approche du Carnaval & les ordres preſſans du Roy le mirent dans la neceſſité de ſouffrir un peu de ſecours, ainſi il n'y a que le Prologue, le premier Acte, la premiere Scene du ſecond & la premiere du troiſiéme dont les Vers ſoient de lui ; M. Corneille l'aîné fit le reſte en quinze jours, & par ce moyen le Roy ſe trouva ſervi dans le tems qu'il l'avoit demandé ; cette piece eſt en cinq Actes avec des Intermedes de chants & de danſes : elle fut remiſe au Théâtre & donnée au public avec tous ſes agremens & ſes décorations le premier Juin 1703 : le ſieur Baron fils & la Demoiſelle Deſmares qui faiſoient Pſichée & l'Amour s'y firent admirer par un jeu ſi naturel & ſi tendre, qu'on ne doutoit point qu'ils ne reſſentiſſent ce qu'ils repréſentoient.

L'Opera de *Pſichée* eſt le x. des Opera, les Vers ſont de M. Thomas Corneille & la Muſique de M. Lully, il fut repréſenté d'abord à Paris en 1678. il n'en fut imprimé en Muſique qu'un recueil d'airs. Les Divinités du Ciel, de la Terre & des Jardins forment le Prologue : quoi qu'on dife que les Vers de cet Opera ayent été faits & mis en Mufique en trois femaines, rien neanmoins ne donne lieu de s'appercevoir de cette précipitation.

La Pfichée de Village. C. en quatre Actes & un Prologue, joüée en May 1705.

Ptolomée. de M. Charenton qui a auffi donné la Tragedie de *Baltazar.*

La Pucelle d'Orleans. par un Anonime en 1611. imprimée à Paris en 1643. in 4°. l'Auteur n'y eft point nommé : Samuel Chapufeau dans fon Théâtre François la donne à la Mefnardiere, & Paul Boyer dans fa Biblioteque univerfelle la donne à Benferade.

Pulcherie. C. heroïque de M. Corneille l'ainé en 1673. cette piece ne repondit pas à la grandeur ni aux traits magnifiques de l'Hiftoire de cette Imperatrice fille de l'Empereur Arcadius fœur de Theodoze le Jeune, & époufe de Martian ; cependant le caractere de *Pulcherie* eft de ceux que le feul Corneille fçavoit faire, & il s'eft depeint lui-même avec bien de la force dans Martian vieillard amoureux.

Pyrenie, ou *la Paftorale amoureufe.* par François de Belleforeft en 1571.

Pyrrhus. Nous avons trois Tragedies fous ce titre, une ancienne intitulée *Pyrrhe,* de Jean Heudon Parifien en cinq Actes de Vers en 1598. la feconde de M. Thomas Corneille, & une derniere de M. Crebillon, laquelle fut generalement applaudie & à bon titre au mois d'Avril 1726.

Il y a auffi un Opera de *Pyrrhus* qui eft le CXIII. dont le Poëme eft de M. Fermelhuis & la

Musique de M. Royer ordinaire de l'Académie Royale , il fut représenté au mois d'Octobre 1730. & n'eut que sept représentations , quoique relevée de trois belles décorations de M. Servandoni.

Pythias & Damon. C. par Samuel Chapuseau , ses autres pieces sont , *l'Academie des Femmes. le Colin Maillard. Pythias. Armetzard & le Riche mecontent.*

Q.

Le Quartier d'hyver. petite Comédie de M. Granval joüée à Lyon en 1696. » L'Auteur de cette » piece qui l'est aussi du *Poëme de Cartouche* , est » neveu de deffunte Mademoiselle Raisin cette » illustre Actrice qui a si long-tems charmé Pa- » ris par ses talens & ses graces ; il a pour sœur » la Demoiselle Dangeville la mere épouse du » Comédien de ce nom , & pour fils le sieur » Granval jeune Comédien qui a tout ce qu'il » faut pour réussir au Théâtre où il debuta le » 19. Novembre 1719. n'ayant que dix-huit ans.

Les Quatre Medecins. Voyez *l'Amour Medecin.*

Le Quiproquo. C. par Rosimond en 1673.

La Quixaire. T C. de M. Gillet en 1640.

R.

Radegonde. T C. de du Souhait en 1599. il a fait aussi les *Loix d'Amour.*

Ragotin. C. de M. de la Fontaine en cinq Actes de Vers , on sçait que ce sujet est tiré du Roman Comique de M. Scaron.

La Raillerie. Ballet de M. Benserade , dansé par le Roy en 1659.

Le Railleur, ou *la Satyre du tems*. C. de M. Marechal, imprimée aux Thuilleries en 1637.

Ramire & Zaïde. T. repréfentée une feule fois le 14. Janvier 1728, le public voulut l'attribuer à M. de Boiffy qui juftifia qu'elle n'étoit pas de lui, mais de M. de la Chazelle ; le P. Porée a traité le même fujet dans une belle Tragedie qui fut repréfentée il y a quelques années au College de Louis le Grand.

Les Ramoneurs. C. de M. Lambert joüée à l'Hôtel de Bourgogne en 1662. le fieur de Villiers a auffi donné une Comédie fous ce titre des *Ramoneurs* en la même année 1662.

La Rapiere. C. de M. R... Auteur des *Hazards du Jeu de l'Ombre* en 1675.

La Rapiniere. Voyez *l'Intereffé*.

Le Raviffement de Cephale. C. de M. Chrétien des Croix en 1608.

Le Raviffement de Florife. C. de M. Cormeille en 1632. auffi Auteur de *Celidore*.

Le Raviffement de Proferpine. deux Tragi-Comédies font fous ce titre, l'une de Hardy & l'autre de Claveret, cette derniere a cela de remarquable, que l'Auteur met la Scene de fa piece au Ciel, en Sicile & aux Enfers, où l'imagination du Lecteur fe peut repréfenter une efpece d'unité de lieu en concevant une ligne perpendiculaire tirée d'un point du Ciel paffant par la Sicile aux Enfers.

La Reconciliation Normande. C. en cinq Actes de Vers par M. Dufrefny, joüée & aplaudie au Théâtre François en Mars 1719. cette piece fut remife au mois d'Octobre 1731 ; l'Auteur avoit d'abord donné à fa piece le titre du *Procès de Famille* qui femble lui mieux convenir que celui qu'il lui a fubftitué.

La Reconnuë de Remi Belleau en 1585.

La Reforme du Royaume d'Amour. Paſtorale de M. d'Alibray en 1634.

Les Regals des Couſins & des Couſines. du ſieur Brecourt.

Regulus. T. de M. Pradon ; c'eſt une des meilleures pieces de cet Auteur, elle fut joüée vingt-ſept fois de ſuite à Guenegaud au mois de Décembre 1687. il y a une ancienne Tragedie de *Regulus* par Jean de Beaubreuil en 1582.

La Reine des Peris. CIII. Opera, c'eſt une Comédie Perſanne en cinq Actes, dont les Vers ſont de M. Fuzelier & la Muſique de M. Aubert Intendant de celle de M. le Duc, elle eut douze repréſentations au mois d'Avril 1725.

Le Prologue entre Amphitrite, la Seine & l'Euphrate.

La langue Perſane attache au nom de Peris, la même idée que nous concevons ſous celui de Fées.

Renaud & Armide. petite Comédie du ſieur d'Ancour joüée en Juin 1697, cette piece ne fut guere goûtée & n'a qu'un rapport éloigné avec l'Opera d'*Armide.*

Renaud, ou *la Suite d'Armide.* Opera, les Vers ſont de M. Pellegrin & la Muſique paſſa pour être de M. Deſmarets, il en fut donné pluſieurs repetitions au Palais Royal dès le Carnaval de l'année 1705. ce qui fit dire poëtiquement & allegoriquement à M. de Vizé dans un Mercure de ce tems, les paroles ſuivantes. *Il ſemble,* dit-il, *qu'Apollon Dieu de la Muſique ait verſé ſes connoiſſances dans le ſein de quelqu'autre Dieu, je dis de quelqu'autre Dieu, parce qu'il y a des hommes que leur naiſſance & leur mérite mettent au-deſſus des Dieux de la Fable.* Cet Opera ne fut donné au public qu'en 1721. & eut peu de ſuccès, c'eſt le c. des Opera : ce fut pendant le cours des ſes repréſentations que ſur la demiſſion de M. Landiviſiau, la direction de l'Academie de Muſique fut renduë à Meſſieurs Dumont & Francine.

La Rencontre. C. de Jodelle, laquelle fut joüée devant le Roy Henry III. au College de Reims, puis en celui de Boncourt.

Le Rendez-vous des Thuilleries. C. en trois Actes du ſieur Baron Comédien.

Le Retour de la Foire de Beſons. repréſenté ſur l'ancien Théâtre Italien au mois d'Octobre 1695. la Comédie de la *Foire de Beſons*, qui ſe joüoit en ce tems au Théâtre François, donna occaſion à l'Arlequin Gherardy de faire cette petite piece, qui ſelon lui ne fut que l'ouvrage d'un après-ſoupé, à l'exception de la Scene des Tabatieres dont un illuſtre dans la Republique des Lettres voulut bien lui faire preſent

Le Retour de Fontainebleau. C. du ſieur Dominique en un Acte & un divertiſſement joüée au Théâtre Italien en Decembre 1724.

Le Retour de Tendreſſe, ou *la Feinte véritable.* petite Comédie repréſentée au Théâtre Italien au mois de May 1728. cette piece qui eſt bien écrite & ſouvent joüée fut donnée pour le coup d'eſſai du fils de M. Fuzelier.

Le Retour de la Tragedie. C. en un Acte du ſieur Romagneſi joüée le dernier jour de l'année 1725. c'eſt une critique de l'*Italienne Françoiſe de l'Impromptu de la Folie.* Cette Comédie tint un peu plus long-tems le Théâtre que leur *Françoiſe Italienne.*

,, Le sieur Romagnesy est petit fils du sieur
,, Cinthio Comédien de l'ancien Théâtre Ita-
,, lien ; il debuta d'abord au Théâtre de la
,, Comédie Françoise le 14 Juillet 1718. &
,, joüa le rolle de Rhadamiste ; quoique tout le
,, monde convint qu'il l'avoit joüé avec esprit,
,, cependant il ne fut pas reçû ; cinq ans après
,, il parut sur le Théâtre Italien dans la surprise
,, de l'Amour, & il fut reçû après Pâques de
,, l'année 1725, il travaille pour son Théâtre au-
,, quel il a donné seul *le Retour de la Tragedie.*
,, *le Temple de la Verité* & la traduction de la
,, Tragedie de *Samson* & en societé avec le sieur
,, Dominique *les Comédiens esclaves & le Bolus* ;
,, avec le sieur Lelio fils *la Parodie de Pirame*
,, *& Thisbé*, & avec lesdits sieurs Dominique
,, & Lelio, celle de *Medée.*

Le Retour des Officiers. C. du sieur d'Ancour en
un Acte & un divertissement qui représente une
Carmesse ou Foire de Flandres, elle fut joüée en
Novembre 1697.

Le Retour imprevû. petite Comédie en Prose de M.
Renard représentée en 1700, elle fut reprise au
mois de Novembre 1729. & reçûë avec plaisir.

La Retraite des Amans, ou *le Debauché converti.*
T C. avec un Prologue & un Epilogue dans le
goût des anciens, cette piece qui est de M. de
Sainville n'a pas été représentée.

La Revente des habits de Ballet. c'est le titre d'un
Ballet de M. de Benserade.

La Reunion des Amours. C. heroïque en un Acte de
Prose représentée au Théâtre Italien en Novembre 1731. le sujet en est purement allegorique entre le Dieu de la Tendresse & Cupidon.

Rhadamiste & Zenobie. T. de M. Crebillon, repréfentée le 23. Janvier 1711. il s'en fit deux éditions en huit jours ; fes repréfentations qui commencerent long-tems avant le Carnaval, franchirent avec vigueur le Carême, & fe foutinrent encore après Pâques.

Rhodes fubjugué par Amé IV, Duc de Savoye. T C. par Borée en 1627.

La Rhodienne, ou la Cruauté de Soliman. T. en cinq Actes de Vers par P. Mainfray Poëte de la Ville de Rouen en 1621. qui a auffi donné le *Cyrus Triompant & Aftiages* en 1618.

Rhodogune Princeffe des Parthes. Ce fujet qui eft pris d'Appian a fourni deux Tragedies, l'une de M. Gilbert imprimée en 1646. & l'autre en 1646. de M. Pierre Corneille qui préferoit cette piece à toutes fes autres, le public étoit pour *Cinna.*

Le Riche mécontent. de M. Chapufeau 1662.

La Rivalle d'elle même. petite Comédie en Profe de M. Boiffy joüée en Septembre 1721. l'intrigue n'en étoit pas neuve au Théâtre ; c'eft la premiere piece de ce jeune Auteur, qui a donné depuis, *l'Impatient. l'Impertinent malgré lui. le Babillard. la Tragedie d'Alcefte. le François à Londres. le Triomphe de l'intereft. le Je ne fçai quoi & la Critique.*

Les Rivales T C. de M. Quinaut en 1653.

Les Rivaux amis. T C. de M. de Boifrobert en 1638

La Rodomontade. T C. par le fieur de Meligloffe en 1603.

Roger. Voyez *la Mort de Roger.*

Roland le Furieux. L'Ariofte celebre Poëte Italien a fait le Poëme de *Roland* qui a fourni le fujet d'une Tragedie à M. Mairet en 1640. & celui du XVII. de nos Opera dont les Vers font de M.

M. Quinaut & la Muſique de M. Lully ; il fut
executé pour le Roy , puis pour le public au
mois de Janvier 1685, on en donnoit une repréſentation chaque ſemaine à Verſailles: les Fées
forment le Prologue.

Cet excellent Opera a été parodié au Théâtre Italien par les ſieurs Dominique & Romagneſy
en 1727. & même à l'Opera Comique par M.
Fuzelier en 1717.

Le Roman du Marais. C. par Claveret en 1661.

Romulus. T. de M. de la Motte, elle attira de grandes aſſemblées au Théâtre , où elle fut repreſentée pour la premiere fois le huit Janvier 1722 ,
elle ne manqua pas de Parodies : *Arlequin Romulus* du ſieur Dominique , ne fut pas goûté au
Théâtre Italien ; mais le *Pierrot Romulus* de
Meſſieurs le Sage , Fuzelier & d'Orneval fut
plus heureux quoique joüé par des Marionettes,
le chant & la parole ayant été interdits aux troupes de la Foire ; cette Parodie attira à ce jeu un
genre de perſonnes qui n'avoit guere coûtume
de le frequenter.

Il arriva une nouveauté à la premiere repréſentation de cette Tragedie de *Romulus* ; c'eſt
que contre la coûtume de joüer ſeules les pieces nouvelles & de ni joindre de petites pieces qu'après les huit ou dix premieres repréſentations , ce qui donnoit lieu de croire que la piece commençoit à tomber : pour prevenir ces jugemens quelquefois mal fondés, M. de la Motte
fit joüer une petite piece dès la premiere repréſentation de ſa Tragedie ; cet exemple a été ſuivi depuis par les Auteurs, qui ſouhaitoient tous
que cet uſage fût établi , mais perſonne ne vouloit commencer de crainte de donner une mau-

S

vaſe idée de leurs pieces dès la premiere repréſentation.

La Roſelie, ou *le Dom Guillot*. C. de Dorimont
en 1661.

R*oſemonde*. Tragedie de M. Baro, imprimée in 4°.
en 1651.

Roſileon. (*les Avantures de*) C. de M. Pichou en
1629.

Roxane. T. de M. Deſmareſts en 1640. Le Cardinal de Richelieu avoit bonne part à cette piece ;
un libelle que l'Abbé d'Aubignac fit contre cette Tragedie l'empêcha d'être admis en l'Academie Françoiſe : il y a une autre Tragedie de la
Mort de Roxane qui fut repreſentée en 1648 ;
l'Auteur marque ſon nom par les trois lettres L.
M. S.

Roxelane. T. de M. Deſmarets en 1643.

Le Roy de Cocagne. C. du ſieur le Grand en trois
Actes de Vers avec des Intermedes de chant &
de danſe & un Prologue qui a été depuis retranché ; elle fut repréſentée pour la premiere fois
le 31 Decembre 1718 ; les fleurs perſonnifiées y
chantoient des airs fort goûtés, dont la Muſique étoit du ſieur Quinaut ; le Prologue repréſentoit le Parnaſſe entouré d'un bourbier, la Muſe triviale, M. de la Fariniere & quelques autres
Poëtes en faiſoient le Dialogue ; la piece eſt dans
le goût de la Farce, mais du reſte très ingenieuſement imaginée & divertiſſante.

Le Roy franc Arbitre. par un Anonime en 1558.

Le Royal martyre. T. de M. des Iſles le Bas.

La Rue Saint Denis. Comédie du ſieur Chammelé
en 1682.

La Rue Merciere, ou *les Marchands Dupés*. C.
du ſieur le Grand joüée à Lion.

La Rupture du Carnaval & de la Folie. C. de M.
Fuſelier joüée au Théâtre Italien en 1719. ce
n'eſt pas comme on le pouroit croire une Parodie de l'Opera du *Carnaval & de la Folie*, mais
un autre ſujet qui n'y a nul rapport.

S.

Sabinus. T. de M. Paſſerat en 1695.

Le Sac de Carthage. T. en Proſe de M. Puget de
la Serre en 1643.

Le Sacrifice d'Abraham. Tragedie Sainte par un
Anonime en 1637.

Le Sage jaloux. par un Anonime en 1647.

Le Sage viſionnaire. C. repréſentée en 1647.

Les Saints. Quoique le premier Concile de Milan ait
défendu de repréſenter la vie & le martyre des
Saints ; cependant pluſieurs Tragedies portent
les noms de Saints & de Saintes, entr'autres.

Saint Alexis, ou *l'Illuſtre Olimpe.* T. de M. des
Fontaines en 1644.

Saint Cloud. de M. Jean Heudon en 1598. il eſt
auſſi Auteur de la Tragedie de Pyrrhe.

Saint Chriſtophe. T. de M. Chevalet en 1530.

Saint Euſtache. Il y a deux Tragedies de ce Martyr, l'une de M. des Fontaines en 1644. l'autre
de M. Baro imprimée in 4°. en 1649.

Saint Geneſt, ou *l'Illuſtre Comédien.* T. de M. Rotrou en 1647. cette Tragedie ſe trouve dans le
recueil des meilleures pieces anciennes du Théâtre François. Il y a une autre Tragedie de *Saint
Geneſt* par un Anonime imprimée en 1645.

Saint Gervais. T. de M. Chéfaut Prêtre habitué de
la Paroiſſe de Saint Gervais à Paris, imprimée
en 1670.

Saint Jean Baptiste. Deux Tragedies de Saint Jean, l'une par un Anonime en 15.... l'autre par Madame Jeanne Biſſon de la Coudraye en 1703.

Saint Laurent. T. par Gaucher de Sainte Marthe en 1499. une autre Tragedie de *S. Laurent* par un Anonime en 1516.

Saint Nicolas. Deux Tragedies de S. Nicolas par des Anonimes en 15....

Saint Vincent. T. de M. Boiſſin de Gallardon en 1618.

Sainte Agnès. Tragedie de M. Troterel de Daves en 1518.

Sainte Barbe. T. par un Anonime en 1534.

Sainte Catherine. Nous avons cinq Tragedies ſous ce titre, la premiere de M. Boiſſin de Gallardon en 1618. la ſeconde de M. Puget de la Serre imprimée avec figures en 1643. la troiſiéme de M. de Saint Germain en 1649. la quatriéme de M. l'Abbé d'Aubignac en 164... la cinquiéme de M. des Fontaines en 1650.

Sainte Dorothée. Deux Tragedies de cette Martyre, l'une de M. le Ville & l'autre de M. Rampale toutes deux imprimées en 1658.

Sainte Marguerite. T. par un Anonime en 1544.

Sainte Reine. Il y a trois Tragedies de *Sainte Reine*, la premiere auſſi intitulée le *Chariot de Triomphe* par M. Millotet en 1661. la ſeconde par M. Alexandre le Grand ſieur d'Argicour en 1671. la troiſiéme par Claude Ternet Profeſſeur en Mathematiques & Arpenteur du Roy dans le Chalonnois imprimée en 1683.

Sainte Urſule. T. de M. le Ville en 1658.

Les Saints Amans, ou *le Martyre de Sainte Juſtine & de S. Cyprien.* T. de M. Caillet imprimée en 1700.

Ⅺ *Les Saisons.* Ce sujet a fourni deux Ballets & un Opera ; le premier Ballet est de M. Benserade dansé par le Roy à Fontainebleau en 1661. le second est de Madame de Saintonge. L'Opera des *Saisons* est le XXXVI. dont les paroles sont de M. Pic & la Musique de M. Colasse, il fut représenté en 1695. & imprimé in.4°. Melpomene, Euterpe, Clio, Apollon & le fleuve Permesse sont les personnages du Prologue : les quatre Saisons forment autant d'entrées, le Printems représenté par les amours de Zephire & Flore, l'Eté par ceux de Vertumne & de Pomone, l'Automne par ceux d'Ariane & Bachus, & l'Hyver par ceux de Borée & Orithie. » M. l'Abbé Pic » Auteur du Poëme de cet Opera en a donné » deux autres ; *la Naissance de Venus, & Aricie,* » ses autres ouvrages sont, une traduction Françoise de Timandre, quelques Lettres écrites » avec beaucoup de feu & de politesse ; il a aussi » donné un recueil des œuvres de M. de Saint » Evremont, ou il a mêlé des pieces qui ne sont » pas de cet Auteur, & sous ce nom respecté il a entrepris de faire recevoir ses propres produc- » tions.

Les Salinieres, ou *la Promenade des Fossez.* petite Comédie du sieur Dominique joüée en Province en 1713. elle est imprimée.

Samson. T. traduite de l'Italien joüée sur le Théâtre Italien en 1717 ; cette piece est d'un genre tout nouveau par le mélange du sacré & du profane, & quoiqu'il ne s'y trouve ni regularité ni vraisemblance, cependant elle eut un succès prodigieux ; cette traduction en Vers est du sieur Romagnesi.

Sancho Pansa. Plusieurs anciennes Comédies por-

tent ce titre , entr'autres le *Gouvernement de San-*
cho , par Guerin du Boufcal en 1642. les deux
modernes font , l'une de M. Dufrefny en trois
Actes de Profe non imprimée en fes Oevres &
l'autre du fieur Dancour en cinq Actes de Vers
joüée au Mois de Novembre 1712. avec peu de
fuccès , l'Auteur convient qu'il a confervé quelques morceaux d'une ancienne Comédie de *San-*
cho ; il fit ceffer les repréfentations de fa piece
pour y ajoûter plufieurs Scenes , ce qui le flat-
toit , que fi on la donnoit au public en l'état
qu'elle eft maintenant imprimée , elle feroit reçûë plus favorablement.

Sapor. T. de M. Renard non joüée mais imprimée
en fon Théâtre.

,, Jean François Renard reçû Tréforier de
,, France au Bureau des Finances de Paris en
,, 1683. eft celui de nos Auteurs modernes qui a
,, le plus aproché de Moliere , ayant repandu
,, dans fes pieces un jeu fort comique & très di-
,, vertiffant , la Scene y eft d'ordinaire moins dé-
,, fectueufe que dans quantité d'autres , parce
,, qu'il fait demeurer tous fes perfonnages dans
,, une maifon commune ou Hôtel garni : il avoit
,, voyagé en plufieurs Cours de l'Europe dont
,, il a donné des relations imprimées dans le
,, Recueil de fes Oevres en cinq volumes in 12.
,, dans le fecond defquels on trouve une Hiftoire
,, de la Proveçale , ou fous le nom de Zelmis.
,, M. Renard fait le recit des avantures qui lui
,, arriverent en un voyage fur mer , où il fut pris
,, par les Corfaires & mené efclave à Alger. Il n'a
,, pas jugé à propos de mettre fin au Roman ,
,, dont la conclufion ordinaire eft le mariage puis
,, qu'il eft mort fans s'y être engagé. Les Co-

„ médies qu'il a donné au Théâtre François
„ font , *la Serenade. le Bal* ou *le Bourgeois de*
„ *Falaife. le Joueur. Attendez-moi fous l'orme.*
„ *le Diftrait. Democrite. le Retour imprevû. les*
„ *Folies amoureufes. les Menechmes. le Legataire*
„ *univerfel* & *la critique de ce Legataire.*
„ Ses pieces joüées fur l'ancien Théâtre Italien
„ font , *les Chinois. la Defcente de Mezetin aux*
„ *Enfers. le Divorce. la Naiffance d'Amadis. la*
„ *Mere loye. Arlequin homme à bonne fortune. la*
„ *Critique de cette derniere.* Il a encore donné au
„ même Théâtre , mais en focieté avec M. du
„ Frefny , *la Baguette de Vulcain. la Foire Saint*
„ *Germain* & *les Momies d'Egipte :* il a de plus
„ donné à l'Opera, *le Ballet du Carnaval de Ve-*
„ *nife :* outre les pieces qui n'ont pas été re-
„ préfentées , qui font cette Tragedie de *Sapor.*
„ *la petite Comédie des Vendanges* & *les Souhaits.*

La Satyre des Satyres. petite Comédie de M. Bourfaut en un Acte de Vers. Il y a un perfonnage
fous le nom propre de l'Auteur qui la compofa
en 1669. pour rendre public fon reffentiment
contre M. Boileau Defpreaux ; mais cette piece
annoncée , affichée & prête a être repréfentée,
fut défenduë par Arrêt du Parlement ; l'Auteur
n'ayant pas la liberté de la faire repréfenter , obtint la permiffion de la faire imprimer malgré l'op-
pofition de M. Defpreaux; il y mit une Preface
fur la licence temeraire de nommer fans retenuë
des gens d'efprit & d'honneur : ces deux Auteurs
fe reconcilierent dans la fuite.

Les Saturnales , ou *le Fleuve de Scamandre.* C. de
M. Fufelier en trois Actes joüée au Théâtre François en 1723.

Saül. Ce fujet tiré de l'Ecriture Sainte a été traité

en quatte Tragedies. La premiere de M. Jean de la Taille de Bondaray en 1568. la seconde de M. Billard de Courgenaï en 1610. la troisiéme de M. du Ryer en 1642. la quatriéme de M. l'Abbé Nadal : cette derniere fut repréfentée au commencement du Carême de l'année 1705. & eut un grand fuccès, tant en fa nouveauté qu'en la reprife qui en fut faite au mois d'Avril 1731. ״ C'eft la premiere piece de M. l'Abbé Nadal , ״ qui après avoir élevé le jeune Comte de Valen- ״ cai , tué à la bataille d'Hochtet, s'eft depuis ״ attaché à la Maifon d'Aumont. Ses Tragedies ״ font , *Saül. Herodes. Antiochus* ou *les Maca-* ״ *bées & Mariamne.*

Scanderberg. T. de M. de la Motte qu'on met actuellement en Mufique pour être repréfentée fur le Théâtre de l'Opera.

Scapin. c'eft le nom d'un perfonnage de la Comédie Italienne. Le dernier qui a rempli ce rolle fe nommoit Jean· Biffony , il mourut le 9. May 1723. âgé de 45. ans : on dit qu'après avoir été Maître d'Hôtel de M. d'Albergoty , il fe retira en fon Païs & fe mit dans les Finances , où apparamment il ne fit pas fortune , puifqu'il fut reduit à époufer une Comédienne & enfuite à fe faire lui-même Comédien; il joüoit en Italie fous le mafque , après en avoir effayé en France il y renonça pour joüer à vifage découvert , il y a quelques Comédies Italiennes fous le titre de *Scapin. Voyez* le Recueil des pieces Italiennes imprimées chez Briaffon.

Scaramouche Hermite. Les anciens Comédiens Italiens joüerent cette piece àla Cour huit jours après que la Comédie du *Tartufe* eut été défenduë; leRoy l'ayant vû dit qu'il auroit fouhaité fçavoir pourquoi les gens qui se scandalisoient si fort du *Tartuffe* ne disoient mot de cette piece ; à quoi un Grand Prince répondit à S. M. que c'étoit parce que la Comédie de *Scaramouche* joüoit le Ciel & la Religion, dont ces Messieurs ne se soucioient guere, au lieu que celle de Moliere les joüoit eux-mêmes, ce qu'ils ne pouvoient souffrir.

„ Le fameux Scaramouche se nommoit Tibe-
„ rio Fiorilli, il étoit né à Naples en 1608. fut
„ un des plus grands Pantomimes qu'on eût vû
„ dans les derniers siécles ; sa femme étoit aussi
„ Comédienne & se nommoit Marinette : il se
„ retira du Théâtre cinq ans avant sa mort qui
„ arriva au commencement du mois de Decem-
„ bre 1694. dans la quatre vingt dix-septiéme
„ année de son âge, il fut enterré en la Paroisse
„ de Saint Eustache, laissant par sa grande par-
„ cimonie plus de cent mille écus à son fils Prê-
„ tre d'un grand mérite. Mezetin de l'ancien
„ Théâtre Italien a donné une mauvaise Vie de
„ Scaramouche, qu'il fait passer pour le plus
„ grand fripon d'Italie.

„ L'Acteur du nouveau Théâtre Italien qui
„ joüoit les rolles de Scaramouche, étoit aussi
„ Napolitain, il se nommoit Giacomo Rauzini ;
„ on dit qu'il avoit une charge assez honorable
„ à Naples, que l'inclination pour le Théâtre lui
„ avoit fait quitter pour venir joüer la Comédie
„ en France, nous l'aurions dispensé de faire un
„ si grand sacrifice. il mourut le 25. Octobre
„ 1731. âgé d'environ soixante ans & fut inhu-
„ mé à Saint Eustache sa Paroisse.

Scedaze, ou *l'Hospitalier violé*. T. de Hardy.

Scevole. T. de M du Ryer ; cette piece ne s'est pas laissée ensevelir sous la poussiere comme quantité d'autres qui même ont paru depuis; elle eut en sa nouveauté à l'Hôtel de Bourgogne en 1646 un succès prodigieux ; les quatre pincipaux rolles étoient alors remplis par Bellefleur, Bandimare, Beausoleil & Bellerose, ce dernier joüoit le rolle de Scevole, celui de Junie étoit rempli par une Comédienne en réputation nommée Duclos, ayeule de celle qui a paru avec éclat sur notre Théâtre : malgré les expressions surannées & l'air gothique de cette piece, elle ne laissa pas d'être goûtée à la reprise qui en fut faite au mois de Juillet 1721. où le sieur Baron joüa le rolle de Scevole, avec beaucoup d'aplaudissement ; les sentimens élevés & la grandeur Romaine s'y font sentir, c'est dommage que l'action principale & le fond du sujet soit un assassinât.

Scipion. Trois Tragedies portent ce titre, la premiere en Prose intitulée, *Scipion l'Affriquain*, ou *le Sac de Carthage* de M. Puget de la Serre ; la seconde de M. Desmarets en 1699. & la troisiéme de M. Pradon ; » C'est la der- ,, niere piece de cet Auteur qui étoit né a Roüen ,, & mourut à Paris d'apoplexie au mois de ,, Janvier 1698. Quoique la satyre n'ait pas trai- ,, té favorablement ses Tragedies, elles n'ont ,, pas laissé d'avoir ses admirateurs, elles sont ,, au nombre de sept, *Pirame & Thisbé. Ta-* ,, *merlan ou la Mort de Bajazet. Phedre & Hy-* ,, *polite. la Troade. Statira. Regulus & Scipion* ,. *l'Affriquain.*

Scylla LIII. Opera. La Tragedie en cinq Actes est de M. Duché & la Musique de M. Theobaldo Gatti, dit Theobal joüeur de la Basse de Violon à cinq cordes ; cet Opera qui est estimé pour ses belles simphonies fut représenté en

1701. il eſt gravé in 4º. Apollon, la France & l'envie font les perſonnages du Prologue, M. Theobal avoit déja donné l'Opera de *Coronis*.

Le Secret revelé. C. de M. Palaprat.

Sedecias, ou *les Juives*. T. de Robert Garnier en 1583. c'eſt la derniere de huit Tragedies de Garnier, qui faute d'autres ont été long-tems les délices de la France, elles furent imprimées à Paris in 12.

„ Robert Garnier étoit natif de la Ferté Ber-
„ nard au Maine, il fut Lieutenant Général au
„ fiege de Mans, puis pourvû par le Roy d'une
„ charge de Conſeiller au Grand Conſeil ; il a vé-
„ cu fous les regnes de Charles IX. Henry III.
„ & Henry IV. Il forma ſon goût ſur Seneque,
„ le tragique quoique beaucoup moins juſte que
„ celui des Grecs, & affecta d'imiter cet Auteur,
„ en quoi il a réuſſi parfaitement : peu s'en fa-
„ lut que ce Poëte tragique ne mourut tragique-
„ ment, car ſes Domeſtiques reſolurent de l'em-
„ poiſonner lui, ſa femme & ſes enfans pour pil-
„ ler leur maiſon pendant une cruelle peſte à la-
„ quelle ils vouloient imputer l'effet de leur poi-
„ ſon, ils donnerent d'abord un breuvage à la
„ femme de Garnier, & les ſignes du poiſon
„ paroiſſant auſſi-tôt, firent ſoupçonner ces ſce-
„ lerats qui furent punis après avoir avoüé leur
„ crime ; Garnier ſe retira au Mans où il mou-
„ rut en 1590. âgé de 56. ans & fut enterré
„ dans l'Egliſe des Cordeliers ; ſes Tragedies
„ ſont, *la Porcie. Cornelie. Marc-Antoine. Hy-*
„ *polite. la Troade. Antigone. Bradamante &*
„ *Sedecias.*

Sejanus Favori de l'Empereur Tibere. T. de M. Magnon en 1647.

Seleucus. T. de M. Montauban en 1650. Seleucus Roy de Sirie étoit l'époux de Stratonice. Voyez *Stratonice & Antiochus.*

Le Semblable à soi-même. C'est une des trois petites pieces de l'Ambigu Comique de M. de Mont-fleury jouée en 1671.

Semelée. LXXII. Opera dont les Vers sont de M. de la Motte & la Musique de M. Marais, représenté en 1709. gravé partition in 4°.

Comme Bachus tenoit sa naissance des amours de Jupiter & de Semelé, qui sont le sujet de cette piece, le Prologue est le triomphe de Bachus ou les Bachanalles.

M. Marais a donné l'Opera d'Alcide qu'il composa en societé avec M. Louis Lully, & a donné sans partage Ariadne & Bachus. Alcione & cet Opera de Semelé; M. le Brun a fait une Tragedie de *Semelé* pour être mise en Musique.

Semiramis. Nous avons un Opera & quatre Tragedies de *Semiramis.* La premiere est de M. Desfontaines. La seconde de M. Gilbert en 1646. la troisiéme de Madame de Gomez représentée en 1716. la quatriéme de M. Crebillon représentée au mois d'Avril 1717. & retirée par l'Auteur après sept représentations.

L'Opera de *Semiramis* est le XCVI. le Poëme est de M. Roy & la Musique de M. Destouches, représenté au mois de Decembre 1718.

Seneque. Voyez *la Mort de Seneque.*

Le Serdeau des Théâtres. C. en un Acte de Vaudevilles par M. Fuselier, joüée au Théâtre Italien en Fevrier 1723. c'est une critique du *Banquet des sept Sages, des Nôces de Gamache* & de l'Opera de *Pirithoüs.*

La Serenade. C. en Prose de M. Renard joüée en

1693 ; cette petite piece eſt fort divertiſſante & eſt la premiere que M. Renard ait donné au Théâtre François.

Les Sermens indiſcrets. C. en cinq Actes de Proſe par M. de Marivaux : cette piece éprouva le ſort de beaucoup d'autres , c'eſt-à-dire , que la premiere repréſentation fut très tumultueuſe. Peut-être auroit elle été écoutée plus tranquillement ſi elle avoit été donnée un autre jour qu'un Dimanche 8. Juin 1732. Le défaut qu'on lui trouva dans les repréſentations ſuivantes , fut qu'il y avoit trop d'eſprit & pas aſſez d'action.

Sertorius. T. de M. Corneille l'aîné en 1662. Cette piece où il ne ſe trouve ni amours ni deſcriptions pompeuſes , ni recits pathetiques ne laiſſa pas de plaire par la dignité la nouveauté des caracteres & la grandeur des interêts ; elle fut vingt ans ſans être repriſe lorſquelle le fut en 1718.

Seſoſtris. T. non repréſentée de M. de Montfort.

Le Sicilien, ou *l'Amour Peintre.* C. de Moliere en un Acte de Proſe entremêlé de quelques airs & d'une danſe de Maures à la fin. La Scene n'y eſt pas marquée ; elle fut repréſentée à Saint Germain en Laye au mois de Janvier 1667. puis donnée au public au mois de Juin ſuivant & fut trouvée agréable à la Cour comme à la Ville.

Sidere. Paſtorale d'Etienne Bouchet ſieur d'Ambillon en 1609.

La Sidonie. T C. par M. Mairet en 1643.

Sigiſmond Duc de Varſau. T. de M. Gillet de la Teſſoniere en 1646.

Silene. T. par un Anonime en 1625.

Sillanus. T. de M. de Prades en 1649.

Silvanire, ou *la Morte vive.* T C. de M. Mairet :

c'eſt cette piece qui a pour ainſi dire ouvert le chemin aux ouvrages reguliers. M. Honoré d'Ur- fé avoit compoſé une Fable Bocagere ſur ce ſu- jet laquelle fut imprimée à Paris en 1627. in 8°.

La Silvie. T C. Paſtorale imprimée en 1628. C'eſt le premier fruit de la jeuneſſe de M. Mairet & une des premieres pieces qui mirent le Théâtre en reputation.

Le Sincere à contre-tems. Cette Comédie eſt une traduction en Vers François faite par le ſieur Lelio fils d'une Comédie Italienne de ſon pere; cette piece traduite fut joüée au mois de Novem- bre 1727. dix ans après l'Italienne.

Sir Politick Would-be. Comédie Françoiſe à la ma- niere des Anglois par M. de Saint Évremont.

La Sœur genereuſe. C. de M. Rotrou en 1645. M. Quinaut a beaucoup pris de cette piece dans ſes *Sœurs rivales.* Il y a une Tragi-Comédie ſous le même titre par Claude Boyer repréſentée en 1647.

La Sœur genereuſe. par O. B. 1646.

La Sœur jalouſe, ou *l'Echarpe & le Braſſelet.* C. de M. Lambert joüée à l'Hôtel de Bourgogne en 1660.

La Sœur ridicule. C. de M. Montfleury remiſe au Théâtre en Septembre 1732.

La Sœur valeureuſe, ou *l'Aveugle Amante.* T C. de M. Marechal en 1634.

Les Sœurs rivales. C'eſt la premiere Comédie de M. Quinaut, laquelle il copia preſque mot à mot des deux *Pucelles* & de la *Sœur* de M. Rotrou. Cette Comédie fut imprimée en 1653.

Le Soldat poltron. C. par un Anonime en 1668.

Le Soleil vainqueur des nuages. divertiſſement alle- gorique ſur le retabliſſement de la ſanté du

Roy repréſenté ſur le Théâtre de l'Opera ſans grand ſuccès en 1721. les Vers ſont de M. B. & la Muſique de Clairambault.

Soliman Empereur des Turcs. Outre le *Soliman* de Lomarelli traduit par d'Alibray en 1637. nous avons cinq Tragedies ſous ce titre, deux par des Anonimes, la troiſiéme par M. Gillet, la quatriéme par M. Mairet en 1636. celle-ci eſt imprimée dans le recueil des meilleures pieces de Théâtre des anciens Auteurs : la cinquiéme qui fut joüée à Guenegaud au mois d'Octobre 1680. parut ſous le nom du Comédien la Thuillerie, quoi quelle fût véritablement de M. l'Abbé Abeille. Voyez *la Rhodienne.*

Les Songes des Hommes éveillés. C. de M. de Broſſe le jeune en 1645. cet Auteur a encore donné le *Curieux impertinent & Stratonice ou le Malade d'amour.*

Sophoniſbe. Nous avons cinq Tragedies de *Sophoniſbe.* La premiere de Melin de Saint Gelais en 1560. la ſeconde de Claude Mermet en 1584. la troiſiéme de M. Mairet laquelle eut un ſuccès merveilleux vers l'an 1633. c'eſt-à-dire trente ans avant celle de M. Corneille ; cependant on la jouoit encore de ſon tems, & quelques uns même la preferoient à la ſienne. Cette *Sophoniſbe* de Mairet fut la premiere piece où la regle des vingt-quatre heures fût obſervée, & comme il falloit faire agréer ce changement aux Comédiens, qui impoſoient alors la loy aux Auteurs; M. le Comte de Fieſque ſe chargea de leur en parler, il communiqua leur conſentement à M. Mairet qui fit cette Tragedie renfermée dans cette eſpace de tems ; elle ſe trouve imprimée dans le recueil des meilleures pieces des anciens Auteurs.

La quatriéme des Tragedie de *Sophonisbe* est de M. Corneille l'aîné ; il la preferoit à la plûpart de ses autres pieces ; cependant la représentation de cette excellente Tragédie donnée en 1663. pensa lui faire perdre sa reputation s'il avoit été possible qu'il la perdit.

L'Anonime qui donna des remarques critiques sur cette piece de Corneille est de M. l'Abbé Daubignac ; M. de Saint Evremond en porta un jugement plus favorable.

La cinquiéme *Sophonisbe* est de M. de la Grange , elle n'est point imprimée & ne fut joüée que quatre fois au mois de Novembre 1716.

Les Sosies. C. de M. Rotrou en 1638. ce sujet est tiré de l'Amphitrion de Plaute.

Le Sot toûjours sot. Voyez *la Force du sang.*

Le Sot vengé. Voyez *Pubin.*

La Soubrette. C. de M. de Beauchamp en trois Actes joüée au Théâtre Italien au mois de Novembre 1720. non imprimée.

Les Souffleurs. C. de M. Michel Chilliat , destinée pour l'ancien Théâtre Italien , où cependant elle ne fut pas joüée quoiqu'imprimée. Ce même Auteur a aussi donné *la Mort du Cid , ou l'Ombre du Comte de Gormas.*

Les Souhaits. Comédie de M. de Losme de Montchenay joüée au mois de Decembre 1693. sur l'ancien Théâtre Italien où elle eut du succès , mais moins que son *Phenix* , dont cette piece avoit les mêmes traits. M. Renard a fait aussi une petite Comédie allegorique des souhaits qui est imprimée dans ses Oeuvres.

Les Soupçons sur les apparences. Heroï-Comédie par M. Douville en 1658.

Le Soupé mal aprêté. C. du sieur Hauteroche en 1670.

Le Sourd. Comédie en petits Vers non imprimée, de M. Defmarets.

Statira, ou *le Mariage d'Orondate.* par M. Magnon en 1648.

Statira fille de Darius & veuve d'Alexandre. Ce fujet a été mis en Tragedie par M. Pradon, elle fut repréfentée à l'Hôtel de Bourgogne au mois de Decembre 1679.

Stilicon. T. de M. Thomas Corneille. Cette piece qui fut le charme de tout Paris fut repréfentée fur le Théâtre de l'Hôtel de Bourgogne, parce que les Comédiens de cet Hôtel avoient attiré dans leur Troupe quelques Comédiens de celle du Marais, fans lefquels cette Tragedie auroit été mal joüée : ce Stilicon mérita par fes longs fervices que l'Empereur Theodofe époufa fa fille & le fit Tuteur d'Honorius ; mais il oublia ce qu'il devoit à fon Maître pour rendre ce qu'il ne devoit pas à fon fils par des tendreffes inconfiderées de la nature.

Les Stratagemes de l'Amour. CVI. Opera, dont les paroles font de M. Roy & la Mufique de Meffieurs de la Lande & Deftouches ; il n'eut que trois repréfentations au mois de Mars 1726, cependant il fut parodié à l'Opera Comique par Meffieurs Fufelier & d'Orneval. Il y a une excellente piece Italienne des *Stratagemes de l'Amour*, compofée en 1658 par l'ordre du Cardinal de Medicis qui la fit mettre en Mufique.

La Stratonice. T C. de M. Quinaut en 1657, il y a une Comédie de *Stratonice*, auffi intitulée *le Malade d'Amour* de M. de la Broffe le jeune en 1644. Voyez *Seleucus & Antiochus.*

La Suivante. C. de M. Corneille l'ainé en 1635, c'eft fa cinquiéme piece affez reguliere en comparaifon des précedentes. L'Auteur y a obfervé

T

une fingularité , c'eft qu'il s'eft affujeti à en faire les Actes fi égaux qu'il n'y en a pas un qui ait un Vers plus que l'autre.

La Sultane. T. de Gabriel Bounin en 1561. ,, Cet ,, Auteur fut Lieutenant Général de Château- ,, Roux en Berry , puis Maître des Requêtes de ,, l'Hôtel du Roy. Il compofa auffi la Paftorale ,, & une autre Tragedie fur la deffaite de la Piaffe ,, imprimée à Paris en 1579.

Le Superftitieux. C. en cinq Actes non entierement achevée , trouvée dans les papiers de M. Du- freny & brûlée après fa mort.

Surena. T. de M. Corneille l'ainé en 1675. Ce fu- jet eft tiré de Plutarque en la vie de Craffus. L'on voit en cette Tragedie une belle peinture d'un homme que fon trop de mérite & de grands fer- vices rendent criminel auprès de fon Maître. C'eft la derniere de cet illuftre Auteur , qui pour avoir mis le Théâtre François beaucoup au-deffus de ceux de Rome & d'Athenes , n'en a tiré d'au- tre avantages qu'une mémoire & une réputation immortelle.

,, Pierre Corneille naquit à Rouen le 6 Juin ,, 1606 ; il fut Avocat Général de la Table de ,, Marbre des Eaux & Foréts de cette Ville de ,, Rouen , un des quarante de l'Académie Fran- ,, çoife , & mourut le dernier Septembre 1684 : ,, comme plufieurs Sçavans ont entrepris de faire ,, l'éloge de cet illuftre Auteur , nous nous con- ,, tenterons de rapporter le titre de fes trente- ,, trois pieces, dans l'ordre qu'il les a compofées , ,, ces pieces font , *Melite. Clitandre. la Veuve.* ,, *la Galerie du Palais. la Suivante. la Place* ,, *Royale. Medée. l'Illufion comique. le Cid. les* ,, *Horaces. Cinna. Polieucte. le Menteur. Pom-*

„ pée. *la Suite du Menteur. Theodore. Rhodogune.*
„ *Heraclius. Andromede. Dom Sanche d' Aragon.*
„ *Nicomede. Pertharite. Oedipe. la Toifon d'Or.*
„ *Serdorius. Sophonisbe. Othon. Agefilas. Attila.*
„ *Tite & Berénice.* une bonne partie de *Pfiché.*
„ *la Pulcherie & Surena.* fon Théâtre & celui
„ de fon frere ont été imprimés à Amfterdam èn
„ 1723 en treize volumes in 12 , l'édition de
„ Paris de 1714 n'a que dix volumes.

La Surprife de l'Amour. C. de M. Marivaux en trois
Actes & un divertiffement , joüée au Théâtre
Italien au mois de May 1722 , c'eft une des plus
jolies Comédies qui ayent paru fur ce Théâtre ;
le même Auteur donna une autre Comédie fous
le même titre qu'il compofa pour le Théâtre
François où elle fut repréfentée le dernier Decembre 1729 , on lui fit moins d'acueil qu'on
en avoit fait à fon ainée fur l'autre Théâtre.

Sufane , ou *la Chafteté.* T. d'Antoine de Montchrétien en 1627.

La Sylphide. C. en un Acte des fieurs Dominique
& Romagnefy joüée en Septembre 1730.

T.

Tabarin. Bouffon très-groffier , Valet de Montdor ;
„ ce Mondor étoit Charlatan & vendeur de baû-
„ me qui établiffoit fon Théâtre dans la place
„ Dauphine ; il ne demeuroit pas toûjours à Pa-
„ ris , mais couroît avec Tabarin dans les autres
„ Villes du Royaume. Les plaifanteries de Taba-
„ rin ont été imprimées plufieurs fois à Paris &
„ à Lyon avec privilege , elles ne roulent que fur
„ des groffieretés qui ne peuvent plaire qu'au
„ peuple.

Taillebras. ancienne Comédie de Baïf.

Le Talifman. Voyez *l'Italie Galante.*

Tamerlan, ou *la Mort de Bajazet.* T. de M. Pradon en 1676, c'eft fa feconde piece, laquelle felon l'Auteur eut le bouheur de plaire au Roy & à la Cour ; mais ce témoignage eft contredit par ceux qui nous apprennent que cette piece tomba promptement, tant par fes propres défauts que par le mérite de celle de *Bajazet* de M. Racine. M. Magnon a fait auffi une Tragedie fur ce fujet, intitulée *le Grand Tamerlan & Bajazet* en 1648.

Tancrede. LVII. Opera, la Tragedie eft de M. Danchet & la Mufique de M. Campra, reprefenté au mois de Novembre 1702, gravé partition in 4°. La Paix & un Enchanteur font le Prologue. Ce fujet eft tiré de l'Hiftoire de Godefroy de Bouillon, Tancrede étant l'un des chefs de fes armées ; c'eft un des plus beaux Opera qui ayant paru depuis M Lully. „ Dans „ le cours des repréfentations d'une reprife qui „ en fut faite en 1729, l'Academie de Mufique „ perdit M. Pecour, l'un des plus beaux Dan- „ feurs de fon tems qui avoit extremement brillé „ dans les Ballets de la Cour & fur le Théâtre „ l'Opera, dont il eut la direction des Ballets „ après la mort de M. Beauchamps, lefquels il „ a compofé pendant un très long-tems avec un „ genie & une varieté admirable ; il ne danfoit „ plus depuis près de trente ans & mourut le „ onze Avril 1729 âgé de foixante dix-huit ans ; „ M. Blondy lui a fuccedé pour la compofition „ des Ballets de l'Opera.

A cette reprife de 1729 le fieur Dominique donna une Parodie de cet Opera fous le titre d'*Arlequin Tancrede* , qui fut joüée au mois de Mars de cette année 1729.

La Tarantole. Comédie-Ballet compofée par M. Malezieu pour les divertiffemens de Madame la Ducheffe du Maine , elle fut joüée à Clagny au mois de Fevrier 1706 : le chant & la danfe naiffent tellement du fujet qu'il ne pouroit fubftituer fans cet ornement , M. Mathau ordinaire de la Mufique du Roy en fit les airs & M. Ballon les Ballets.

Tarquin. T. de M. du Ryer. Ce même fujet a été traité fous le titre de *Brutus.*

Tarxis & Zelie. CXI. Opera , dont les Vers font de M. de la Serre & la Mufique de Meffieurs Rebel & Francœur , repréfenté le 19. Octobre 1729. Deux Genies l'un bienfaifant & l'autre malfaifant font l'action du Prologue. Le fujet de la piece qui eft en cinq Actes eft tiré d'un Roman en quatre volumes in 8°. qui porte le même titre par M. François le Vayer de Boutigny Maître des Requeftes mort en 1688 ; quoique le cinquiéme Acte de cet Opera eût été refait , cette correction ne fit aller cette piece que jufqu'au 18 Janvier 1729 , ainfi il s'en faut bien que cet Opera ait eu autant de fuccès que celui de *Pirame & Thisbée* , qui eft des mêmes Auteurs.

Tartufe, ou *l'Impofteur.* C. de Moliere , les trois premiers Actes furent repréfentés à Verfailles le 12 May 1664 , ils furent repréfentés une feconde fois à Villers-Cotteret pour Monfieur frere unique du Roy, qui donnoit une Fête à leurs Majeftés le 25 Septembre de la même année 1664 ; cette Comédie étant entierement achevée en cinq Actes de Vers fut repréfentée deux fois au Château de Raincy pour Monsieur le Prince les 29 Novembre 1664 & 8 Novembre 1665 ; la premiere représentation publique n'en fut donnée que plus de trois ans après , c'est-à-dire , le cinq Août 1667 sur le Théâtre du Palais Royal , le lendemain elle fut défenduë par M. le Premier Président du Parlement jusqu'à nouvel ordre de Sa Majesté ; enfin la permission de la représenter indéfiniment fût renduë & accordée le 5 Fevrier 1669 , & dès le même jour elle fut représentée avec plusieurs corrections dans la piece & même dans les décorations & habits ; quelques-uns prétendent que le Canevas de cette piece fut donné à Moliere. par M. Chapelle , & une famille de Paris se vante de posseder ce Canevas écrit & raturé de la main de M. Chapelle ; quoiqu'il en soit plus de cent ans avant on joüoit sur les Théâtres d'Italie la Comédie du *Docteur Bachetone* , où l'on trouve le caractere , les actions & les principaux discours du *Tartufe*.

Tartufe. (*la Critique du*) C. en Vers d'un Acte en 1670.

Telegone fils d'Ulisse. CV. Opera dont l'Auteur des paroles ne s'est pas fait connoître , la Musique est de M. de la Coste , il fut représenté en 1725. Le sujet de cette piece est tiré de Dictys de Crete.

Telemaque , ou *les Fragmens des Modernes.* LXIV. Opera. La Felicité & le Printems forment le Prologue. La piece est extraite des Opera modernes , dont les morceaux détachés forment avec art une Tragedie en cinq Actes qui peut être comparée à un Cabinet paré de tableaux choisis de differens Maîtres ; M. Danchet pour la Poësie & M

Campra pour la Mufique fe chargerent de l'arengement, les paroles feules furent imprimées, d'autant que les Opera dont celui-ci étoit tiré étant imprimés en Mufique à l'exception d'Aftrée & de Canente, on fe contenta de marquer à la marge des Vers les renvois à ces Opera, celuici fut le premier que M. Guynet fit repréfenter au mois de Novembre 1704, après la ceffion qui lui fut faite du privilege des Opera par Meffieurs Dumont & Francine.

Telemaque. LXXXVI. Opera, la Tragedie eft de M. Pellegrin & la Mufique de M. Deftouches, il fut repréfenté au mois de Decembre 1714. Le Prologue eft entre Minerve, Apollon, l'Amour & un Art. Les Amours de Telemaque & de la Nimphe Calipfo font le fujet de la piece.

Une affez jolie Parodie de cet Opera fut donnée au Théâtre de la Foire par M. le Sage.

Telephe. LXXXIV. Opera, les paroles de M. Danchet & la Mufique de M. Campra, le Prologue eft l'Apotheofe d'Hercules. Telephe reconnu fils d'Hercules & fes amours pour Ifménie font le fujet de la piece qui fut repréfentée au mois de Novembre 1713.

Téléphonte. Trois Tragedies portent ce titre, la premiere en 1643 par M. Gilbert Secretaire des commandemens de la Reine de Suede & fon Refident en France.

La feconde par un Anonime qui marque fon nom par deux G. On prétend qu'il y a beaucoup de Vers de la façon du Cardinal de Richelieu, elle fut imprimée en 1641 & elle fe trouve dans le Recueil des anciennes pieces de Théâtre des anciens Auteurs.

La troifiéme par M. de la Chapelle en 1683,

dans cette derniere il y a beaucoup pour ne pas dire trop de merveilleux.

Le Temple de la paix. XIX. Opera, dont les Vers font de M. Quinaut & la Mufique de M. Lully, il fut repréfenté à Paris en 1685 après avoir été repréfenté à la Cour par la Mufique & les Danfeurs du Roy : dans le Ballet danferent le Prince de Conty, la Duchefle de Bourbon, Mademoifelle de Blois, le Comte de Brionne, le Marquis de Moüy, &c.

Le Temple de la Verité. C. du fieur Romagnefy en deux Actes avec un Prologue & des diverriffemens, elle fut joüée & eut du fuccès au mois de Juin 1726.

Le Tems. Ballet de M. Benferade danfé par le Roy en 1654.

Les Terres Auftralles. petite Comédie avec un divertiffement du fieur Dominique en Septembre 1721.

Theagene & Cariclée. Ce fujet qui eft tiré du Roman Grec d'Heliodore a fourni à Hardy huit Poë. mes ou pieces dramatiques repréfentées en 1623.

Il y a auffi un Opera de *Theagene & Cariclée* qui eft le XXXIV. des Opera dont les paroles font de M. Duché & la Mufique de M. Defmarets.

Jupiter, Apollon, Pan, & l'Amour forment le Prologue. La piece eft une Tragedie en cinq Actes repréfentée en 1695 & eft imprimé partition in 4°.

Theandre, ou *la Paffion de Jefus-Chrift.* T. par M. Chevillard Prêtre d'Orleans en 1670.

La Thebaïde. Nous avons trois Tragedies fous le titre de la *Thebaïde,* fans compter celles qui font fous celui d'*Antigone.* La premiere de M. Rotrou,

la feconde de M. Boyer, celle-ci eut peu de fuccès , c'eft pourquoi un Auteur parle par ironie
de la lifte des morts & étoufés à la repréfentation
de la *Thebaïde* de M. Boyer ; la troifiéme *Thebaïde* ou *les Freres ennemis* , eft la premiere piece de M. Racine qu'il donna à l'âge de vingt-un
ans , on prétend cependant qu'il avoit déja pré-
fenté aux Comédiens une piece intitulée *Théagene & Cariclée* , & qu'à l'occafion de cette piece
Moliere donna au jeune Racine l'idée de la *Thebaïde* : ce qui eft de remarquable en cette Tragedie eft que prefque tous les Acteurs meurent à la
fin de la piece ; une autre fingularité eft que l'A-
mour à qui M. Racine a donné tant de part dans
fes autres Trag. n'en a prefque pas dans celle - ci ,
elle fut repréfentée fur le Théâtre du Palais Royal
par la Troupe de Moliere le 20 Juin 1664.

Themiftocle Général des Atheniens. T. de M. du
Ryer en 1648. Cette Tragedie eft imprimée
dans le Recueil des meilleures pieces de Théâtre
des anciens Auteurs. Il y a une autre piece de
Themiftocle imprimée , qui eft du Reverend P. F.
elle fut joüée dans le College de Lyon au mois
de May 1728.

Theodat. T. de M. Thomas Corneille , ce Theodat étoit un Roy des Goths en Italie , qui fit étran-
gler fa femme quoiqu'il lui dût la Couronne ; en
punition de fon ingratitude il fut tué par un de
fes Généraux.

Theodore. trois Tragedies portent ce titre quoique differentes pour le fujet. La premiere de
M. l'Abbé Boifrobert , cette Theodore eft une
Reine d'Hongrie , cette piece fut donnée en
1658 ; la feconde de M. Gombaut , la troifiéme de M. Corneille l'ainé en 1646. Le fujet de

cette derniere eſt le *Martyre de Ste Theodore*, elle n'eut pas l'approbation accordée aux autres pie-ces de cet illuſtre Auteur, par la raiſon que l'ac-tion principale étant la proſtitution de cette Sain-te, ce ſujet ne put plaire au Théâtre.

Theonée. LXXXVIII. Opera dont les paroles ſont de M. de la Roque Auteur du Mercure de Fran-ce & la Muſique de M. Salomon qui a auſſi fait celle de l'Opera de *Medée.* Cet Opera de *Theo-née* fut repréſenté au mois de Decembre 1715. Le Prologue eſt entre la France, Clio, la Vic toire, un Poitevin & des Habitans des autres Pro-vinces de France. Le ſujet de la Tragedie eſt tiré d'Hygin auquel l'Auteur a fait pluſieurs chan-gemens dont il rend compte dans un avertiſſe-ment.

La Theſe des Dames, ou *le Triomphe de Colombine.* C. de M. B. joüée ſur l'ancien Théâtre Italien au mois de May 1695.

Theſée. Ce ſujet a fourni trois Tragedies & un Opera; la premiere des Tragedies ſous le titre de *Theſée & de Janire*, eſt de Gerard de Vivre ou du Vivier en 1578; la ſeconde Tragedie de *Theſée*, ou *le Prince Reconnu* eſt en Proſe de M. de la Calprenede en 1664; la troiſiéme eſt de M. de la Foſſe, elle fut repréſentée en 1699 & eut moins de ſuccès que ſes précedentes Tra-gedies de *Polixene & de Manlius.* On reprocha à M. la Foſſe d'avoir alteré le caractere de *Me-dée* en l'adouciſſant.

L'Opera de *Theſée* eſt le VI. des Opera & le premier qui ait été imprimé en Muſique, il a de-puis été gravé in folio, la Tragedie eſt de M. Quinaut & la Muſique de M. Lully, il fut repré-ſenté pour la premiere fois devant le Roy à Saint

Germain en Laye en 1675 par les Muſiciens du Roy joints à ceux de l'Opera : les Graces, les Amours, les Jeux & les Ris forment le Prologue dont la Scene eſt dans les Jardins de Verſailles, il y a des airs fort ſinguliers dans le rolle de *Medée.* Cette piece eſt terminée froidement par un divertiſſement où peu de gens demeurent, ce qui arrive à tous les Opera qui ont le malheur de finir par une danſe.

Thetis & Pelée. XXIV. Opera, le Poëme eſt de M. de Fontenelle & la Muſique de M. Colaſſe, il fut repréſenté en 1689 imprimé partition in folio. La Nuit, la Victoire, le Soleil & les Heures font le Prologue.

A une des reprises de cet Opera Mademoiſelle Peliſſier qui cinq ou ſix ans auparavant avoit déja chanté ſur le Théâtre de l'Opera, revint de celui de Rouen joüer a Paris le rolle de Thetis le 16 May 1726.

Cet Opera qui avoit été parodié dès l'année 1713 à l'Opera Comique par une piece de M. le Sage, le fut encore ſur le Théâtre Italien par une piece ſous le titre *du Mariage d'Arlequin & de Silvia* en un Acte de Vaudevilles, par le ſieur Dominique au mois de Janvier 1724 dans une repriſe faite en ce tems.

Thieſte. trois Tragedies ſont ſous le titre de *Thieſte* ; la premiere de M. Briſſet, la ſeconde en 1638 de M. Montleon qui a auſſi donné la Tragi-Comédie d'*Amphitrite*, & la troiſiéme de M. Montauban. Voyez *Atrée.*

Thimothée. par un Anonime en 15...

Thomas Morus Chancelier d'Angleterre, ou *le Triomphe de la Foy & de la Conſtance.* T. en Proſe de M. Puget de la Serre en 1642.

Thomiris. Cette Reine des Scithes ayant gagné une bataille contre Cyrus, lui fit couper la tête qu'elle fit plonger dans le sang en prononçant ces paroles, cruel abbreuve toi de sang dont tu as toûjours eu si grande soif; ce trait d'Histoire a fourni deux Tragedies, l'une de M. Borée en 1627, & l'autre de Mademoiselle Barbier, cette derniere fut représentée à la fin d'Octobre 1706.

Les Thuilleries. C. *des cinq Auteurs qui étoient Messieurs Boisrobert, P Corneille, Colletet, Rotrou & l'Etoille.*

Le Cardinal de Richelieu avoit fourni le sujet de cette piece qui fut représentée à la Cour en 1638 avec grande magnificence, on en admira sur tout les décorations, ces cinq Auteurs y avoient par distinction un banc separé, dit le banc des Auteurs.

Le sieur Baron pere a fait aussi une Comédie des *Thuilleries* qui est en trois Actes & fut représentée en 1686. M. Raissiguier avoit donné une Comédie du *Rendez-vous des Thuilleries* plus de cinquante ans avant celle de Baron.

Tibere. T. dont l'Auteur ne voulut pas se faire connoître; on vouloit confondre sa piece avec une autre intitulée *Agripa Postume*; il est vrai que c'est le même sujet, mais traité differamment; malgré le peu de succès qu'eut cette piece au mois de Decembre 1726, elle ne laisse pas d'être imprimée.

Timoclée, ou *la Juste vengeance.* T. de Hardy en 1628; il y a une autre Tragedie de Timoclée aussi intitulée *la Generosité d'Alexandre* par M. Morel représentée en 1658.

Timocrate, T. de M. Thomas Corneille, on n'avoit pas encore vû de pieces joüées si long-tems de suite , puisque les représentations en furent continuées pendant un Hyver entier ; le Roy l'alla voir sur le Théâtre du Marais & elle parut si interessante qu'on vit ensuite paroître plusieurs pieces dont les Heros étoient haïs sous un nom & aimés sous un autre ; la Troupe de l'Hôtel de Bourgogne qui surpassoit infiniment celle du Marais , entreprit de joüer cette piece , mais ces Comédiens ne reçurent pas tous les applaudissemens qu'ils attendoient , & le grand nombre de représentations qu'en avoient donné ceux du Marais, avoit fait qu'ils possedoient si bien cette piece , qu'il fut impossible à ceux de Bourgogne qu'on appelloit les grands Comédiens, non-seulement de les surpasser , mais même de les égaler , & lors qu'on vouloit la voir on preferoit d'aller au Marais.

,, Ces Comédiens du Marais dits les petits
,, Comédiens furent établis à Paris sous le regne
,, d'Henry IV. à l'Hôtel d'Argent qui étoit au
,, coin de la ruë de la Potterie près la Greve ,
,, ce vieil Hôtel que Jean Gannay avoit autrefois
,, fait bâtir a été depuis entierement abattu &
,, rebâti en plusieurs maisons particulieres ; ces
,, Comédiens transfererent depuis leur Théâtre
,, dans un jeu de Paume au haut de la vieille ruë
,, du Temple au Marais au-dessus de l'Egout où
,, ils ont continué les représentations de leurs
,, pieces , jusqu'en 1673 qu'après la mort de
,, Moliere cette troupe fut réünie à celle du Roy.

Le Timon. C. de Guillaume Brecour Comédien , elle est imprimée.

Timon Misantrope. C. de M. de l'Isle en trois Actes avec un Prologue & des divertissemens ; cette piece qui est tirée des Dialogues de Lucien fait voir un genre nouveau de Comédie qui a été inconnu aux anciens & aux modernes & qui ne ressemble à rien de ce qu'on avoit vû jusqu'à present, aussi eut elle un succès extraordinaire, qui ne s'est point démenti aux differentes reprises qui en ont été faites; la premiere représentation en fut donnée le 12 Janvier 1722. Cette piece fut d'une grande ressource pour le Théâtre Italien qni chanceloit depuis long-tems.

Tircis. (*les Avantures de*) par un Anonime en 1636.

Tiridate. Deux Tragedies de Tiridate, l'une de l'ancien Boyer en 1649 & l'autre de M. Campistron : le sujet de cette derniere est tiré du second Livre des Rois Chapitre XIII. où est rapporté l'amour incestueux d'Amon pour sa sœur Thamar : le respect dû aux Livres sacrés empêcha l'Auteur de le traiter sous les vrais noms, & il se contenta de prendre les caracteres de David, d'Amon & d'Absalon & de les donner à Arsace, Tiridate & Artabaze, d'autant plus que l'Histoire rapporte que Tiridate perdit la vie par une langueur qui fut toûjours inconnuë, ce qui détermina l'Auteur à lui donner le penchant funeste qui le rend criminel. Cette Tragedie eut un succès prodigieux, & dans une reprise qui en fut faite au mois d'Octobre 1727, Mademoiselle le Couvreur & les autres Actrices qui y jouoient firent un changement à leurs habits que le public approuva; ces habits nouveaux étoient pareils à ceux des Dames de la Cour, c'est-à-dire des corps de robes à longues queuës traisnantes.

Tite & Berenice. C'est la trentiéme piece de M. Pierre Corneille laquelle il donna en 1671 quatre ans après *Attila.* Cette Tragedie fut une espe-

ce de duel excité par une illuftre Princeſſe , qui
mit aux mains nos deux Auteurs tragiques ſans
qu'ils le ſçuſſent ; la victoire reſta au plus jeune.
Voyez *Berenice*.

Tobie. T. de JeanOuyn en 1606. une autre par Meſdames des Roches , qui ont auſſi donné la Tragedie de *Panthée*; la mere ſe nommoit Madelaine
& la fille Catherine Neveu Dames des Roches.

La Toiſon d'Or. T C. de M: Corneille l'ainé , elle
fut repréſentée en 1660. dans le Château de Neubourg en Normandie appartenant à M. le Marquis de Sourdeac qui prit le tems du mariage du
Roy pour faire une rejoüiſſance publique de la
repréſentation de cette piece : outre ceux qui
étoient néceſſaires à l'execution de ce deſſein qui
furent entretenus plus de deux mois à Neubourg
à ſes dépens , il logea & traita plus de cinq cens
Gentilhommes de la Province pendant pluſieurs
repréſentations que la Troupe Royale du Marais donna de cette piece , qui fut enſuite donnée
au public & eut un grand éclat par les machines
& décorations , auſſi eſt-ce la plus belle piece à
machines que nous ayons. Voyez *Jaſon & Arlequin Jaſon*.

Le Tombeau de Maître André. petite Comédie joüée
au Théâtre Italien au mois de Janvier 1695. Le
Convoi burleſque d'un Cabaretier de Paris fournit l'idée de cette bagatelle.

La Tontine. petite Comédie en Proſe de M. le Sage
qui n'eut point de ſuccès en Février 1732.

Le Toriſmond. C. traduite par M. d'Alibray du Toriſmond , du Taſſe en 1636. Ce celebre Poëte
Italien déclare lui-même que le Toriſmond eſt
le moins parfait de ſes Ouvrages.

Torquatus. T. de M. Marechal en 1645.

Le Tour du Carnaval. petite Comédie avec des divertiſſemens de M. Dallainval, elle fut joüée au Théâtre Italien au mois de Fevrier 1726. Le Ballet étoit de M. Marcel qui à eu l'honneur de montrer à danſer au Roy, & la Muſique de M. Mouret. L'air du Cahin Caha eut une ſi grande vogue, que cette piece à depuis pris le titre de Cahin Caha.

La Tragedie de Gaſpard de Coligny Amiral de France. en Vers François par M. de Chantelouve Gentilhomme Bordelois, Chevalier de l'Ordre de S. Jean de Jeruſalem. Le ſujet en eſt vraiment tragique puiſqu'il contient cequi ſe paſſa à Paris à la cruelle journée de Saint Barthelemi en l'année 1572. avec le nom des plus illuſtres perſonnages qui y perirent : cette piece eſt imprimée en 1575. Duverdier donne encore à ce Gentilhomme une autre Tragedie intitulée *Pharaon* imprimée à Paris en 1576.

La Tragedie en Proſe. C. de M. du Caſtre d'Aurigny, elle fut repréſentée en May 1730 pendant l'abſence des autres Comédiens qui étoient à Fontainebleau, la Scene eſt dans les Foyers de la Comédie, cette piece eſt plus un Prologue qu'une Comédie. La difference des ſentimens de quelques-uns de nos Auteurs, ſur la queſtion ſi litterale la verſification eſt abſolument neceſſaire à la Tragedie, en fournit le ſujet.

La Tragedie Sainte, ou *les Evangiles.* par un Anonime en 1752,

La Trahiſon punie. C. du ſieur d'Ancour repréſentée au mois de Novembre 1707, c'eſt la premiere piece de cet Auteur en Vers Alexandrins. M. le Sage a traduit en François une Comédie Eſpagnole intitulée le *Traitre puni.*

Les

Les Trahisons d'Arbiran. T C. de M. Douville en 1638.

Trasibule. T. de M. Montfleury repréſentée à l'Hôtel de Bourgogne en 1664.

Les Travaux d'Uliſſe. T. du Sieur Durval en 1631.

Les Traverſes d'Amour. C. par R. Briſſet en 1605.

Le Trebuchement de Phaeton. imprimé en 1625 dans le Recueil du Théâtre François.

Le Tréſor ſuppoſé. C. de M. Gueulette en trois Actes & des divertiſſemens repréſentée au Théâtre Italien au mois de Fevrier 1720.

La Treſoriere. Comedie ancienne de Jacques Grevin imprimée en 1558.

Trigaudin, ou *Martin Braillard.* C. de M. Montfleury, elle eſt en cinq Actes de Vers & fut repréſentée à l'Hôtel de Bourgogne en 1674.

Le Triomphe de l'Amour. XIII. Opera, les Vers de la piece étoient de M. Quinaut, ceux pour les perſonnes de la Cour qui danſerent à ce Ballet étoient de M. Benſerade, la Muſique étoit de M. Lully, & les machines furent conduites par le Sieur Vigarany à la Cour & par le ſieur Riuany à Paris; dans ce Ballet repréſenté à Saint Germain en Laye en 1681 danſerent Monſeigneur & Madame la Dauphine, Mademoiſelle, Madame la Princeſſe de Conty, M. le Prince de Conty, M. le Duc de Vermandois, Mademoiſelle de Nantes avec ce qu'il y avoit de jeunes perſonnes diſtinguées à la Cour dans les deux ſexes, & ce mélange fut ſi goûté que lorſque l'on repréſenta le même Ballet à Paris ſur le Théâtre de l'Opera, on y introduiſit des Danſeuſes, ce qui n'avoit pas encore été vû ſur ce Théâtre, ces Danſeuſes ont compoſé depuis la portion la plus brillante de l'Opera.   V

Il y a deux Comédies intitulées *le Triomphe de l'Amour*, l'une de Hardy en 1623, & l'autre de M. Marivaux en trois Actes de Profe joüée au Théâtre Italien en Mars 1732, imprimée chez Prault.

Le Triomphe des Arts. Ce fujet a été mis en Ballet par M. Benferade, ce Ballet fut danfé par le Roy en 1663.

Le même fujet a été mis en Opera qui eft le XLIX. dont les Vers font de M. de la Motte & la Mufique de *M. de la Barre Sçavant joüeur de Flute, auffi Auteur de la Mufique de l'Opera de la Venitienne*. Ce Triomphe des Arts fut reprefenté en 1700 & gravé partition in 4°. L'Architecture, la Poëfie, la Mufique, la Peinture & la Sculpture forment les cinq entrées.

Le Triomphe des cinq Paffions. Comédie de M. Gillet en 1642.

Le Triomphe de l'Hyver de M. Palaprat.

Le Triomphe de l'interêt. C. de M. de Boiffy. Cette petite Comédie qui eft imprimée avec les Scenes qui furent défenduës, eft en Vers libres avec un divertiffement & quelques Vaudevilles de la Mufique de M. Mouret, elle eut un fuccès plein & parfait au Théâtre Italien où elle fut reprefentée au mois de Novembre 1703, ce font des Scenes détachées. La premiere audiance de l'Interêt rouloit fur un Vaudeville du tems ; une Grifette qui veut fe pouffer dans le monde, demande à Mercure un Protecteur pour lui aider à debuter fur la Scene Françoife ; M. Jacquin riche Caiffier fe prefente, & comme il aime beaucoup le chant, il détermine cette Fanchon pour le Théâtre de l'Opera, & lui donne auffi-tôt des diamans pour la parer. Ce prefent ou preft eut des fuites que perfonne n'ignore.

Le Triomphe du Tems. C. du fieur le Grand repréfentée en 1724, c'étoient trois petites pieces & un Prologue, la Mufique étoit du fieur Quinaut.

Le Triomphe d'Arlequin. petite Comédie du fieur Dominique, joüée au Théâtre Italien en 1719.

Le Triomphe de la Folie. petite Comédie du même Auteur joüée fur leur Théâtre de la Foire de S. Laurent en 1723, c'eft la critique de la Comédie du nouveau monde.

Le Triomphe de la Raifon. Comedie Allegorique en Profe en trois Actes par M. Coypel. Cette piece fut joüée devant la Reine à Verfailles par les Comédiens François le 17 Juillet 1730. Cet Auteur a encore donné les *Folies de Cardenio. les Amours à la chaffe, &c.*

Le Triomphe de Plutus. C. de Meffieurs P. & T. joüée au Théâtre Italien en 1728, la Mufique eft de M. Mouret.

Le Triple Mariage C. de M. Nericaut Deftouches en un Acte de Profe un divertiffement de trois entrées & un branle, repréfentée en 1716.

La Troade. Nous avons trois Tragedies fous ce titre. Robert Garnier fit une *Troade* ou *la Deftruction de Troye*, qui fut imprimée en 1578; M. Sallebray en fit une autre en 1640, & enfin M. Pradon en a fait une troifiéme qui fut donnée au mois de Janvier 1679 fur le Théâtre de l'Hôtel de Bourgogne : il y a fuivi l'ordre de la Tragedie de la *Troade* de Seneque, en raffemblant les deux qu'Euripide avoit compofé fous le titre d'*Hercule & de la Troade*, & tout cet affortiment ne forme qu'une affez defagreable piece ; mais comme elle fut repréfentée une fois devant le Roy cette circonſtance ſuffit à l'Auteur pour ſe mettre à couvert de la cenſure de ſes critiques.

Les Trois Couſines. Comédie du ſieur d'Ancour en trois Actes de Proſe, un Prologue & des interme-des, dont la Muſique eſt de M. Gilliers, elle fut repréſentée en 1700 avec ſuccès, & s'eſt ſoutenue aux repriſes qui en ont été faites pendant quelques voyages de Fontainebleau, le Prologue fut changé à la repriſe de 1724.

Les Trois enfans dans la Fournaiſe. T. d'Antoine de la Croix en 1561.

Les Trois Freres Rivaux. C. de M. de la Font en un Acte de Vers joüée en Août 1713, c'eſt la derniere Comédie de cet Auteur.

» M. de la Font recommandable par le mérite
» de l'eſprit & la bonté du cœur, avoit du talent
» pour le genre comique & lyrique qu'il traitoit
» d'une maniere naturelle & neuve, il mourut
» après une longue maladie le 20 Mars 1725
» âgé de trente-neuf ans, ſes pieces comiques ſont,
» *Danée ou Criſpin Jupiter. le Naufrage. l'A-*
» *mour vangé. l'Epreuve reciproque & les Trois*
» *Freres Rivaux* ; ſes Opera ſont, *les Fêtes de*
» *Thalie avec la critique & l'Entrée de la Proven-*
» *çale. Hypermeneſtre. les Amours de Prothée &*
» *l'Opera d'Orion*, qu'il laiſſa imparfait : ſon
» Théâtre fut imprimé à Paris en 1713. in 12.

Les Trois Gaſcons. petite Comédie de Meſſieurs B.. & la Motte en 1702, elle eſt imprimée dans le Théâtre de M. B.... avec le *Port de Mer & le Bal d'Auteuil.*

Les Trois Orontes. de M. l'Abbé de Bois-Robert. Cette Comédie ſe trouve dans le Recueil des meilleures pieces de Théâtre des anciens Auteurs, elle fut originairement imprimée en 1653.

Les Trois Spectacles. C'eſt le premier ouvrage de M. Daiguebere, il eſt compoſé d'un Prologue en Proſe & de trois petites pieces, ſçavoir, la Tragedie de *Polixene* en Vers, la Comédie de l'*Avare Amoureux* en Proſe & la Paſtorale de *Pan & de Doris* avec un Ballet & des Chœurs ; la premiere repréſentation en fut donnée au mois de Juillet 1729, ſon ſuccès lui attira une Parodie au Théâtre Italien ſous le titre de *Melpomene Vengée* qui ne réuſſit pas, & depuïs l'Auteur même donna au même Théâtre une Parodie de ſa Tragedie de *Polixene* ſous le titre de *Colinette.* M. Daiguebere depuis cette Comédie a donné celle du *Prince de Noiſy.*

Les Trois viſages. C. par de Villiers en 1664.

Les Tromperies. C. de Pierre de la Rivey en 1579.

Le Trompeur puny, ou *l'Hiſtoire Septentrionale.* T C. de M. Scudery en 1634 in 8°.

Les Trompeurs trompés. C. du ſieur Roſimond Comédien en 1670.

Troyes. (*la deſtruction de*) par Jean Clopinel dit de Mehun en 1544.

Turcaret. C. de M. le Sage en cinq Actes de Proſe & un Prologue, joüée au commencement de l'année 1709. Cette piece repréſente au naturel la conduite de nos Financiers, leurs dépenſes exceſſives, leurs folles amours pour des femmes de condition dont ils ſont ordinairement les dupes : enfin le manege des nouveaux parvenus y eſt ſi bien marqué qu'on croit voir revivre les Thevenin & les de la Noüe, auſquels les traits de cette piece ſe pouvoient particulierement appliquer, elle fut imprimée avec une critique.

Turlupin. (*les Farces de*) Ce Farceur a joüé la Far- ,, ce plus de cinquante-cinq ans dans la Troupe

„ des Comédiens de l'Hôtel de Bourgogne du
„ tems que Belle-Rose en étoit le chef. Il se nom-
„ moit Henry le Grand, dit Belleville, ou Tur-
„ lupin ; quoiqu'il fût roufleau , il ne laissoit pas
„ d'être bel homme , l'habit qu'il portoit à la Far-
„ ce étoit pareil à celui de Briguelle ; outre qu'il
„ qu'il étoit le plus excellent Farceur de son tems
„ il étoit encore bon Comédien. Il étoit monté au
„ Théâtre dès son enfance & n'en descendit que
„ pour entrer dans la fosse qui lui fut accordée en
„ l'Eglise Paroissiale de Saint Sauveur ; il laissa si
„ peu de bien à ses enfans , qu'ils furent reduits
„ à se faire Comédiens , & sa veuve se remaria à
„ d'Orgemont le meilleur Comédien de la Trou-
„ pe du Marais.

Turnus. T. de M. de Brosse en 1646. Il y a une
ancienne Tragedie de *Turne* composée par Jean
Prevost vers l'an 1605.

Les autres pieces de ce Jean Prevost font,
Sainte Clotilde. Oedipe. Hercule. avec des mêlan-
ges de Poësies imprimées à Poitiers en 1614 in
douze.

Le Tuteur, petite Comédie du sieur d'Ancour joüée
au mois de Juillet 1695.

Les Tyndarides. C'est le nom qui fut donné à Ca-
stor & Pollux enfans du Roy Tyndarus. M. Danchet a fait une Tragedie sur ce sujet laquelle fut
représentée en l'année 1708.

Tyr & Sidon. T. de M. Schelandre en 1628.

V.

Les Vacances. C. du sieur d'Ancour en un Acte avec
un divertissement , elle fut joüée au mois d'Octobre 1696. La Scene est dans le Village de Gri-

maudin qu'on suppofe en Brie.

Valentinien Empereur. Tragedie de M. Gillet de la Teffoniere.

Valerien. Tragedie de M. Riouperoux.

„ M. Riouperoux Poëte Gafcon parut d'abord
„ dans le monde fous l'habit Ecclefiaftique, mais
„ M. de Barbezieux qui avoit beaucoup de bon-
„ té pour cet Auteur, l'en depoüilla un jour à
„ la fin d'un repas, perfuadé fans doute qu'il n'é-
„ toit pas appellé à cet état; il mourut au mois de
„ Juillet 1706, nous avons rapporté en ce Re-
„ cueil trois Tragedies de cet Auteur qui font,
„ *Valerien, la Mort d'Augufte & Hypermeneftre.*

Le Valet étourdi. C. du fieur Rofimond Comédien.

Le Valet Maître. C. en cinq Actes non entierement finie, brûlée dans les papiers de M. Dufrefny.

Les Vapeurs. C. en un Acte trouvée dans les mêmes
papiers & brûlée de même.

Le Vaffal généreux. Tragi-Comédie de M. Scudery
imprimée in 8°. en 1636.

Vafti repudiée. T. de M. Matthieu en 1588. Voyez
Efther & Aman.

Le Veau perdu. petite Comédie de M. de la Fontaine donnée fous le nom de *Chammelée* en 1686.

Venceflas. T. de M. Rotrou en 1648, c'eft prefque la feule de fes Tragedies qui foit reftée en
poffeffion du Théâtre, où malgré fon air gothique
& fa verfification furannée elle fait encore
beaucoup de plaifir: M. Baron y jouoit le rolle de
Ladiflas lorfqu'il fe retira du Théâtre, & celui de
Venceflas eft le dernier qu'il ait joüé avant de
mourir; cette piece eft en quelque façon une traduction en Vers, d'une Tragedie Efpagnole in-
titulee, *On ne peut être pere & Roy,* d'un Poë-

te Espagnol nommé François de Roxas dont les ouvrages sont en la Bibliotheque du Roy.

Les Vendanges. petite Comédie de M. Renard, quoique non achevée elle est imprimée en son Théâtre.

Il y a une autre Comédie des Vendanges du sieur d'Ancour en un Acte de Prose & un divertissement qui fut joüée au mois de Septembre 1694. Outre ces deux pieces des Vendanges il y en a deux autres des *Vendanges de Surenne*, l'une de M. du Ryer de l'année 1636, & l'autre du sieur d'Ancour qui n'est proprement que la copie de celle de M. du Ryer, elle est en un Acte avec un petit divertissement & fut joüée au mois d'Octobre 1696.

La Vengeance comique. petite Comédie de M. d'Alençon joüée en 1718.

Cet Auteur a depuis donné le Mariage par lettres de change toutes deux joüées au Théâtre Italien sans avoir été imprimées.

La Vengeance de la mort de Cesar. T. de M. Guerin du Bouscal.

La Vengeance de l'Amour. C. de M. Joly en trois Actes, qui ne fut joüée qu'une fois au Théâtre François en 1722.

La Vengeance de Colombine. C. par M. Barbier de Lyon en 1703, il a aussi donné l'*Heureux naufrage.*

La Vengeance des Marquis. C. par un Anonime en 1664.

La Vengeance des Satyres. C. de Isaac du Ryer. *Cet Auteur qui vivoit au commencement du XVII. siécle & qui ne doit pas être confondu avec Pierre du Ryer a encore donné le Mariage sans amour & les Amours contraires.*

La Venitienne. LXIV. Opera dont les paroles font de M. de la Motte & la Mufique de M. de la Barre reprefenté au mois de May 1705 non imprimé en Mufique ; le Prologue eft entre Momus & Euterpe mufe de la Mufique, le divertiffement de ce Prologue reprefente les Comédiens Italiens. Le Ballet eft en trois entrées.

Venus & Adonis. Comedie de D. V. 1665.

Venus & Adonis. XLI. Opera dont les paroles font de M. Rouffeau & la Mufique de M. Defmarets, il fut reprefenté en 1697 & imprimé in 4°. la Scene du Prologue eft une plaine bornée à la vûë de Marly ; deux Nimphes, le Pafteur Palemon & Diane en font les entreparleurs.

Voyez *les Amours de Venus & d'Adonis, les Amours de Venus & de Mars & la Fête de Venus.*

Le Verd Galant. C. du fieur d'Ancour en un Acte de Profe joüée en 1714. L'Avanture d'un Teinturier qui pour fe venger du Galant de fa femme le fit teindre en verd dans une de fes chaudieres fut faifie par le fieur d'Ancour pour en faire le fujet de cette piece.

Le Veritable. S. Geneft. T. de M. Rotrou. Trois Saints Comédiens, fçavoir Geneft, Ardaleon & Porphire divinrent Chrétiens en joüant les Myfteres de notre Religion & tous trois fouffrirent le Martyre.

Les Veritables Freres Rivaux. T C. par M. Chevreau en 1640.

Urbain Chevreau a donné les Tragedies de *Lucrece, de Coriolan, d'Hydafpe, la fuite du Cid. les Tragi-Comédies des deux Amis, des Veritables Freres Rivaux & la Comédie de l'Amant Dupé.*

La Verité fabulifte. petite Comédie en Profe mêlée

de Fables en Vers , par M. de Launay , représentée au Théâtre Italien en Novembre 1731.
elle fut goûtée , il y fut ajoûté deux nouvelles
Scenes. Cette piece est imprimée avec un recueil
de Fables du même Auteur.

La Verité menteuse. C. par Boisrobert en 16....

La Veuve. C. de M. Corneille l'ainé en 1634. Cette piece n'est pas plus reguliere que ses deux premieres pour l'unité de lieu ; à l'égard du tems
elle contient un espace de cinq jours , cet illustre Auteur ne pouvant encore se soumettre à la
regle rigoureuse des vingt-quatre heures.

Il y a une ancienne Comédie de la *Veuve* , du
sieur de la Rivey de l'année 1579.

La Veuve à la mode. Il y a deux Comédies sous ce
titre, l'une du sieur de Villiers joüée à l'Hôtel de
Bourgogne en 1668 , l'autre de M. de Sainte
Foy en trois Actes de Prose & un divertissement
qui represente les grands jours ou Arrêts de l'A-
mour. Cette piece reçût des applaudissemens au
Théâtre Italien , où elle fut joüée en Mars 1726.

La Veuve Coquette. petite Comédie de M. Despor-
tes au Théâtre Italien en Octobre 1721.

La Victime d'Etat , ou *la Mort de Plantius Silva-
nus Preteur Romain.* Tragedie de M. de Prades
en 1646.

Le Vieillard amoureux. Comédie par un Anonime
en 1664.

Le Vieillard couru. C. de M. de Vizé. C'étoit un vieil
Commissaire aux Saisies Réelles qui étoit joüé
en cette piece , sous le nom de Forfadel qui étoit
son véritable nom à une lettre près.

,, Jean Donneau de Vizé Historiographe de
,, France & Auteur du Mercure Galant , étoit
,, frere de M. l'Evêque Titulaire d'Epheze &

„ de M. de Vizé Capitaine aux Gardes, tous
„ enfans d'Antoine Vizé Exempt des Gardes du
„ Corps du Roy, & cousins germains du brave
„ Gaspard de Vizé Lieutenant des mêmes Gar-
„ des du Corps, puis Maître d'Hôtel de la feuë
„ Reine. M. de Vizé mourut sur la fin de l'an-
„ née 1710, ses pieces de Théâtre sont, 1.
„ *la Cocuë Imaginaire. 2. les Amans broüillés. 3.*
„ *les Amours de Venus & d'Adonis. 4. le Gentil-*
„ *homme Guepin. 5. les Intrigues de la Loterie. 6.*
„ *le Mariage de Bachus. 7. la Devineresse* ou
„ *Madame Jobin.* celle-ci en societé avec M.
„ Thomas Corneille, 8. *la Comette.* 9. *les Da-*
„ *mes vangées.* 10. *le Vieillard couru.*

Le Vieux Monde. Voyez *les Nôces de Gamache.*

Virginie. c'étoit la fille d'un Tribun Militaire, qui
fut fiancée avec Ilicius Tribun du Peuple, Ap-
pius-Claudius-Decemvir étant devenu amoureux
de cette fille suborna un Citoyen pour revendi-
quer Virginie comme son Esclave : le Decemvir
devant qui l'affaire fut portée, la lui adjugea pour
se la faire livrer ensuite ; mais le pere de Virginie pour prevenir la honte de sa fille, lui plon-
gea dans le sein un couteau qu'il saisit sur l'étal
d'un Boucher ; cet évenement qui fit abolir la
puissance des Decemvirs a fourni le sujet de
trois Tragedies ; la premiere de Monsieur Mairet en 1634, la seconde en 1645 de Monsieur
le Clerc, & la troisiéme est de Monsieur Campiftron.

„ Michel le Clerc Avocat au Parlement fut re-
„ çû à l'Academie Françoise en 1662 & mou-
„ rut le 8 Decembre 1691. Il vint d'Alby sa
„ patrie à Paris à l'âge de vingt-trois ans pour y
„ faire jouer une Tragedie de sa façon, qui étoit

„ cette *Virginie* : trente ans s'écoulerent depuis
„ la repréſentation de cette piece juſqu'à celle d'*I-*
„ *phigenie* ſeconde & derniere Tragedie de cet
„ Auteur.

Les Viſionnaires. C. de M. Deſmarets en 1640. C'eſt
ſon chef d'œuvre , & ſelon M. Baillet cette piece a été comme le ſceau du véritable caractere
de l'eſprit de ſon Auteur. Quoiqu'il y introduiſe
un Auteur qui s'oppoſe à l'établiſſement de la ge-
nante regle des vingt-quatre heures , elle y eſt
cependant obſervée & c'eſt la ſeconde piece où
elle l'ait été ; on prétend que l'auteur y a fait pluſieurs portraits , que celle qui aime Alexandre
étoit Madame de Sablé , que la Coquette étoit
Madame de C.... & la Vertueuſe Madame de
Rambouillet. J'ai trouvé dans quelques Catalo-
gues une Tragi-Comedie des *Viſionnaires* qu'on
attribuë à M. Mairet , mais je n'ai pû découvrir
cette piece.

Uliſſe & Penelope. LVIII. Opera , la Tragedie eſt de
M. Guichard Controlleur des Bâtimens du Roy
& la Muſique de *M. Rebcl le pere , beau-frere*
de M. de la Lande qui avoit épouſé ſa ſœur. Cet
Opera fut repreſenté en Janvier 1703 & imprimé in 4°.

Le Prologue eſt entre Orphée , la Seine , des
Bergers & des Sauvages.

Uliſſe dans l'Iſle de Circé ou *Euriloche Foudroyé.*
T C. de Claude Boyer , repréſentée ſur le Théâtre des Machines du Marais en 1650.

Uliſſe (La Mort d'.) T. de M. Pellegrin en 1706.

—— (*Les Travaux d'Uliſſe*) T C. de M. Durval
en 1631.

Uliſſe & Circé. C. joüée ſur l'ancien Théâtre Italien en 1692.

L'Union des deux Opera. C. de M. du Fresny joüée sur l'ancien Théâtre Italien au mois d'Août 1692. L'Opera de Village que les Comédiens François donnerent quelque tems après l'Opera de Campagne des Italiens donna lieu à cette petite piece.

Le Volontaire. C. du sieur Rosimond Comédien en 1676.

Uranie. T C. de M. Bridard en 1631.'

Les Urnes vivantes ou *les Amours de Phelidon.* T C. de M. Boissin de Gallardon imprimée en 1618.

L'Usurier. C. l'Auteur ne jugea pas à propos de se faire connoître. elle fut joüée alternativement avec la Tragedie d'*Andronic* en 1685. mais il s'en faut bien qu'elle ne fût reçüe aussi favorablement : c'est le sort des pieces qui attaquent les Mœurs corrompuës du siecle , d'être critiquées : dans les premieres représentations on s'écria sur tout de ce qu'on avoit mis sur le Théâtre des Abbés , & on appliqua à un particulier ce qui convenoit à plus de mil.

L'Usurier Gentilhomme. C. du sieur le Grand en un Acte de Prose avec un divertissement joüée en l'année 1718. Cette petite piece qui est fort rejouïssante est souvent donnée au Public, c'est le portrait d'un Païsan enrichi , qui fait voir que la fortune ne corrige pas les défauts de l'éducation.

X.

Xercés. T. de M. Crebillon représentée en 1715, elle n'est pas imprimée.

Il y a un ancien Ballet de Xercés qui fut dansé devant le feu Roy.

Y.

Les Yeux de Philis changés en Astres. Pastorale de
M. Boursaut en trois Actes de Vers représentée
en 1665, c'est le Poëme de la Metamorphose
des Yeux de Philis en Astres qui fit tant d'honneur à M. l'Abbé de Cerizy, que M. de Boursaut
mit en Pastorale,

L'Ydille de la Paix. dont les Vers sont de M. Racine & la Musique de M. Lully. Ce divertissement fut chanté à Sceaux en l'année 1685, il est
imprimé in folio avec l'Eglogue de Versailles ;
ces divertissemens ont été représentés ensemble,
ou separément en differens tems.

Z.

Zaïde. T. de M. de la Chapelle en 1681. Le nom
de Zaïde que porte cette piece ne lui donne rien
de commun avec le beau Roman que M. de Segrais a fait sous ce titre.

Zaïre. T. de M. Voltaire. Dans un extrait que l'Auteur a lui-même donné de sa piece dans un Mercure de France, il nous apprend qu'il n'a employé que trois semaines à la composition de cette
Tragedie ; cette précipitation ne s'est point fait
sentir dans cet Ouvrage ni dans son succès,
ayant déja eu trente-deux representations au 20
Janvier 1733. il en a été donné deux parodies au
Théâtre Italien, l'une intitulée *Arlequin au Parnasse*, & l'autre *les Enfans Trouvez ou le Sultan
poli par l'Amour.*

Zelinde, ou *la veritable Critique de l'Ecole des Femmes, & la Critique de la Critique*, imprimé à Paris
en 1663.

Zelonide Princesse de Sparte. T. de M. l'Abbé Ge-

neſt , repréſentée au mois de Fevrier 1682 , elle
eut dix-huit repréſentations.

,, Charles Claude Geneſt Abbé de S. Vilmer
,, fut mis auprès de Mademoiſelle de Nantes &
,, après ſon mariage avec M. le Duc de Bourbon,
,, il paſſa à l'éducation de Mademoiſelle de Blois
,, depuis Ducheſſe d'Orleans, dont il devint l'Au-
,, monier ordinaire ; ſon Epitre en Vers à M. de
,, la Baſtie fut admirée , il fut reçû à l'Académie
,, Françoiſe en 1698 & mourut en l'an 1719 ,
,, ſes Tragedies ſont. *Joſeph. Penelope & Zelonide.*

Zenobie Reine d'Armenie. Deux Tragedies de Zenobie , l'une de M. de Montauban en 1653 , &
l'autre de M. Magnon. Voyez *Rhadamiſte.*

Zenoble. T. de M. l'Abbé d'Aubignac , il ſe nom-
,, moit François Hedelin , étoit de Nemours &
,, mourut fort âgé vers l'an 1673 , outre cette
,, Tragedie il a donné celle de *Sainte Catherine,*
,, mais il eſt plus connu par ſon Traité de la Pra-
,, tique du Théâtre auquel eſt joint le Terence ju-
,, ſtifié , avec la Macarize , contenant la Philoſo-
,, phie des Stoiciens , ſous le voile de pluſieurs
,, avantures en forme de Roman.

Zephire & Flore. XXIII. Opera. Les Vers ſont de
*M. Michel du Boulay auſſi Auteur des paroles de
l'Opera d'Orphée, il étoit Secretaire de M. de
Vandôme, Grand Prieur de France,* la Muſique
étoit de Meſſieurs Louis & Jean-Louis de Lully
le Prologue & le premier Acte ſont du cadet
Jean-Louis Surintendant de la Muſique du Roy ,
l'ainé Louis fit le ſecond & troiſiéme Acte , à la
reſerve du divertiſſement & de la Scene qui le
precede , qui ſont encore du cadet ; cet Opera
fut joüé jour pour jour au bout de l'année du de-
cès de leur pere , c'eſt-à-dire le 22 Mars 1688.

il eſt imprimé in folio : la decoration de Trianon formoit la Scene du Prologue , dont les Acteurs étoient Vertumne Dieu des Jardins & Palès Déeſſe des Vergers.

Le ſieur Lelio fils a fait une Comédie-Ballet heroïque ſous le titre de *Zephire & Flore* en trois Actes de Vers libres avec des divertiſſemens qui fut repreſentée au Théâtre Italien en Août 1717 & y fut bien reçûë.

Le Zigzac. Voyez *le Baron de la Craſſe.*

Zoroaſtre T. de M. le Brun pour être miſe en Muſique.

„ M. le Brun a donné en 1712 un vol. in 12. in-
„ titulé Théâtre Lyrique avec une Préface qui trai-
„ te du Poëme de l'Opera , ce Recueil contient
„ ſept pieces que cet Auteur avoit compoſé pour
„ être miſes en Muſique , ces pieces ſont , *Arion.*
„ *Europe. Frederic. Hypocrate amoureux. Melu-*
„ *ſine. Semelé & Zoroaſtre.* il nous aprend dans
„ ſa Préface , qu'il avoit fait ces pieces avant que
„ des Auteurs de mauvaiſe foy qui lui avoient
„ derobé quelqu'unes de ſes idées , euſſent travail-
„ lé ſur les mêmes ſujets qu'il leur avoit commu-
„ niqué , & il ſe plaint de ce que les Poëtes d'au-
„ jourd'hui s'affranchiſſant des formalitez de l'a-
„ doption , s'aproprient les penſées d'autrui ſans
„ ſcrupule . & qu'il a cru devoir prevenir par l'im-
„ preſſion de pareilles injuſtices qu'on pourroit
„ encore lui faire dans la ſuite ; outre ces pieces
„ M. le Brun a donné en 1709 une traduction
„ des Epigrames Dowin , un Recueil d'Epigra-
„ mes Madrigaux & Chanſons in 8°. en 1714 ,
„ les avantures de Caliope en 1720 , & des Fa-
„ bles nouvelles en 1722.

F I N.

ADDITIONS ET CORRECTIONS.

A·

Abraham facrifiant. T. de Theodore de Beze en 1552.

L'Academie Burlefque. C. de Poiffon l'ancien.

Acoubar. T. par M. Duhamel en 1586.

Adamantine ou *le Défefpoir*. par Defpanay en 1608.

Adolphe. L'Auteur anonime eft le Bigre qui a auffi donné *le Fils malheureux* en 1650.

Agamemnon. Ajoutés aux Tragedies portant ce titre, celle de Charles Touftain en 1556. & celle de François le Duchat en 1561.

Agante. Ajoutés aux piéces de Durval, la Tragedie de *Panthée*.

Agis. T. par Guerin du Boufcal en 1642.

Aimer fans fçavoir qui. Ajoutés anx pieces de M. Douville. *Jodelet Aftrologue & les Soupçons fur les apparences*.

Alboin. T. de M. Billard de Courgenay en 1510. de plus *ajoutez* aux pieces de M. Chrétien des Croix. *Ammon & Thamar, & les Portugais infortunez*.

Alcimene. T. C. par M. Bonpart de S. Victor en 1667.

Alexandre. Ajoutés aux Tragedies fous ce titre, celle d'un anonime, imprimée en 1666. Voyez auffi Timoclée.

Alphedre. C. de M. l'Abbé Bois-Robert.

L'Amant de fa femme. Ajoutés aux pieces de Dorimond, *la Comedie de Rofelie*.

L'Amant difcret, lifés, *indifcret*.

X

L'Amant dupé. C. de M. Chevreau en 1637.

L'Amant liberal. Ajoutés une Comedie sous le même titre de M. de Beys, imprimée en 1637.

L'Amant qui ne flatte pas. Ajoutés aux pieces de M. Hauteroche, *le feint Polonois.*

L'Amant ridicule. Ligne 13 *lisez* Alcandres aulieu de Nicandres, & de plus *ajoutez* aux pieces de M. l'Abbé de Boisrobert, *Alphedre, Periandre & la Verité menteuse.*

Les Amans discrets. Ajoutés aux pieces de M. Magnon, celles *d'Artaxerce, de Statira, de Josaphat & de Zenobie.*

L'Amante ennemie. Ajoutés aux pieces de M. de Sallebray, *Andromaque & l'Enfer divertissant.*

L'Amante Vindicative. Ajoutés aux pieces de M. Baro, *Cloreste & les Comediens rivaux.*

Page 18. ligne 18. Theodre *lisez* Theodore.

L'Aminte de Tasse. Ajoutés aux pieces de M. Raissiguier, les Comedies *de la Bourgeoise & des Thuilleries & la Pastorale de Calirie.*

Ammon & Thamar. Tragedie tirée de l'Ecriture sainte, par Nicolas Chrétien Sr. des Croix.

L'Amour d'un serviteur envers sa Maîtresse & cequ'il en advint. C. par Jean Bretog en 1561.

L'Amour Medecin. Il y a deux Comedies sous ce titre, l'une de Pierre de Ste Marthe en 1613. & l'autre de le Vert en 1638.

L'Amour sentinelle. Ajoutés aux pieces de Nanteuil, la Comedie *du Comte de Roquefeuil.*

Les Amours d'Apollon. & de Diane. T. C. par M. Dassoucy.

Les Amours contraires. C. par Isaac du Ryer en 1610.

Les Amours déguisés. Ajoutés aux pieces de M. Fuzelier la *Comedie du Procés des Sens.*

L'Amphithéâtre. C. par M. du Pechier en 1629.

Amphitrite. T. C. par M. Montleon en 1630.

Amurat. T. de M. de la Cleriere.

Anaxandre. Des pieces de Pierre du Ryer, otés *le Mariage sans amour.*

L'Andrienne. Ajoutés celle de Bonaventure Désperiers en 1537.

Andromaque. Ajoutés la Tragedie *d'Andromaque* de M. Sallebray.

Andromede. A la Tragedie *d'Andromede* de M. Corneille, *ajoutez en* deux autres, une de M. Boissin de Gallardon, imprimée en 1618. & une autre qui se trouve dans le recueil du Théâtre François imprimé en 1625.

Annibal. Aux Tragedies portant ce titre, *ajoutez-en* une de M. Scudery donnée en 1631. & une autre du Pere Colonia en 1661.

Antigone. Ajoutez aux Tragedies *d'Antigone* une composée par Jean Antoine Baïf en 1567.

L'Antimoine purifié sur la Sellette. C. sans nom d'Auteur.

Aricie ou *le Mariage de Tite* lisés *Aricidie.*

Aristotime. Ajoutés aux pieces de M. le Vert, la Comedie de *l'Amour Medecin.*

Arlequin poli par l'Amour. Ajoutés aux pieces de M. Marivaux, *le Triomphe de l'Amour, les Sermens indiscrets & l'Ecole des Meres.*

Arlequin Chevalier du Soleil. Ajoutés aux pieces de M. Fatouville, *le grand Sophi de Perse, & la Précaution inutile.*

Arlette Pastorale. De M. Basire en 1627.

Armetzar ou *les Amis ennemis.* T. C. par Chapuseau.

Armide. Ajoutés aux pieces de M. Quinaut, les Tragedies *d'Astrate & de Pausanias.*

L'Art de regner. De M. Gillet de la Tessonerie *lisez*

X ij

de la Teſſonniere, & de plus *ajoutez* aux pieces de cet Auteur, *Policrite, Conſtantin & Soliman.*

Artaxerces. Ajoutés une quatrieme Tragedie *d'Artaxerces* de M. Magnon, imprimée en 1643.

Athamant. T. de Jacques de la Taille en 1573.

Athamas foudroyé. C'eſt une des ſix Tragedies contenues dans le recueil du Théâtre françois, imprimé en 1625.

Les Avantures de nuit. Ajoutés aux pieces de M. Chevalier, *le Cartel de Guillot, & la Déſolation des Filoux.*

Les Avantures de Poliandre. De M. Vicaget *liſez* Vieuget en 1644.

<h3 style="text-align:center">B.</h3>

Bajazet. Ajoutés qu'on croit M. Triſtan Auteur d'une Tragedie de *Bajazet.*

La Balance d'Etat. T. C. par un Anonime.

Le Ballet d'Alcide & de Hebé. Par M. Paſſerat en 1696.

Le Ballet extravagant. Ajoutés aux pieces de M. Palaprat, *les Mœurs du tems, la Prude du tems & le Triomphe de l'Hiver.*

Le Beau Paſteur. C. par Jacques de Fonteni en 1581. Cet Auteur a auſſi donné *la Chaſte Bergere.*

La Belle Darache. Comedie ancienne & mauvaiſe.

Béval Victorieux. liſés *Bévalde* & de plus *ajoutés* aux pieces de M. Borée, la Tragedie de *Rhodes ſubjugué.*

Biblis, CXVII. Opera dont le Poëme eſt de M. Fleury, & la Muſique de M. de la Coſte, repréſenté le ſix Novembre 1732. Cet Opera n'eut que cinq ou ſix repréſentations.

Le Bocage d'Amour. C. de J. Deſtival en 1608.

Les Bocages, Paſtorale. De M. Charnais en 1632.

La Bourgeoise. C. par M. Raissiguier en 1633.

Bradamante. Ajoutés aux pieces intitulées *Er ida-mante*, une de M de la Calprenede de l'an 1637. & une autre imprimée en 1725. dans le recueil du Théâtre françois.

Le Brave. Ajoutés aux pieces de Baïf , les Tragedies d'*Electre* & de *Hecube* composées vers l'an 1567. & non 1677.

C.

Candace T. de M. Pestalozzi en 1682.

Le Capitan Matamor. Ajoutés les Boutades *du Capitan Matamor* par M. Scarron en 1647. & de plus *ajoutés* aux pieces de M. Maréchal , la Tragedie de *Torquatus* & la Comedie *du Railleur* ou *la Satyre du temps.*

Le Cartel de Guillot , C. de M. Chevalier en 1662.

La Carthaginoise. Ajoutés qu'il y a une ancienne édition des œuvres de Montchrétien de l'année 1616. dans laquelle outre les pieces rapportées , se trouve de plus la Tragedie *d'Hector.*

La Ceciliade. C. par N. Soret en 1606.

La Celestine. Traduite d'une Comedie Espagnole de Fernando de Roxas , par Jacque Lavardin en 1578.

Celidore ou *Clenide.* de M. Cormeil en 1641.

Celine. Ajoutés aux pieces de Charles de Beys , *l'Amant liberal* en 1635.

Celimene. Ajoutés *Une Celimene* imprimée sous le nom de Boyer.

La Chaste Bergere. Deux pieces sont sous ce titre , l'une de Jacques Fonteni en 1587. & l'autre de la Roque en 1609.

La Chasteté invincible, Bergerie par M. de Croisilles en 1634.

X iij

Le Cid. Ajoutés que la *fuite* ou *le mariage du Cid* eſt de M. Chevreau & que M. Chillac donna en la même année 1638. *la mort du Cid* ou *l'ombre du Comte de Gormas.*

Cleonice ou *l'Amour temeraire.* T. C. par P. B. en 1630.

Cleonide. T. de M. de la Barre en 1634.

Clorinde. Ajoutés une ſeconde *Clorinde* auſſi intitulée *le Sort des Amans* par Pierre Poulet en 1598. une troiſiéme par M. de Veins en 1599. une quatriéme par un Anonime.

Comane. T. C. de M. de la Caze en 1641.

Le Combat de Fortune & de Pauvreté. Ajoutés aux pieces de Jacques de la Taille *Athamant, Niobée & Progné* & à celles de Jean de la Taille, *le Prince neceſſaire.*

Les Comediens rivaux C. par Baro en 1634.

La Comedie des Comedies. Ajoutés que du Pechier eſt encore Auteur d'une piece intitulée *l'Amphithéâtre.*

La Comedie du Paradis, la Comedie de l'Enfer & la Comedie du Purgatoire. Toutes trois par M. Grangier en 1596.

Le Comte de Hollande. T. par M. de Montauban en 1654.

Le Comte de Roquefeüille. C. par Nanteuil en 1654.

Conſtantin. T. par M. Gillet.

La Corneille de Melle de Scay. C. par M. Corneille de Bleſſebois.

Le Courtiſan. C. par un Anonime en 1618.

Criſpe (la mort de) ou *les malheurs du grand Conſtantin.* Ajoutés que cette Tragedie eſt de M. Triſtan.

Le Curieux impertinent. C. par M. Broſſe le jeune en 1645.

D.

La Dame d'intrigue ou *l'Homme de paille* , en 1662

David combatant , *David triomphant* , *David fugitif.* Trois Tragedies de Louis des Mazures.

Le Déluge universel. T. par M. Picou, imp. en 1643.

Demerate. Tragedie de M. Boyer l'ancien.

Diane. Paſtorale. Par Olenix de Montſacré.

Didon. T. C. par Guillaume de la Grange en 1580. cet Auteur a de plus donné *le Dédain amoureux.*

La Dieromene ou *le Repentir d'amour.* Par un Anonime en 1595.

Dipne. Par M. Daure en 1668.

Dom Quichote. C. par Guerin du Bouſcal en 1639. & la ſuite de *Dom Quichote* par le même en 1640.

Dorimene. C. Par M. le Comte en 1632.

Le Duc de Luxembourg au lit de la mort. T. C. en 1695.

Le Dueliſte malheureux. C. par un Anonime en 1636.

La Dupe amoureuſe. Ajoutés aux pieces du Sieur Roſimond , *les Trompeurs trompez* . *le Volontaire.* & *le Quiproquo.*

E.

Los Faux de Piemond. Comedie en 1669.

L'Ecole des Meres. C. de M. Marivaux , jouée au Théatre Italien en Juillet 1732. imprimée chez Prault.

L'Ecuyer ou *les Faux Nobles.* Ajoutés aux pieces de M. Claveret *Roſelie* & *le Roman du marais.*

Les Effets du dépit, C. de M. de Beauchamps.

Electre. Ajoutés une Tragedie *d'Electre* par Lazare Baïf en 1537.

L'Embrion Romain, T. C. de M. Bernier de la Brouſſe en 1617.

Endimion. T. par Françoise Pascal Lyonnoise en 1657.

L'Enfant prodigue & l'Enfant ingrat. Toutes deux par un Anonime en 1510.

L'Enfer divertissant. Comedie par Sallebray.

L'Entretien des Bergers. Pastorale par M. Frenicle.

Erotopegnie ou *le Passetems d'amour.* Par le Loyer.

L'Esperance glorieuse. T. C. par M. Richemont, Avocat, en 1633.

Eugenie. Deux pieces portent ce titre, l'une de P. Corneille Blessebois en 1676. & l'autre de M. le Fevre Curé de Ville, en 1678.

Eurimedon ou *l'Illustre Pirate.* Ajoutés aux pieces de M. des Fontaines, les Tragedies de *Semiramis*, de *S. Eustache & de Perside.*

Le Fantôme. C. de M. Nicole en 1656.

Le Feint Campagnard. Ajoutés aux pieces de Passerat, la Tragedie de *Sabinus* & le Ballet *d'Alcide.*

La Feinte mort de Jodelet. Ajoutés aux pieces du Sieur Brécourt, *les Regals des Cousins & Cousines* Comedie

Page 147. ligne premiere au lieu de Demoiselle du Choisy *lisez* du Croisy.

La Gallerie du Palais. La durée de cette Comedie est de cinq jours & non de cinq heures.

L'Impromptu de Livry. Representé en 1705. & non en 1715. les Vers de ce Ballet sont du Sieur d'Ancourt.

Page 210. ligne 26 *ajoutés* que cette Maison ayant été réparée au mois de Septembre 1732. on en a ôté assés mal à propos ces instrumens de la passion.

Le Muet insensé. De le Loyer *ajoutez* que cet Auteur étoit Conseiller au Presidial d'Angers.

Pasithée. T. C. de P. Torterel *lisez* Troterel.

La Sœur Ridicule. Cette piece de Montfleury forme les quatre derniers actes de la Comedie du Comedien Poëte.

Scipion. T. celle de M. Defmarets eft de 1639. & non de 1699.

Page 288. ligne deux Gormus *lifez* Gormas, ligne 17. Pubin *lifez* Lubin.

La Vie eft un fonge. Comedie Heroïque en cinq Actes en Vers libres, par M. de Boiffy, elle fut repréfentée au Théâtre Italien, au mois de Novembre 1732. C'eft une traduction ou plûtôt une imitation d'une Piece Italienne fous le même titre, qui fut joüée pour la premiere fois le dix Février 1717. le fujet eft tiré de l'Efpagnol *la Vida eft fueno.*

Piéces repréfentées depuis l'impreffion de ce Recüeil.

CAffius & Victorinus, Tragedie de M. de la Grange-Chancel, repréfentée au mois de Décembre 1732. Ces deux Martyrs font fort honorés à Clermont en Auvergne, au 15. Mai.

Le Complaifant, Comedie, repréfentée au mois de Décembre 1732. imprimée chez le Breton le fils.

Les Etrennes ou la Bagatelle , Comedie en Vers libres en un Acte, de Mr. de Boiffy, repréfentée au Théâtre Italien, au mois de Janvier 1733. C'eft une Critique des nouveautés Dramatiques, par des Prédictions contenuës en un Almanach des Théâtres. Les Répréfentations en furent des plus brillantes & des plus nombreufes ; les Comediens ayant à peine la place pour la repréfenter. Prault en a fait deux Editions pendant le cours de fes repréfentations. L'Auteur l'a dédiée à M. de Piganiol de la Force, fon Parent.

Guftave , Tragedie de M. Piron , fut repréfentée le 3. Février 1733.

Les autres fautes d'impreffion font peu importantes & faciles à être corrigées par le Lecteur ; à l'égard des Additions , on prie les perfonnes qui auroient connoiffance des Pieces qui feroient obmifes en ce Recüeil , de vouloir les communiquer au Sieur PRAULT, Imprimeur , Quay de Gefvres , au Paradis.

LISTE des Opera suivant les années qu'ils ont été représentés.

1671	Pomone.	1689	Thetis & Pelée.
1672	Les peines & plaisirs de l'Amour.	1690	Enée & Lavinie.
	Les Fêtes de l'Amour & de Bachus.		Coronis.
			Aftrée.
			Le Ballet de Villeneuve S. George.
1674	Alcefte.	1693	Alcide. 30
	Cadmus & Hermione.		Didon.
1675	Thefée.	1694	Medée.
	Le Carnaval.		Cephale & Procris.
1676	Atys.		Circé.
1677	Ifis.	1695	Théagene & Chariclée.
1678	Pfiché. 10		Les Amours de Momus.
1679	Bellerophon.		Les Saifons.
1680	Proferpine.	1696	Jafon *ou* la Toifon d'or.
	Le Triomphe de l'Amour.		Ariadne & Bachus.
1682	Perfée.		La naiffance de Venus. 40
1683	Phaëton.	1697	Medus.
1684	Amadis.		Venus & Adonis.
1685	Roland.		Aricie.
	L'Idille de la Paix.		L'Europe galante.
	Le Temple de la Paix.		Iffé *en trois Actes.*
1686	Armide. 20	1698	Les Fêtes galantes.
	Acis & Galathée, *le dernier de M. Lully.*		
	Achilles & Polixene.		
1689	Zephire & Flore.	1699	Le Carnaval de

Venife.
1699 Amadis de Grece.
Marthefie.
1700 Le Triomphe des
Arts.   50
Canente.
Hefione.
1701 Arethufe.
Scylla.
Omphale.
1702 Medus.
Les Fragmens de
Lully.
Tancrede.
1703 Ulyffe & Penelo-
pe.
Les Mufes.   50
1704 Le Carnaval & la
Folie.
Iphigenie.
Telemaque *ou* les
Fragmens   des
modernes.
1705 Alcine.
La Venitienne.
Philomele.
1706 Alcione.
Caffandre.
Polixene & Pyr-
rhus.
1707 Bradamante. 70
1708 Hypodamie.
Iffé *en cinq Actes.*
1709 Semelé.
1709 Meleagre.

1710 Diomede.
Les Fêtes Veni-
tiennes.
1711 Manto la Fée.
1712 Idomenée.
Creüfe.
Les Amours de
Venus & de
Mars.   80
Callyroé
1713 Medée & Jafon.
Les Amours dé-
guifez.
Telephe.
1714 Arion.
Les Fêtes de Tha-
lie.
Telemaque.
1715 Les Plaifirs de la
paix.
Theonée.
1716 Ajax.   90
LesFêtes de l'Ef-
té.
1717 Ariadne & Thefée.
Hypermeneftre.
Camille.
1718 Le Jugement de
Paris.
Les Ages.
Semiramis.
1719 Les plaifirs de la
campagne.
1720 Les Amours de
Prothée.

LIST E Cronologique des Compositeurs de la Musique des Opera & Ballets.

MESSIEURS,	Nombre des Pieces.
1659 Cambert.	III.
1660 Jean-Baptiste Lully.	XVII.
1666 De la Lande.	III.
1688 Colasse.	IX.
Louis & Jean de Lully enfans de Jean-Baptiste Lully.	II.
1691 Theobalde.	II.
1693 Marais.	IV.
Desmarest.	VII.
1694 Charpentier.	I.
1697 Campra.	XVI.
Destouches.	IX.
Gervais.	III.
De la Coste.	VII.
1700 De la Barre.	II.
1702 Bouvard.	I.
1703 Rebel Pere.	I.
1706 Bertin.	IV.
1709 Batistin.	III.
1713 Bourgeois.	II.
Salomon.	II.
1714 Mouret.	VI.
1718 Mathau & Alarius.	I.
1723 Colin de Blamont.	II.
1725 Aubert.	I.
1726 Rebel & Francœur Fils.	II.
1728 De Villeneuve.	I.
1729 Quinaut.	I.
1730 Royer.	I.

CATALOGUE ALPHABETIQUE
DES
OPERA COMIQUES,

Jouez sur les Théâtres des Foires de Saint Germain & de Saint Laurent.

A

Achmet & Almanzine, en trois actes de Mrs le Sage & Dorneval, en 1728.

L'Acte de Strasbourg, en Juillet 1731.

L'Amante retrouvée, en un acte de M. Largiliere Fils, en 1727.

L'Ambigu Comique, un acte, en Fevrier 1726. c'est une critique de l'Impromptu de la Folie.

L'Amour Marin, un acte, en Septembre 1730.

Les Amours déguisez, en un acte de Mrs le Sage, Fuzelier & Dorneval, en 1726.

Les Amours de Nanterre, en un acte de Mrs le Sage & Dorneval 1718.

Les Amours de Prothée. Parodie en un acte, en Septembre 1728.

Les Animaux raisonnables. Un acte de Mrs le Grand & Fuzelier 1718.

L'Antre de Trophonius Un acte de M. Piron 1722.

L'Asne d'or, en deux actes de M. Piron en 1723.

Argenie, en trois actes, au mois de Fevrier 1729.

Arlequin à la Guinguette. en trois actes de M. Pellegrin 1711.

——— *au Sabat*. Par le Sieur Romagnesi.

——— *Deffenseur d'Homere*. Un Acte de M. Fuzelier 1715.

Arlequin Endimion. Un acte de Mrs le Sage, Fuzelier & Dorneval 1721, avec un Prologue.

———— *Hula.* Un acte de Mrs le Sage & Dorneval
1716.

———— *Invisible.* Un acte de M. le Sage 1713.

———— *Mahomet .* Un acte de M. le Sage, en 1714.

———— *Rival de Bacchus ,* en trois actes de M. Pellegrin 1721.

———— *Roy de Serendib ,* en trois actes de M. le
Sage 1713.

———— *Roy des Ogres.* Voyés *les Bottes de sept lieues.*

———— *Sultane favorite ,* en trois actes de M. le Tellier 1715.

———— *Thetis.* Parodie, un acte de M. le Sage 1713.

———— *Traitant ,* en trois actes de M. Dorneval
1716.

Les Arrêts de l'Amour.

L'Assemblée des Comediens. Un acte , en Octobre
1724.

Atys. Deux Parodies chacune en trois actes , l'une
du Sieur Dominique 1710, l'autre de Mrs Fuzelier & Dorneval en Fevrier 1726.

B.

La Bagatelle ou *Sancho Pansa.* en Août 1727.

Les Bains de Charenton. Un acte de M. Fuselier
1724.

La Boête de Pandore. Un acte de Mrs le Sage, Fuselier & Dorneval 1721.

Le Bois de Boulogne; en Octobre 1726.

Les Bottes de sept lieues ou *le Roy des Ogres.* Un acte
de M. Dorneval 1720.

Le Bouquet du Roy, en un acte de Vaudevilles auquel
on fit quelques augmentations à l'occasion de la
naissance de Monseigneur le Duc Danjou. Cette

Piece eſt de M, Panard , & la Muſique de M.
Gilliers.

C.

Le Camp des Amours. Un acte de M. Fuſelier 1720.

Le Caprice. Un acte de M. Piron 1713.

Les Captifs d'Alger. Un acte de Mrs le Sage &
Dorneval 1764.

La Ceinture de Venus , en deux actes de M. le Sage
1715.

La Cendre chaude. Un acte de M. Carolet 1717.

Les Chimeres , en trois actes de M. Piron 1724.

Le Claperman , en trois actes de M. Piron 1724.

Colombine Arlequin & Arlequin Colombine. Un acte
de M. le Sage 1715.

La Comedie ſans hommes , en un acte , en 1732.

Les Comediens Corſaires , en trois actes & un Prologue intitulé *l'Obſtacle favorable & les Amours dé-
guiſez.* De Mrs le Sage , Fuſelier & Dorneval
1726.

Le Corſaire de Salé , en 1729.

Les Couplets en Procès , en Mars 1730.

Credit eſt Mort. Un acte de M. Piron , en 1726.

Cydippe. Un acte avec un Prologue , en Fevrier
1726.

D.

*Les Démenagemens du Théâtre des Comediens Ita-
liens.* A la Foire S. Laurent.

Deucalion , en trois actes de M. Piron 1722.

Les deux Pierrots , en trois actes du Sieur Dominique 1714.

Les Deux Suivantes , en trois actes , en Juillet 1726.

Le Diable d'argent. Un acte de M. Dorneval 1720.

Les Eaux

E.

Les Eaux de Merlin. Un acte avec un Prologue par
M. le Sage 1715.

Les Eaux de Paſſy. Un acte de M. Carolet 1724.

L'Ecole des Amans. Un acte de Mrs le Sage & Fuſelier 1716

L'Enrollement d'Arlequin. Un acte de M. Piron
1726.

L'Eſclavage de Pſiché, trois actes, en Fevrier
1731.

L'Eſperance. Un acte, en Septembre 1730.

Les Eveillez de Poiſſy. Un acte, en Aouſt 1731.

F.

Le Facheux Veuvage. En trois actes de M. Piron
1725.

La Fauſſe Foire. En un acte.

La Fauſſe Ridicule. Un acte en Fevrier 1731.

Le Feſtin de Pierre. En trois actes de M. le Tellier.

La Foire de Guibray.

La Foire des Fées.

La Fontaine de Jouvance. Un acte de M. Carolet
1721.

La Force de l'Amour. En un acte.

La Foreſt de Dordone. Un acte de Mrs le Sage, Fuſelier & Dorneval 1721.

La France Galante & la Guinguette Angloiſe. En
Juin 1731.

Les Funerailles de la Foire. Un acte de M. le Sage
& Dorneval 1718.

G.

La Gageure de Pierrot. Un acte de M. Fuſelier 1718.

La Guitarre enchantée. Un acte de M. Carolet
1721.

I.

Le Jeune Vieillard. Prologue.

L'Impromptu du Pont-Neuf. Un acte en 1729 , au sujet de la naissance de Mr le Dauphin.

Inés & Mariamne aux Champs Elisez. Un acte de M. Carolet 1724.

L'Isle des Amazones. Un acte de Mrs le Sage & Dorneval 1718.

L'Isle des Songes. Un acte de M. Fuselier 1726.

Le Jugement de Paris. Parodie en un acte de M. Dorneval 1718.

L.

Le Lendemain de Noces. Un acte de M. Fuselier 1716.

M.

Le Malade par complaisance , trois actes, en Fevrier 1730.

La Matrone de Charenton. Un acte de Mrs le Sage & Dorneval 1724.

La Matrone d'Ephese. En trois actes de M. Fuselier 1714.

Les Mécontens. En deux actes & un Prologue de M. Thierry 1727.

Momus Censeur des Théâtres. Un acte avec un Prologue de M. Bailly 1725.

Momus à Paris. Un acte , en Fevrier 1732.

Le monde renversé Un acte de Mrs le Sage & Dorneval 1718.

N.

La Noce interrompue. Un acte de M. Carolet 1717.

Les Noces de la Folie ou *le Temple de Memoire.* Un

acte en Septembre 1728.

Les Noces de Proserpine. Parodie en un acte de Mrs
le Sage, Fuselier & Dorneval 1727.

Les Nœuds ou *le Quadrille des Théâtres.* Un acte,
à la Foire S. Laurent, 1724.

Le Nouvelliste dupé, un acte, en Fevrier 1732.

O.

L'Obstacle favorable. Un acte de Mrs le Sage, Fuselier & Dorneval 1726.

Olivette Juge des Enfers. Un acte, à Saint Laurent,
1726.

L'Ombre du Cocher Loëte. Prologue.

L'Ombre de la Foire, en trois actes de M. Dorneval 1720.

L'Opera Comique assiegé. Un acte en Mars 1730.

L'Oracle muet. Un acte de M. le Sage & Dorneval
1724.

P.

La Pantoufle. Un acte en Mars 1730.

Les Pelerins de la Mecque, en trois actes de Mrs le
Sage & Dorneval 1726.

Les Pelerines de Cithere, en trois actes de M. le
Tellier.

La Penelope moderne, en deux actes de Mrs le Sage
& Dorneval 1728.

Les Petits Comédiens ou *la Tante dupée.* Un acte en
Aoust 1731, par M. Panard. Cet Opera Comique qui étoit joüé par des Enfans dont le plus
agé n'avoit pas treize ans, fut représenté devant
le Roy, & les principales Scênes ont été gravées
en Ecrans.

Le Pharaon, Un acte de M. Fuselier 1717.

Le Pied de nez, en trois actes de M. Pellegrin 1718.

Pierrot Fée. Un acte en Juillet 1726.

Pierrot Perrette, precedé de *l'Audiance du tems,* en Fevrier 1725.

Pierrot Roland. Parodie en un acte de M. Fuselier 1717.

Pierrot Romulus. Parodie en un acte de Mrs le Sage, Fuselier & Dorneval. Cette piece fut joüée par des Marionettes en 1722.

Pierrot Tancrede. Parodie, un acte, en Mars 1729.

Le Pot poury Pantomime, précedé du prologue de M. de Cousignac, par M. Panard, en Fevrier 1732.

La Princesse de Carisme, en trois actes de M. le Sage 1718.

La Princesse de la Chine, en 1729.

Q.

Les Quatre Mariamnes. Un acte de M. Fuselier 1725.

La Querelle des Théâtres. Un acte de M. le Sage 1718.

La Queüe de Verité. Un acte de M. Dorneval 1720.

Le Quiproqno, en trois actes du Sieur Dominique 1716.

R.

La Rage d'Amour. Un acte de Mrs le Sage & Dorneval 1725.

Le Rapel de la Foire à la vie voïés *l'Ombre de la Foire.*

Le Ravisseur de sa Femme. Un acte en Mars 1725.

Le Regiment de la Calotte. Un acte de Mrs le Sage Fuselier & Dorneval 1721.

La Reine de Barostan. Un acte en Fevrier 1730.

Le Remouleur d'Amour. Un acte de Mrs le Sage, Fuselier & Dorneval 1722.

Le Retour de la Chasse du Cerf, en Octobre 1726.

Le Retour de la Foire à la vie. Un acte de Mrs le Sage & Dorneval 1721.

La Robe de dissention, en deux actes de M. Piron 1726.

Roger Roy de Sicile ou *le Prince sans chagrin*, en Juillet 1731.

Les Routes du monde. Un acte en Juin 1730.

S.

Les Songes. Un acte en Mars 1726.

Les Spectateurs Malades, en 1729.

La Statuë merveilleuse, en trois actes de Mrs le Sage & Dorneval 1720.

Les Stratagemes de l'Amour. Parodie en trois actes de Mrs Fuselier & Dorneval 1726.

La Silphe supposée. Un acte en Septembre 1730.

T.

Le Tableau du Mariage. Un acte de Mrs le Sage, & Fuselier 1716.

La Tante Rivalle. Un acte en Fevrier 1729.

Telemaque. Parodie en un acte de M. le Sage 1715.

Le Temple de l'ennuy. Un acte de Mrs le Sage & Fuselier 1717.

Le Temple de l'Hymen.. en deux actes de M. Bailly 1725.

Le Temple de Memoire, en deux actes avec le Prologue de *l'Enchanteur Mirliton*, de Mrs le Sage, Fuzelier & Dorneval 1725.

Le Temple du destin. Un acte de M. Bailly 1725.

Le Temple du Sommeil. Un acte en Septembre 1731.

La Tête noire. Un acte de Mrs le Sage, Fuselier & Dorneval 1721.

Tiresias, en trois actes de M. Piron 1722.

Y iij

442

Le Tombeau de Noſtradamus. Un acte de M. le Sage
1714.

Le Triomphe de l'Ignorance, un acte en Mars
1732.

Les Trois Commeres, en trois actes de Mrs le Sage
& Dorneval 1723.

V.

Les Vacances des Théâtres. Un acte de M. Fuſelier
1724.

Les Vendanges de Champagne. Un acte de M. Fuſelier 1724.

Z.

Zemine & Almanzor. Un acte en Juin 2730.

Les principaux de ces Opera Comiques ont été re-
cueillis par Meſſieurs le Sage & Dorneval, en huit
Volumes in-12 imprimés à Laris, ſous le titre du
Théatre de la Foire.

CHRONOLOGIE

DES AUTEURS DRAMATIQUES

Depuis l'an 1450.

1450 Arnoul & Simon Greban. *Auteurs de myſteres.*
1499 Gaucher de Sainte Marthe.
           1500
1511 Gringoire.
  19 Marguerite de Valois Reine de Navarre.
  30 Chevalet.
  34 N. *La Tragedie de Ste Barbe.*
  37 Bonaventure des Periers.
     Lazare Baïf V Pieces.
  40 Charles Eſtienne.
  41 Louis Choquet I V
     Anneau.
  44 Jean Clopinel dit Mehun.
     N. *La Tragedie de Ste Marguerite.*
     Jean Dabundance. V
  45 N. *Les Amours de Lhiloſtrate & de Lolym-*
         neſte.
  50 Coignac.
     Bouchetel.
  52 Eſtienne Jodelle. V
     Theodore de Beze.
  55 Scevole de Sainte Marthe.
     La Peruſe.
     Jacques Grevin. I I I
  56 Charles Touſtin.
     Louis des Mazures. I V
  57 Francoiſe Paſcal.

1558 N. *Le Roy Franc-Arbitre.*
60   Cofme de la Gambe Chateauvieux.
      N. *L'Enfant prodigue & l'Enfant ingrat.*
      Melin de Saint Gelais.
61   Gabriel Bounin. III
      Jean Bretog.
      Gilbert Coufin.
      Antoine de la Croix.
      François le Duchat
63   Claude Roüillet.
64   N. *La Farce de Pathelin.*
65   Nicolas Filleul III
66   Du Rivaudeau.
67   Jean-Antoine Baïf.
      Florent Chreftien.
      Antoïne du Verdier,
68   Robert Garnier VIII
      Jean de la Taille de Bondaroy VII
71   François de Belleforeft.
      Madelaine neveu Dame des Roches.   } II
      Catherine neveu fa Fille.
73   Jacques de la Taille de Bondaroy. V
74   Jean Bellaud.
      Madame de Soubife du nom de Parthenay.
75   François Chantelouve. II
76   Le Jars.
      Pierre le Loyer. III
77   Claude Binet.
      N. *La Tragedie de Philanire.*
78   Guillaume le Breton de la Fond. IV
      Jacques Lavardin.
      Pierre de la Rivey III.
      Gerard Vivre *ou* du Vivier.
80   Adrien Damboife. II
      Guillaume de la Grange II

1580 Thomas le Cocq.
     Gerband.
  82 Jean Beaubreüil.
  84 Claude Mermet.
     Thierry Timofille.
     Turnebe.
  85 Remy Belleau.
     Edoüart du Monin.
  86 Duhamel. I I
  87 Jacques Fonteni. II
  88 Philipes Bosquier.
     Pierre Mathieu. I I
  89 Roland Brisset. VI
  90 Jean de la Rivey. VI
  95 Nicolas Montreux , sous l'Anagrame de
       Olenix de Montsacré. I V
     N. *La Dieromene.*
  96 B. Grangier. I I I
     Virey Sieur du Gravier.
  98 Behourt.
     Jean Heudon.
     Pierre Poulet.
  99 Du Souhait. I I
     Veins.
     L. G. *Angelique.*

1600.

1602 Adradan.
   3 Meliglosse. I I
     Le Pasteur de Calianthe *ou* F. Q. D. B.
   5 Blancbeausault.
     Jean Prevost. I V
   6 Romain.
     N. Soret.
     J. Ouyn.

346
1607 Pierre Nancel
     Chreftien Defcroix.
     N. *Les Bravacheries du Capitan Spavente.*
     Defpanay.
     Jean Deftival.
   9 Etienne Bouchet Sieur d'Ambillon.
     Chevalier.
     La Roque.
  10 Billard de Courgenay.
  11 Bertrand.
  14 N. De Sainte Marthe.
  15 Pierre Troterel fieur deDaves. VII
  17 Bernier de la Brouffe.
  18 Jean Boiffin dé Gallardon. VII.
     P. Mainfray. III
     Pierre du Ryer. XXIII.
     Pierre de Sainte Marthe.
  20 Etienne Bellone.
     Coigné de Bouron.
     Moliere le Tragique.
  22 Théophile.
  23 Antoine Giraud.
     Alexandre Hardy. XXXVI
  25 Le Théatre François contenant fix piecés.
     Honorat de Beüil Marquis de Racan.
     N. *La Folie du Silence & Silene.*
  27 Bafire. II
     Borée. VI
     Honoré Durfé.
     Antoine Montchreftien. VIII
  28 Schelandre.
  29 Baltazard Baro. XI
     Ducros.
     René Barry fous le nom de Dupechier. II
     Pichou. II

1630 François le Metel de Boisrobert. XXI
     Bridard.
     Mairet. XIII
     P. B. *Cleonice* ou *l'Amour temeraire.*
     Montleon.
     Puget de la Serre. VI
     Rampale II
  31 Auvray.
     Peirre de la Croix. II
     Durval. III
     Jean Ogier de Gombauld. IV
     Du Rocher. II
     Euftache Rotrou. XXXVI
     Georges Scuderi. XIX
  32 Charnais,
     Le Comte.
     Cormeille. II
     Pierre Corneille. XXXII
     De Cofte,
     Frenicle. III
     Raiffiguier. V
  33 Gougenot. II
     Pierre Marcaffus. II
     Le Hayer du Perron.
     Richemont Banchereau: II
  34 La Barre.
     De Crosilles.
     Charles Vyon Dalibray. IV
  35 Charles de Beys. V
     Urbain Chevreau. VII
     Les cinq Auteurs. II
     La Pineliere.
     Veronneau.
  36 Gautier de Coftes Sr de la Calprenede. XI
     François Hedelin d'Aubignac. II

348
1636 Jean Desmarests de Saint Sorlin. XI
N. *Le Dueliste malheureux.*
Grandchamp.
37 Isaac Benserade. VI pieces & XXI Ballets.
N. *Le Sacrifice d'Abraham.*
Michel Chilliat. I I
Des Fontaines. I X
Guerin du Bouscal. X
François Tristan l'Hermite I X
Discret.
38 Chapoton. I I
Chaulmer.
L C. D. *Les Noces de Vaugirard.*
Le Metel de Douville. I X
Millet.
Renaud I I.
Le Vert. IV.
39 La Caze. I I
Tristan de Vozelle.
Grenaille.
Roziers de Beaulieu.
40 Boyer l'ancien. V I
Guillaume Colletet.
Gaum`n.
Gillet de la Tessoniere. XI
Provais.
41 S int Germain.
Du Theil.
G. G. *Telephonte & Marguerite de France.*
42 Jean-Hipolite Pilet de la Mesnardiere I I
Sallebray. V I I
Du Moulinet.
N. *Cyminde.*
4 Claude de Létoille. I I I
N. *Alcidiane ou les quatre Rivaux.*

1643 Magnon. VII
Picou.
Charles Marquerel de Saint Denis Seigneur
    de Saint Evremond. III
44 De Broſſe l'ainé.
Vieuget.
45 Abel de Sainte Marthe.
De Broſſe le jeune.
N. *La Tragedie de Saint Geneſt.*
Michel le Clerc. II
Paul Scarron. XI
François le Vayer de Boutigny. II
46 D. V. G. *Pigmalion.*
O. B. *La Sœur Genereuſe.*
47 Montfleury le Comedien.
N. *Le Sage jaloux & le Sage viſionaire.*
48 L'Eſpine.
N. *La Mort des Enfans de Brute.*
49 De Prades. IV
50 Le Bigre II
Bouchetel.
Louis Cadet.
Thomas Corneille. XXXVI
Mademoiſelle Ceſnard.
Moutauban. VII
Madame de Saint Balmont.
51 Jobert.
52 Jean Renaud de Segrais. III
N. *La Tragedie* ou *les Evangiles.*
54 Cirano de Bergerac II
Jean la Fontaine. VII
55 Chevalier. IX
Heudeline.
Lambert IV
Philipes Quinaut. XVII Tragedies & XIV
    Opera.

350
1655 Villemot.
  56 Nicole.
      F. G. B. *Cajan ou l'Idolâtre converti.*
  57 Montgaudier.
  58 Jean-Baptiste Pocquelin Moliere. X X X
      Morel.
      Le Ville. I I I
  59 Perin Abbé I I I Opera.
      D. P. *Oftorius.*
1660 Du Bois.
      Brecour. V I
      Jean Donneau de Vifé. X
      Nicolas l'Heritier Nouvelon.
      Jacob.
      Somaife I I
  61 Samuel Chapufeau. V
      Dorimond. V I|I
      Marechal. X
      Millotet.
      Raymond Poiffon X I
  62 Charenton I I
      Cotin.
      Droutet.
      Vallée.
      Faure.
      N. *L'Avocat Dupé.*
      De Villiers. I X
  63 Boucher.
  64 De la Forge.
      La Thorillere.
      Gabriel Gilbert. X I
      N. *La Vengeance des Marquis.*
      Antoine-Jean Montfleury Avocat. X X I
      Jean Racine. X I I
      N. *Le Vieillard Amoureux.*

1664 Marie-Catherine Hortense Desjardins de
   Villedieu. V
   De Villois.
65 Daſſoucy.
   D. V. *Les Maris infidels, Venus & Ado-*
   nis.
   Claveret. V
   De Torches.
   M. Z. *Les Coteaux* ou *les Marquis Friands.*
66 Dom Denis de Sainte Marthe.
   N. *Alexandre & l'Amant doüillet*
67 Bonpart de Saint Victor.
   N *L'Embaras de Godart* ou *l'Accouchée.*
68 Daure.
   M. D. G. L. B. T. *Le Courtiſan parfait ;*
   & le Soldat poltron.
69 Olry de Loriande.
   N. *Le Caprice d'Amour.*
1670 Cheffaut Prêtre.
   Boulanger de Chaluſſay. II
   Edme Bourſaut. XVI
   Chevillard Prêtre.
   Jean-Baptiſte Dumenil dit Roſimond.
71 Alexandre le Grand Dargicourt.
   N. *Les Amours du Soleil.*
   Sainville.
72 Bourdelon.
   Hauteroche. XIII
   Nanteüil. IV
   Marcel.
73 Charles Chevillet dit Chammelé. V
   Sylvius.
74 Gaſpard Abeille. V
   Pradon. VII
75 Coras.

1687 Saintyon. I I
Poujade de la Roche.
88 Jean-François Renard. X X V
Mademoiselle Bernard. I I
Michel du Boulay. I I
1690 Riouperoux. I I I
91 Eustache le Noble. I I
Rosidor.
N. *L'Avanturier & les Coups d'hazard.*
92 Jean Palaprat. I X
Banzi..
N. *La Belle Cabaretiere* ou *le Procurenr à la mode.*
93 Mademoiselle Saintonges. I I I Opera.
Colonia R. P. I I I
94 Duché. de Vancy. I X
De la Grange-Chancel. X I I I
Rousseau. V I
95 Passerat. I V
Pic I I I Opera
Mongin.
Gherardi.
96 Antoine de la Fosse d'Aubigny. I V
Charles Riviere du Fresny. X X X V
Saint Jean.
Boisfranc.
Montfort.
97 Antoine Houdard de la Motte. X I I Opera I V Tragedies & V Comedies.
Nicolas Boindin. I I I
De Brie.
Grandval.
99 Hilaire Bernard de Roqueleyne sieur de Longepierre. I I
Guerin.

1700 Antoine Danchet. XVII
Marivaux. XV.
Alain René le Sage. VIII & plufieurs
Opera Comiques.
Caillet.
2 Mademoifelle Barbier. VIII
Waernewich.
3 Barbier de Lyon. II.
Guichard.
Jeanne Biffon de la Coudraye.
4 Valentiné d'Uffé.
5 Belin.
Moran. R. P.
Nadal. IV
Roy. XI Opera & III pieces.
6 La Fond. IX
Profper Jolyot de Crebillon. VIII
Nicolas Malezieux. II
Simon Pellegrin. X dont IV Opera.
De la Serre. IV Opera & une Tragedie.
Marc-Antoine le Grand. XXXIV.
Valentin.
9 Joly. V
1710 Le Brun. VII
Du Cerceau. R. P. IV
Philippes Nericaut Deftouches. IX
11 Meneffon. II Opera.
13 Dominique Bïancolelli. XIV
La Roque. II Opera.
Le Prefident H... II
Louis Fuzelier. XXV
14 Magdeleine Poiffon Dame de Gomés. IV.
Chateaubrun.

1715 Defchamps. IV
  16 De Caux.
      Mollard.
      Louis Riccoboni dit Lelio.
  18 Arroüet de Voltaire. VII
      Autreau. VII
      Gueulette. V
      D'Alençon. II
  19 Louis Ruftaing de S. Jorry. LV
      Monçrif. II
1720 Beauchamps. VIII
      Follard R. P. III
      Porée R. P.
      Dorneval. Opera Comiques.
  21 De Lifle. VIII
      De Boiffy. IX
      Pralard.
      Sainte Foy. IV
      François Chaligny de Plaines.
      Des Portes.
  22 N. *Le Nouveau Monde & le Divorce de*
      l'Amour & de la Raifon.
  23 Gautier.
  24 Mademoifelle Monicau.
  25 Dallainval. VI
      Piron. IV
      Coypel. IV
      Romagnefi. VII
  26 Davaux.
      Helenne Baletti dite Flaminia.
  28 Poiffon Fils. IV
      De la Croix.
      De laChazelle.
      Fuzelier Fils.
  29 Aigueberre. II

Fin de la Chronologie des Auteurs.

TABLE ALPHABETIQUE
DES NOMS

DES AUTEURS, MUSICIENS ET ACTEURS,

Avec le renvoy aux pieces où il est parlé d'eux & où sont rapportées les pieces de la composition de chacun de ces Auteurs & Musiciens.

A.

ABeille *voyez* Argelie.
Adradan , *v.* Mirtille.
Aigueberre , *v.* les trois Spectacles.
D'Alençon , *v.* la Vengeance Comique.
ALARIUS , *v.* le Ballet des Thuilleries.
D'Amboise , *v.* les Napolitaines.
D'Ancour , *v.* la déroute du Pharaon & les Fées.
Aneau , *v.* Lyon Marchand.
Arroüet de Voltaire , *v.* Oedipe.
AUBERT , *v.* la Reine des Peris.
Aubignac , *v.* Zenoble.
Autreau . *v.* le Port à l'Anglois.
Auvray , *v.* l'Innocence découverte.

B.

Baïf Lazare , *voyez* le Brave.
Baïf Jean-Antoine , *v.* Antigone.
Bailly , *v.* la Parodie d'Armide.
Banzi , *v.* le Ballet de Villeneuve S. Georges.
Barbier Demoiselle , *v.* Arie & Petus.
Barbier de Lyon , *v.* la vengeance de Colombine.
Baro , *v.* l'Amante vindicative.
Baron , *v.* l'Ecole des Peres.
Barquebois *ou* Jean Robbe , *v.* l'Interessé.

358

La Barre *voyez* Cleonide.
L A B A R R E , *v.* le Triomphe des Arts.
Bafire , *v.* la Princeffe.
B A T I S T I N , *v.* Meleagre.
Baugé , *v.* Coronis.
Beaubourg , *v.* le Joüeur.
Beaubreüil , *v.* Regulus
Beauchamps , *v.* le Portrait.
Beauregard , *v.* le Docteur extravagant.
Behourt , *v.* Efaü.
Belin , *v.* Muftapha.
Bellaud , *v.* Phaëton.
Belleau , *v.* la Reconnuë.
Belleforeft , *v.* Pyrenie.
Bellonne , *v.* Alcméon.
Benferade , *v.* Guftaphe.
Bernard , *v.* Demoifelle Laodamie.
Bernier de la Brouffe , *v.* l'Heureux infortuné.
B E R T I N , *v.* le Jugement de Paris.
Bertrand , *v.* Priam.
Beys , *v.* Celime.
Beze , *v.* Abraham facrifiant.
Le Bigre , *v.* Adolphe.
Billard de Courgenay , *v.* Gafton de Foix.
Binet , *v.* Medée.
Biffon de la Coudraye , Jeanne , *v.* S. Jean.
Blancbeaufaut , *v.* l'inftabilité des Fortunes.
Blondi , *v.* Tancrede.
Boindin , *v.* les trois Gafcons.
Du Bois , *v.* le Jaloux trompé.
Boisfranc , *v.* les Bains de la porte S. Bernard.
Boisrobert , *v.* l'Amant ridicule.
Boiffin de Gallardon , *v.* la Perfienne.
De Boiffy , *v.* la Rivale d'elle même
Bonpart de S. Victor , *v.* Alcimene.

Bordelon, *voyez* Moliere aux Champs Elifez.
Borée, *v.* Beval victorieux.
Bofquier, *v.* le petit Razoir.
Boucher, *v.* Champagne Coëffeur.
Bouchet d'Ambillon, *v.* Sidere.
Bouchetel, *v.* Hecube.
Boulanger de Chalufay, *v.* Abjuration du Marquifat.
Du Boulay, *v.* Zephire & Flore.
Bounin, *v.* la Sultane.
BOURGEOIS, *v.* les Plaifirs de la Paix.
Bourfaut, *v.* Efope à la Cour.
BOUVARD, *v.* Medus.
Boyer l'ancien, *v.* Porcie.
Boyer (Claude,) *v.* Judith.
Brecour, *v.* la Feinte mort de Jodelet.
Bretog, *v.* l'Amour d'un Serviteur.
Breton de la Fond, *v.* Adonis.
Bridard, *v.* Uranie.
De Brie, *v.* les Heraclides.
Briffet, *v.* Octavie.
Broffe l'ainé, *v.* les Innocens coupales.
Broffe le jeune, *v.* les Songes des hommes éveillez.
Le Brun, *v.* Zoroaftre.
Bruys, *v.* Asba.

C.

Cadet, *voyez* Oromafe.
Caillet, *v.* les Saints Amans.
La Calprenede, *v.* Phalente.
Camargo, *v.* Hefione.
CAMBERT. *v.* Ariadne.
Campiftron, *v.* le Jaloux défabufé.
CAMPRA, *v.* l'Europe galante.
La Caze, *v.* l'Incefte fuppofé.
Du Caftre d'Aurigny, *v.* la Tragedie en profe.

360
De Caux , *voyez* Marius.
Du Cerceau, *v.* le Philofophe à la mode.
Chaligny Defplaines , *v.* Coriolan.
Chammelé , *v.* les Grifettes & Orefte.
Chantelouve. , *v.* la Tragedie de Gafpard de Coligny..
La Chapelle , *v.* Ajax.
Chapoton , *v.* Orphée.
Chapufeau , *v.* Pythias.
Charenton , *v.* Ptolomée.
Charnays , *v.* les Bocages.
CHARPENTIER , *v.* Medée.
Chateaubrun , *v.* Mahomet.
Chateauvieux , *v.* le Capitaine Bondoufle.
Chaulmer , *v.* Pompée.
La Chazelle , *v.* Ramire.
Cheffaut , *v.* S. Gervais.
Chevalet , *v.* S. Chrifthope.
Chevalier , *v.* les Aventures de nuit.
Chevalier autre , *v,* la Philis de Scire.
Chevillard , *v.* Theandre.
Chevreau , *v.* les Veritables Freres ennem.
Chilliat , *v.* les Souffleurs.
Choquet , *v.* les Myfteres.
Chrétien Florent , *v.* Jephté.
Chretien des Croix , *v.* Alboin.
Les Cinq Auteurs , *v.* l'Aveugle de Smirne.
Cirano de Bergerac , *v,* le Pédant joüé.
Claveret , *v.* l'Écuyer.
Le Clerc , *v.* Virginie.
CLEREMBAUT , *v.* le Soleil vainqueur des nuages.
La Cleriere , *v.* Amurat.
Le Cocq , *v.* le Meurtre d'Abel.
Coignac , *v.* Goliath.
Coignée de Bouron , *v.* Iris.

Ferrier *voyez* Montezume.
Le Fevre Curé de Ville., *v.* Eugenie.
Filleul , *v.* Lucrere.
Fiot , *v.* le Juge de foy-même.
Flaminia, Demoifelle , *v.* le Naufrage.
Follard P. , *v.* Agrippa.
La Font , *v.* les trois Freres Rivaux.
La Fontaine , *v.* le Florentin.
Des Fontaines , *v.* Eurimedon.
Fontenelles , *v.* Afpar.
Fonteni , *v.* le Beau Pafteur
La Forge , *v.* la Joüeufe dupée.
La Foffe d'Aubigny , *v.* Coréfus.
FRANCŒUR , *v.* Pirame & Thisbé.
Du Freny Riviere , *v.* le Faux Damis.
Frenicle , *v.* Palemon.
Fufelier Pere , *v.* les Amours déguifez.
Fufelier Fils , *v.* le Retour de tendreffe.

G.

Garnier , *voyez* Sedecias.
Gaumin , *v.* Iphigenie.
Geutier , *v.* Bafile & Quiterie.
Geneft , *v.* Zelonide.
Gerband , *v.* Montgommery.
GERVAIS, *v.* Medufe.
Gherardi , *v.* Le Retour de la Foire de Bezons ,
    le Divorce & Arlequin.
Gilbert , *v.* les Amours d'Angelique.
Gillet de la Teffoniere , *v.* l'Art de regner,
Giraud , *v.* le Pafteur fidel.
Gombauld , *v.* Amaranthe.
Gomez , (Madame de ,) *v.* Habis.
Gougenot , *v.* la Fidelle tromperie.
Le Grand , *v.* la Nouveauté.

Grandchamp , *voyez* Omphale.
Grandval *v.* le Quartier d'Hyver.
La Grange Guillaume , *v.* Didon au Supplement.
La Grange Chancel , *v.* Adherbal.
La Grange Comedien , *v.* la Femme d'intrigue.
Grangier , *v.* la Comedie du Paradis.
Greban , *v.* Les Mysteres.
Grenaille , *v.* l'Innocent Malheureux.
Grevin , *v.* les Esbahis.
Gringoire , *v.* le Jeu du Prince des Sots.
Grossepierre , *v.* la Franciade.
Guerin , *v.* Mirtil & Melicerte.
Guerin du Bouscal , *v.* le Prince retably.
Guerin Comedien , *v.* le Parisien.
Guersens , *v.* Panthée.
Gueulette , *v.* les Comediens par hazard.
Guichard , *v.* Ulysse.

H.

Du Hamel , *voyez* Acoubar.
Hardy , *v.* Alcoé.
Hauteroche , *v.* l'Amant qui ne flate pas.
H … President , *v.* Cornelie & Tibere.
l'Heritier Nouvelon , *v.* Clovis.
Heudeline , *v.* les Divertissemens des coups d'amour.
Heudon , *v* Saint Cloud.
Hôtel de Bourgogne , *v.* les Mysteres.
Houdart de la Motte , *v.* l'Italie Galante.
Des Houlieres Demoiselle . *v.* Genseric.

I.

Jacob , *voyez* les Bêtes raisonnables.
Des Jardins Villedieu. Dame , *v.* Alcidalie.
Le Jars , *v.* Lucelle.
Jobert , *v.* Balde.

Jodelle , *voyez* Eugene.
Joly , *v.* l'Ecole des Amans.
Des Isles le Bas , *v.* le Royal Martyr.

L.

Lambert , *v.* le Bien perdu recouvré.
LALANDE, *v.* Melicerte.
Lavardin , *v.* la Celestine.
Leglesiere , *v.* Philan trope.
Lelio , *v.* l'Amour vangé.
Lelio Fils , *v.* les Effets de l'Eclipse.
Létoille , *v.* la Belle Esclave.
De Lisle , *v.* Arlequin Sauvage.
Longepierre , *v.* Electre.
De Losme de Monchenay, *v.* la Cause des Femmes.
Le Loyer , *v.* le Muet & la Nephelococugie.
LULLY Pere , *v.* Alceste.
LULLY Enfans , *v.* Alcide.

T.

Maffey , Marquis de ; *voyez* Merope.
Magnon , *v,* les Amans discrets.
Mainfray , *v.* la Rhodienne.
Mairet , *v.* Chryseide.
Malezieu , *v.* les Importuns.
MARAIS , *v.* Sémelé.
Marcassus , *v.* les Pecheurs illustres.
Marcel , *v.* le Mariage sans Mariage.
Marechal , *v.* le Capitan Matamor.
Mareüil , *v.* Achab.
Marguerite Reine de Navarre , *v.* les Innocens.
Marivaux , *v.* Arlequin poly par l'Amour.
MATHAU , *v.* le Ballet des Thuilleries.
Mathieu , *v.* Vasthy.
Le Maure actrice , *v.* Hesione.

Le Noble, *voyez* Efope.
Nombre de Voix & de Violons de la Comedie, v.
le Mariage de Bachus.

O.

Octave Comedien, *v.* les Folies d'Octave.
Olenix, de Montfacré *ou* Nicolas de Montreux, v.
Joseph.
Olry de Loriande, *v.* le Heros très Chrétien.
Oüyn, *v.* Tobie.

P.

Pader d'Affezan, *voyez* Agamemnon & Antigone.
Palaprat, *v.* le Ballet extravagant.
Parthenay Dame de Soubife, *v.* Holopherne.
Pafcale (Françoife,) *v.* Endimion.
Pafferat, *v.* le Feint Campagnard.
Le Pafteur de Calianthe, *v.* les Infidelles Fidelles.
Le Pafteur Monopolitain, *v.* les Noces d'Antilefine.
Pechantré, *v.* Jugurtha.
Du Pechier *ou* René Barry, *v.* la Comedie des Co-
medies.
Pecourt Danfeur, *v.* Tancrede.
Pedault, *v.* La Décolation de S. Jean.
Pellegrin, *v.* le Paftor Fido.
Pelliffier actrice, *v.* Thétis & Pelée.
Perin, *v.* la Paftorale.
Du Peron le Hayer, *v.* les Heureufes Aventures.
La Perufe, *v.* Medée.
Petalozzi, *v.* Candace.
Petitpas actrice, *v.* Pirame & Thisbé.
Pic, *v.* les Saifons.
Philone, *v.* Jofias.
Pichou, *v.* l'Infidelle Confidente.
Picou, *v.* le Déluge Univerfel.

La Pineliere , *voyez* Hypolite.
Piron , *v.* les Enfans de la joye.
Poisson l'ancien & le moderne , *v.* les Foux
  tissans.
Ponteüil Comedien , *v.* l'Oedipe de Voltaire.
Porée , *v.* Ramire.
Des Portes , *v.* la Veuve Coquette.
Poujade , *v.* Alphonse.
Poulet , *v.* Clorinde.
De Prades , *v* Arsace.
Pradon , *v.* Scipion.
Pralard , *v.* Egiste.
Prevost , *v.* Turnus.
Prevost Danseuse , *v.* Hesione.
Prouais , *v.* l'Innocent exilé.
Puget de la Serre , *v.* Pandoste.

Q.

Quinaut , *voyez* Armide.
.Q U I N A U T , Comedien & Musicien , *v.* les A-
  mours des Déesses & le Philosophe marié.

R.

Racan , *voyez* Les Bergeries.
Racine , *v.* les Plaideurs.
Raisin acteur , *v.* la Gazette.
Raissiguier , *v.* l'Aminte du Tasse.
Rampale , *v.* Belinde.
R E B E L Pere , *v.* Ulysse & Penelope.
R E B E L Fils , *v.* Tarsis & Zelie.
Renard , *v.* Sapor.
Renaud , *v.* Blanche de Bourbon.
Richemont Banchereau , *v.* les Passions égarées.
Riouperoux , *v.* Valerien.
La Rivey, Jean & Pierre , *v.* les Ecoliers.
Du Rocher

S.

Sainville, *v.* Diocletien.
Sallé Comedien, *v.* Idoménée.
Sallebray, *v.* l'Amante ennemie.
SALOMON, *v.* Théonée.
La Sante, *v.* la Fille indocile.
Scaramouche Comedien, *v.* Scaramouche Hermite.
Scarron, *v.* le Prince Corsaire.
Schelandre, *v.* Tyr & Sidon.
Sconin, *v.* Hector.
Scudery, *v.* l'Illustre Bassa.
Segrais. *v.* Hypolite.
La Serre, *v.* Polixene & Pyrrhus.
Somaise, *v.* les Prétieuses.
Soret, *v.* Ceciliade.
Du Souhait, *v,* Radegonde.
Sylvius, *v.* Maguelone.

T.

La Taille de Bondaroy, Jacques & Jean, *v.* le Combat de Fortune.
Ternet, *v.* Sainte Reine.
Les Théâtres de l'Hôtel de Bourgogne, *v.* les Mysteres.
—— *de Guenegaud*, *v.* le Malade imaginaire.
—— *du Marais*, *v.* Timocrate.
Du Theil, *v.* l'Injustice punie.
THEOBALDE, *v.* Scylla.
Theophile, *v.* Pyrame.
Thevenard acteur, *v.* Hesione.
Theveneau acteur, *v.* Brutus.
Thomassin, *v.* Arlequin.
La Thorilliere, *v.* Marc Antoine, la Gazette & Mitridate.
La Thuillerie, *v.* Crispin Precepteur.
Timofile, *v.* les Napolitaines.

Fin de la Table.

CATALOGUE

Des Livres imprimés en 1733. & qui se vendent chez PRAULT, Quay de Gesvres, au Paradis.

Biblioteque des Theatres contenant le Catalogue Alphabetique des Piénes Dramatiques, Opera, Parodies & Opera Comiques, & le tems de leurs Representations, avec des Anecdotes sur la plûpart des Pieces. contenuës en ce Recüeil, & sur la vie des AuteursMusiciens & Acteurs. 8.

Carte Generale de la Monarchie Françoise, divisée en 20. Tables, enrichies de Tailles-douces, inventée & présentée au Roy par M. le Mau de la Jaisse, Chevalier de S. Lazarre.

Coûtume de Chaumont en Bassigni, commentée par M. le Maitre Avocat en Parlement vol in 4.

Coûtume de Sens Commenté, par le même in 4.

La Diane de Monté Mayor, ou Avantures secretes de plusieurs Grands d'Espagne, avec l'heureux Larcin, la Princesse des Isles inconnuës, & l'Amant ingenieux, Contes; ensemble, le Triomphe de la Folie sur le bon goût, ou l'origine des Contes, par Madame de S. Onge, in 12. 2. vol.

L'Epouse infortunée, Histoire Italienne, Galante & Tragique, in 12.

Les Etrennes ou la Bagatelle avec l'Almanach des Théâtres, Comedie de M. de Boissy, seconde Edition, augmentée de nouvelles predictions sur l'Opera d'Omphale, & sur la Tragedie de Gustave, in 8.

Le Foible des Femmes, contenant plusieurs Histoires & nouvelles du temps, in 12.

Histoire des Cherifs, depuis leur origine jusqu'à present, avec la Description des trois Royaume de Tremecen, Maroc & Taphilet, enrichie d'une Carte Geographique de ces trois Royaumes, & du nouveau Plan de la Ville d'Oran, in 12. 3. vol.

Journal des Audiences, nouvelle Edition plus belle, plus correcte, plus ample & mise en meilleur ordre que les précédentes, in fol. 4. vol

Lettre de M. le Marquis Scipion Maffei; contenant le recit & l'explication d'un Feu rare & singulier semblable à celui de la Foudre ou Tonnere, qui s'est formé dans le corps d'une femme de la Ville de Cesenne en Italie, & l'a reduite en cendres. Brochure in-8º.

Ordonnance des Eaux & Forests, nouvelle Edition, avec les nouveaux Reglemens rendus en interpretation jusqu'à present, in 24. 2. vol.

Le Solitaire de Terrasson, Histoire interressante, in 12.

Les deux premiers Livres de Sonnates pour le Violon & la Flûte Traversiere, par M. D*** deux brochures in fol.]

Traité des Propres, par M. Renusson, in 4

La Veuve en puissance de Mary, Histoire tragique & comique, avec deux Divertissemens, in 12. 2. vol.